JN065785

倉本一宏［編］

13

万寿元年（一〇二四）正月～万寿二年（一〇二五）八月

現代語訳 小右記

吉川弘文館

凡　例

一、本書は、藤原実資の日記『小右記』の現代語訳である。

一、原文、および書き下し文は、紙幅の関係上、収録しなかった。

一、全十六冊に分けて刊行する。それぞれの収録範囲は、以下の通りである。

1　貞元二年（九七七）三月―永延二年（九八八）十二月

2　永祚元年（九八九）正月―長徳元年（九九五）十月

3　長徳二年（九九六）正月―寛弘二年（一〇〇五）三月

4　寛弘二年（一〇〇五）四月―寛弘八年（一〇一一）十二月

5　長和元年（一〇一二）正月―長和二年（一〇一三）六月

6　長和二年（一〇一三）七月―長和三年（一〇一四）十二月

7　長和四年（一〇一五）四月―長和五年（一〇一六）二月

8　長和五年（一〇一六）三月―寛仁元年（一〇一七）十二月

9　寛仁二年（一〇一八）正月―寛仁三年（一〇一九）三月

10　寛仁三年(一〇一九)四月—寛仁四年(一〇二〇)閏十二月
11　治安元年(一〇二一)正月—治安二年(一〇二二)十二月
12　治安三年(一〇二三)正月—治安三年十二月
13　万寿元年(一〇二四)正月—万寿二年(一〇二五)八月
14　万寿二年(一〇二五)九月—万寿四年(一〇二七)六月
15　万寿四年(一〇二七)七月—長元二年(一〇二九)九月
16　長元三年(一〇三〇)正月—長久元年(一〇四〇)十一月

一、現代語訳の底本としては、大日本古記録(東京大学史料編纂所編纂、岩波書店、初刷一九五九～一九八六年)を用いた(主に第四刷(二〇〇一年)を利用した)。大日本古記録一巻が、この現代語訳二巻分に相当するように分割した。

一、この現代語訳第一三巻に相当する大日本古記録が底本とした写本は、以下の通りである(逸文については、出典をそれぞれ明示してある)。

万寿元年(一〇二四)	正月—三月	略本	伏見宮本第十三巻	宮内庁書陵部蔵
	四月—九月	略本	伏見宮本第十四巻	宮内庁書陵部蔵
	十月—十二月	広本	前田本甲第二十八巻	尊経閣文庫蔵
万寿二年(一〇二五)	二月—三月	広本	伏見宮本第十五巻	宮内庁書陵部蔵

七月―八月　広本　伏見宮本第十六巻　宮内庁書陵部蔵

凡　例

一、現代語訳は逐語訳を旨としたが、よりわかりやすくするため、語句を補ったり、意訳を行なっている箇所もある。ただし、原文の用字（特に人名呼称）は、なるべく尊重した。

一、古記録の現代語訳はきわめて困難であるため、本書は現代語訳の断案というものではまったくなく、一つの試案と考えていただきたい。

一、底本の誤字については、原則として文字を訂正して現代語訳を行なった。また、脱字や虫食いがある部分については、他の古記録や儀式書などによって推定できる部分は、現代語訳を行なった。文字を推定できない箇所については、おおむね判読できない字数の分を□□で示した。

一、裏書については段落を替えて表記した。また、表の記載・裏書にかかわらず、底本が段落を替えている部分については、本書でも段落替えを行なった。

一、漢字の表記については、常用漢字表にあるものは、原則として常用漢字体に改めた。

一、本文の註や割書は、〈　〉の中に入れて区別した。

一、各日付と干支の後に、その日の記事の主要な出来事を、簡単に太字で示した。

一、人名に関する註は、（　）の中に入れて付けた。原則として毎月、最初に見える箇所に付けた。ただし、人名呼称が代わった場合は、また名だけを付けた。

一、ルビは毎月一回、最初に見える箇所に付けた。原則として『平安時代史事典』（角田文衞監修、古代

学協会・古代学研究所編、角川書店、一九九四年）、『日本国語大辞典』（日本国語大辞典第二版編集委員会・小学館国語辞典編集部編、小学館、二〇〇〇～二〇〇二年）、『国史大辞典』（国史大辞典編集委員会編、吉川弘文館、一九七九～一九九七年）の訓みに準拠した。

一、特に女性名の訓み方については、現在、明らかになっているものは少ないが、あえて『平安時代史事典』の訓みを用いた。『平安時代史事典』利用の便を考えたためである。

一、用語解説と人物注は、巻末にごく少量だけ付けた。『平安時代史事典』、『国史大辞典』、『日本国語大辞典』を参照した。ルビを多めに付けているので、他はこれらの辞典を引いていただきたい（ジャパンナレッジの利用をお勧めする）。

一、書き下し文については国際日本文化研究センターのウェブサイト（http://db.nichibun.ac.jp/ja/）に「摂関期古記録データベース」として公開しているので、索引代わりに是非ご利用いただきたい。『御堂関白記』『権記』『春記』『左経記』『八条式部卿私記』『太后御記』『沙門仲増記』『元方卿記』『済時記』『親信卿記』『藤原宣孝記』『一条天皇御記』『宇治殿御記』『二東記』『後朱雀天皇御記』『定家朝臣記』『師実公記』『後三条天皇御記』『寛治二年記』『季仲卿記』『清原重憲記』『高階仲章記』の書き下し文も公開している。

目　次

本巻の政治情勢と実資

万寿元年（一〇二四）正月八日、藤原道長は法成寺で修正月会を催した。道長は、「申したいことが有る者は、関白に申すように」と語り、実資に紫檀の念珠を贈った。「法師はこのような物を贈物とするのである」ということであった。

すっかり宗教人になってしまったかのような道長であったが、俗世との関わりは保ち続けていた。二月二十七日には実資が上卿を勤めた奉幣使定を賞賛し、三月十一日には人質を取っている賊の追捕を止めることを命じたりしている。

三月二十七日には、頼通が実資女の千古と結婚することを望んでいた頼通猶子の源師房が、道長女尊子（高松〈源明子〉腹）と結婚した。すでに前年の十二月二十八日に、「この師房の事は、もしも終始、吉いのならば、相違は無いであろう。もしも宜しくないのならば、下官（実資）の為に愁いが無い様に、相違するよう、祈願したところである。事の効験が有ったようなものである。……師房については、諸人が許さない。かえってこれは、善しとすべきであろうか」と記していた実資であったが、その本心はいかばかりであったことか。なお、千古は十二月十三日に着裳の儀を行ない、婿取りの準備ができた。

六月二十六日には法成寺の薬師堂供養が行なわれた（『諸寺供養類記』所引『権記』、『小右記』）。講師の説経が黄昏にまで及ぶなど、道長の「やる気」が前面に出た法会であった。藤原斉信は、「大会で説経を行なうとは、まったく聞いたことのない事である」と呆れている（『諸寺供養類記』所引『権記』）。

九月十九日には頼通の高陽院に有名な駒競行幸が行なわれ、実資もこれに供奉したが、道長は表面に出ることはなく、頼通主催の儀に終始した。実資は従四位下の師房が正四位下に加階されたことを非難しているが、彰子が還御した二十二日にはまた昇叙され、師房は従三位に叙された。三箇日の内の二度の越階には、さすがに実資も呆れたことであろう。

なお、頼通の後継者としては、寛仁二年（一〇一八）に生まれた頼通の同母弟教通の一男である信家（母は藤原公任女）を、頼通が猶子としており、また頼通家の女房として頼通の世話をしていた源憲定の女（対の君）に頼通が通じ、万寿二年（一〇二五）正月に通房が生まれている。後の話になるが、通房は寛徳元年（一〇四四）に二十歳で死去してしまうが、その二年前の長久三年（一〇四二）に、藤原頼成女で源倫子の女房であった祇子（進命婦）が師実を産んでいた。この師実が摂関家を継いでいくことになる。

十月八日、道長は実資との会見を望んだということで、十日に二人は長時間にわたって会談した。実資は近親や家人の官途について申したが、道長の方は松尾・北野社行幸の準備について、実資の意

後一条・後朱雀後宮系図

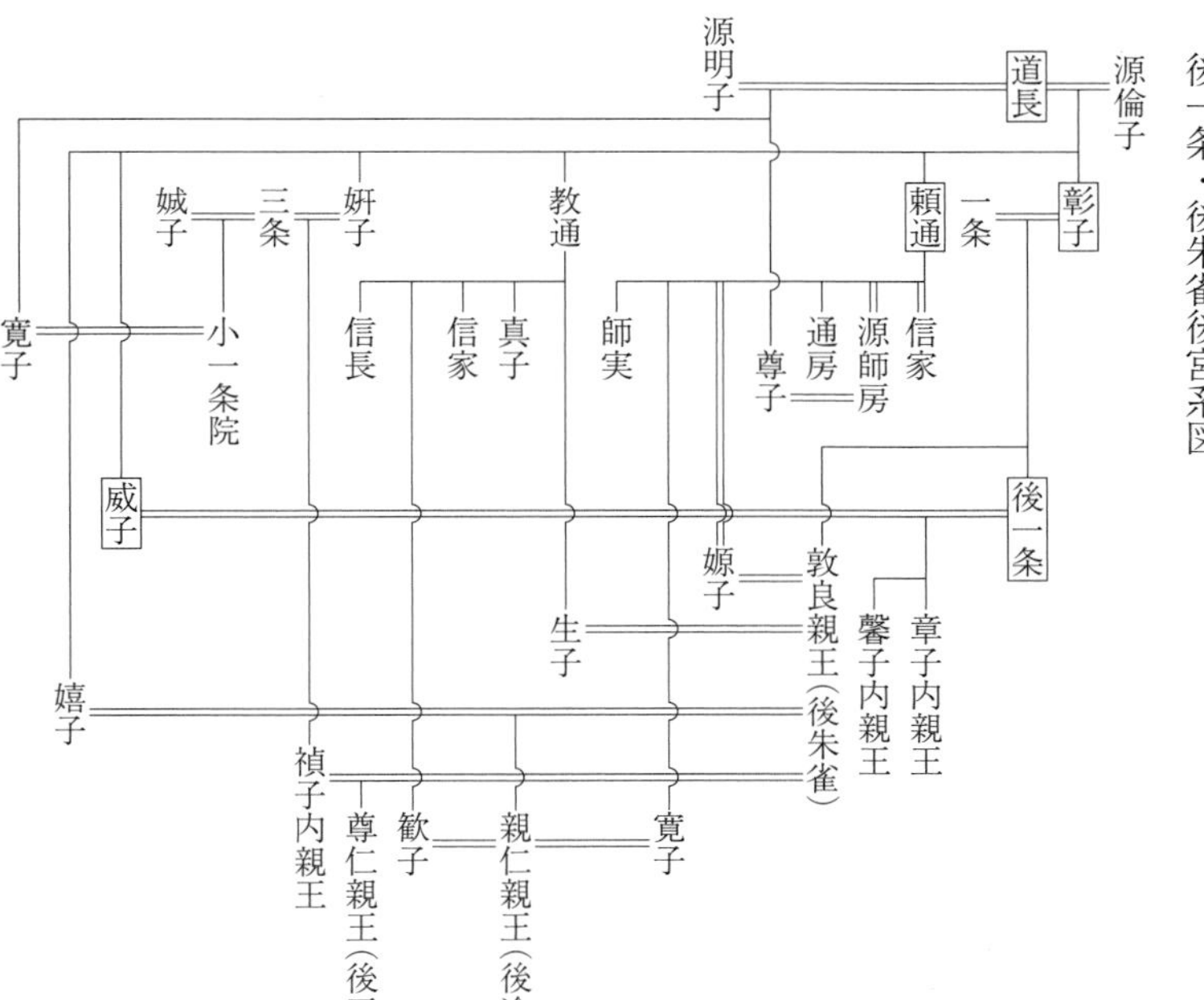
源倫子
道長
源明子
彰子
一条
頼通
教通
妍子
三条
娍子
信家
源師房
通房
尊子
師実
真子
信家
信長
小一条院
寛子
後一条
威子
章子内親王
馨子内親王
敦良親王（後朱雀）
嫄子
生子
嬉子
禎子内親王
尊仁親王（後三条）
歓子
親仁親王（後冷泉）
寛子

見を徴している。

同じ月の二十五日、道長は有馬温泉に湯治に向かった。その日は桂山荘に宿すなど、のんびりした行程で、帰京したのは十一月八日であった。息つく間もなく、十六日には長谷寺に向かっている。こちらは宇治別業に宿している。帰京は二十六日であった。これが道長の最後の遠出ということになる。

十二月六日、花山院が出家後に儲けた三人目の子である女王（彰子に伺候していた者）が、殺害されて路頭に引き出され、夜中に犬に喰われるという事件が起こった。犯人は翌万寿二年三月十七日に逮捕されたが、それは隆範という僧であった。しかも七月二十五日に拷訊されて自白した結果を記した勘問日記によると、あの「荒三位」道雅が行なわせたもののことであった。実資は、「やはりあの一家の悪事の報いか」と嘆いている。

道長が「この世をば」の歌を詠んでから、七年の歳月が流れ、万寿二年を迎えた。歌を詠んだ日には、望月は欠けることもなかったのであるが、次の夜からは、望月は欠け始める。正確に言えば、月齢一五・〇の満月という状態は一瞬に過ぎないのであって、次の瞬間からは欠け始めるのである。

道長自身は、二月二日に大中納言の新任は停めると言ったり、二十三日に諸国進米の麁悪の罪科に賛意を示したりと、相変わらず精力的に政治に関わっていたのであるが、子女の運命には暗い影が忍び寄ってきていた。

まずは七月九日、小一条院（敦明親王）の女御となっていた四女の寛子が薨じた（『小右記』『左経記』）。長年、霊気（物怪）に苦しめられ、この数箇月は水も飲めなかったという（『左経記』）。物怪としては、当然のこと、顕光と延子が想定されたことであろう。道長は人々の弔問を許さなかったという。加えて、東宮敦良親王の妃である六女の嬉子が臨月を迎えていたものの、赤斑瘡（稲目瘡・豌豆瘡とも。麻疹のこと）を患っていた。八月三日に産気が起こった際、加持を行なってはならないと勘申した陰陽師を、道長は勘当した。諸僧が邪気（物怪）を怖れるのを見た道長は、自ら加持を行なって邪気を調伏した。皇子の平産を期す、何ともすさまじい執念である。

しかしながら、八月三日に親仁親王（後の後冷泉天皇）を出産した後、嬉子は五日に十九歳で薨去した。敦良が即位して後朱雀天皇となる十一年前のことであった。もしも後朱雀が即位するまで嬉子が存命していて立后したら、「一家四后」となっていたであろう。

道長の悲嘆は極まりなく、八月六日に嬉子の遺骸を法興院に移した後も、恋慕に堪えずに嬉子に付き添っていた。八日には、道長は加持を行なったことを深く悔い、三宝（仏教）を恨んだという。九日には嬉子が蘇生するという夢を見ている。

人々は、「故顕光および娍子（三月二十五日に死去）・延子の霊が吐く詞を、道長家は最も怖畏していた」と言い合った。実資は、「種々述べるところには、皆、道理が有る」と記している。

嬉子の葬送は八月十五日に行なわれ、道長の命によって、障りのない公卿は藁履を着し、歩行して参列した。十月十二日にも、道長が嬉子の御在所であった内裏登華殿を過ぎた際には、涕泣が雨のようであったという。

東宮の地位を降りた小一条院の女御で、しかも明子所生の寛子とは異なり、倫子所生で東宮女御である嬉子の死は、個人的な哀傷もさることながら、道長と摂関家にとって、政治的にも大きな痛手だったことであろう。

なお、この後の皇統は後一条天皇ではなく、後朱雀天皇の子孫に伝えられた。後朱雀の後に皇位を嗣いだのは、嬉子と後朱雀との間にこの時生まれた後冷泉天皇ではあったが、皇統は後冷泉の子孫ではなく、三条皇女の禎子内親王と後朱雀との間に生まれた後三条天皇、さらに公季の子孫である茂子と後三条との間に生まれた白河天皇によって継承されていった。こうして摂関政治の時代は、終焉を迎えることとなったのである。

話を戻すと、道長は法成寺に付けるために、八月十二日に豊楽殿の屋根にあった鴟尾を取らせている。こうなると、実資が、「万代の皇居は、一人(道長)の自由となるのか。悲しいことよ、悲しいことよ」と嘆くのも、わからないではない。

一方、実資の方は、さすがは大臣ともなると、受領が下向に際して罷申に訪れる例が増えてきている。万寿元年二月十一日に讃岐守、十二月二十五日に美濃守、万寿二年三月六日に河内守、二十三日に若狭守・出雲守・伯耆守、二十四日に越中守・越後守・阿波守・甲斐守、二十五日に下野守、七月十三日に筑前守（ちくぜんのかみ）といった次第である。その都度、餞（はなむけ）を下賜しなければならないのであるから、さぞや物入りだったことであろう。当然のこと、受領からの進物や貢物も増えてはいるのだが。

実資の任右大臣と同時に内大臣に任じられた教通が、あれやこれやと理由を付けて官奏（かんそう）を奉仕しないなど（万寿元年十一月にいたって、ようやく奉仕しているが）、実資は実質上、ただ一人の大臣として（公季が任じられている太政大臣は宿老（しゆくろう）の大臣を遇する名誉職で、左大臣の頼通も関白に補せられていて実務からは離れている）、政務や儀式の遂行に大きな負担がかかっていた。

なお、前年に実資が面に疵（きず）を被った時、盛んに悦んで、大臣に上る祈禱（きとう）を行なっていた斉信は、万寿二年八月十二日、鴨枝（かもえだ）（木の一か所から多くの枝が群生しているもの。神の休み場とされた）が落ちて、右方の頰（ほお）を打ち切った。実資は、「直心（ひたごころ）の人（実資）の為に不善の祈禱を行なうのは、宜しくない事で、天が自ずから答えたのであろう」と記している。

現代語訳 小右記 13

道長女の不幸

万寿元年（一〇二四）正月—
万寿二年（一〇二五）八月

万寿元年（一〇二四）

藤原実資六十八歳（正二位、右大臣・右大将）　後一条天皇十七歳　藤原道長五十九歳　藤原頼通三十三歳　藤原彰子三十七歳　藤原威子二十六歳

○正月

一日、庚寅。　四方拝／叙位勘文を見る／御薬／小朝拝／元日節会／節会内弁を勤む

天が晴れた。雲が収まり、星位は分明であった。四方拝は、恒例のとおりであった。早朝、宰相（藤原資平）が来た。語って、退出した。大外記（清原）頼隆が、叙位勘文を持って来た。見終わって、返給した。今朝、関白（藤原頼通）に覧せた。あれこれをおっしゃられることは無かった。「今となっては、清書するように」ということだ。未剋、宰相が来て云ったことには、「関白の御許に参って、拝礼を行ないました。卿相が連れだって、禅室（藤原道長）に参り、拝礼を行ないました。終わって、馳せて来ました」ということだ。すぐに内裏に参った。宰相が従った。陽明門に到った頃、風雪があった。大納言（藤原）能信及び他の卿相七、八輩が、門下に会った。雪であったので、徘徊を止めて、参入した。敷政門から入ろうとした。関白は陣座に着した。そこで和徳門から入って、陣座に着した。諸卿も同じく着した。関白と一緒に参上した。後一条天皇に御薬を供した間、しばらく殿上間に伺候した。儀が終わって、小朝拝が行なわれた。関白は、先ず射場に於いて、左頭中将（藤原）公成を介して、奏

上させた。次いで中納言(藤原)公信・(藤原)朝経、三位(藤原)惟憲、参議(源)朝任が、昇殿について奏上させた。聞かれて、「申請によれ」ということだ。小朝拝は恒例のとおりであった。昇殿した人が、列に加わった〈小朝拝に臨んで、慶賀を奏上しなかった。「その後、奏上するように」ということだ。〉。私及び諸卿は、陣座に着した。公成が、内弁を奉仕するよう、伝え仰せてきた。南座に着した。大外記頼隆を召し、節会の雑事を催し仰せた。また、所司の奏〈御暦・氷様・腹赤奏。〉を内侍所に託すよう命じた〈先ず公成を介して奏上させたものである。日暮による。〉。節会は恒例のとおりであった。私は謝座が終わって、参上した。後に御殿油を供した。関白は御後ろに伺候した。三節の御酒を供さなかった。その理由を陪膳の采女に問うたところ、申して云ったことには、「供さないということを申しました」ということだ。はなはだ違例である。只今、何としようか。諸卿は、共に奇怪に思った。立楽三曲を奏した頃、退下し、陣座に着した。見参簿と宣命は、共に返給された。軒廊に於いて、これを執って、参上した。内侍に託した。奏は通例のとおりであった。退下し、見参簿を外記に返給した。宣命は、笏に取り副えて参上した。参議大蔵卿(藤原)通任に給わった。私は宣命の拝礼が終わって、参上せず、直ちに退出した。心神は堪え難かった。禄所に向かわなかった。儀が終わったのは、亥剋であろうか。今日、参入したのは、左大臣(頼通)〈関白。〉、大納言(藤原)行成・(藤原)頼宗・能信、中納言(藤原)兼隆・(源)道方・(藤原)長家・公信・朝経、参議(藤原)経通・資平・(藤原)兼経、三位惟憲、参議朝任。御酒勅使(藤原)広業が立った所は、通例ではない。西に進まなければならない。

宣命使大蔵卿通任を召した語は、「大蔵の司の藤原朝臣」と。

二日、辛卯。　藤原惟憲、床子から顚落／冠責によるとの説／関白頼通邸臨時客／二宮大饗

早朝、宰相が来て云ったことには、「昨日、大宰大弐惟憲が、外弁に於いて、床子から落ちました。右少弁(藤原)頼明が扶け起こしました」と。昨日、未だ外弁に出ない前、陣座にいた。様子を見ると、容顔は特に衰えていた。もしかしたら過分なのであろうか。節会の座から早く退出した。右大史(中原)義光が云ったことには、「昨日、惟憲は心神が不覚となり、顚倒しました。慎しまなければならないようなものです」と云うことだ。大外記頼隆が云ったことには、「冠責が行なったところです。ところが、大した事はありません」と。

大蔵卿通任と伊予権守広業が来た。事の準備が無かったので、逢わなかった。宰相は、禅門(道長)および皇太后宮(藤原妍子)に参り、帰って来た。また、右兵衛督(経通)が来た。未剋の頃、関白の御許に参った〈右兵衛督は車後に乗った。宰相・四位侍従(藤原経任)・左近少将(藤原)資房が従った。〉。中門に到った頃、諸卿が降り立った〈大納言行成・頼宗・能信、中納言兼隆・公信・朝経、参議経通・資平・兼経、大宰大弐惟憲、参議広業・朝任。〉。主人(頼通)は庭中に進んで立った。私及び諸卿が列に進んで拝礼を行なったことは、通常のとおりであった。主人は数度、目くばせした。私は二、三歩して立った。やはり揖礼を行なって目くばせし、また進み歩んだ。ところが、先ず主人が昇った。次いで私が昇り、座に着した〈西対の南廂。殿上人の座は唐廂にあった。〉。饗饌と盃酒は、恒例のとおりであった。晩に臨んで、引出物〈馬一疋。〉が有った。その後、主人は内裏に参った。私は同車し、先ず殿上間に参上した〈敷政門から入り、紫宸殿の階の前を経た。〉。次いで中宮（藤原威子）に参り、拝礼を行なった。関白は啓上されなかった。「直ちに進み出ても、何事が有るであろう」ということだ。次いで東宮（敦良親王）に参り、同じく拝礼を行なった。先ず春宮亮（藤原）泰通を介して、事情を啓上させた。次いで中宮大饗に着した〈関白は参らなかった。〉。未だ秉燭の時に及ばず、主殿司は燎を執った。二献。餛飩を据えた。三献。飯と汁を据えた。箸を下し、雅楽寮を催促した。大鼓が無いということを申した。宮司は頻りに催し仰させた。しばらくして、調子を発した。次いで参入音声があった。後に聞いたことには、「宮司は通例の給物を行なわなかった。そこで鼓が無いということを申した」と云うことだ。四□□□□を舞い、禄を□。次いで東宮大饗に着した。その儀は同じであった。一献で外座の盃を、私が執った。傅大臣であるからである。大臣に与えるのは、便宜が有るであろう。今日、大納言（藤原公任）は客であった。ところが、古今、先蹤が有るので、勧盃しただけである。戌三剋、儀が終わった。宰相は車後に乗った。今夜、禄を下給した際、執喫の狼藉は□□であった。上達部は、明日、物忌と称して出行してはならない。そこで随身の禄を下給した〈将監に絹二疋、将曹に絹一疋と綿一屯、府生に疋絹、番長に信濃布四段、近衛たちに各々布二段。〉。

三日、壬辰。　太皇太后宮臨時客

早朝、宰相が来て、語って云ったことには、「今日、諸卿は、太皇太后宮（藤原彰子）および皇太后宮に参ります」と。下官（実資）は、慎しみが有って参ることができないということを、宰相を介して太皇太后宮権大夫〈経通。〉に伝えさせた。新中納言〈朝経。〉と新三位〈惟憲。〉が来た。慎しんでいるということを称し、逢わなかった。昨日と今日、弁および両宰相（経通・資平）が来た。夜に臨んで、宰相が来て云ったことには、「関白及び諸卿が、禅室に参会しました。関白は諸卿を率いて、太皇太后宮に参りました。先ず拝舞を行ないました。次いで盃酌が有りました。次いで皇太后宮に参りました。拝礼は行ないませんでした」ということだ。后宮の拝礼は、大饗の儀に有る。ところが、大后宮（彰子）に於いて、拝礼が行なわれた。他の宮と異なっているのか。舞はまた、このようであった。また、云ったことには、「源中納言道方が説いて云ったことには、『六日に叙位の議が行なわれる』と云うことでした」と。

七日、丙申。　白馬節会／内弁を勤む

早朝、大外記頼隆真人が来た。輔代の二省の丞について命じた。申して云ったことには、「二省の丞は、早く参るように戒め仰せたところです。左馬頭と左馬助は、共に故障が有ります。只今、関白に申します」と。代官を戒めなければならない。今日の式次第を書いて、頼隆に下給した。催促して行なわせる分である。また、彼が申請したからである。

早朝、宰相が来た。すぐに退出した。未の終剋、内裏に参った。宰相が従った。敷政門を入った。卿相二、三人が、陣座にいた。式部省が標を立てた。はなはだ懈怠である。左頭中将公成が、内弁を奉仕するよう伝え仰せた。そこで南座に着した。大外記頼隆を召して、代官を申請させるべき事・下名を賜う二省の丞を督促すべき事・外任の奏の事について命じた。外記（菅原）惟経が代官を申請してきた。次いで外任の奏を進上した。蔵人（源）則成を介して奏上させた。また、御弓奏を内侍所に託すという事を、加えて奏上させた。しばらくして、外任の奏を返給して云ったことには、「列に伺候させよ」と。また、御弓奏について申させた。惟経を召し、外任の奏を下給した。伝えたことには、「列に伺候させよ」と。下名を給う為、兀子に着した。二省が遅参していたので、待っていた頃、はなはだ耐え難かった。本来ならば近く参り進んだ際に事情を申させて、そうした後、下名を給わなければならないということを、密々に頭中将（公成）に伝えた。申剋に臨んで、二省が参り入った。頭中将に伝えた。私は靴を着し、軒廊を歩み進んだ。内侍が下名〈式部省と兵部省、各一枚。〉を取った。東階の簀子敷に進んで坐った。私は階段を進み昇り、笏を挿して、下名を受けた。更に笏を抜いて、下名を取り副えた。左廻りに退下し、宜陽殿の兀子に着した。内豎を召したことは二声。内豎は称唯した。内豎所別当之清が参った。命じたことには、「式部省と兵部省を召せ」と。称唯して、退出した。二省の丞が参入し、並び立った。先ず式部省を召した。式部丞（藤原）俊忠が称唯して、参り進んだ。左手で下名を給わった。退帰して、元の所に立った。次いで兵部省を召した。兵部丞（平）挙範が称唯して、進んで来た。下名を給わって、退帰した。式部省が先ず退出した。次いで兵部省が退出した。私は座を起って、帰り入った。その後、陣を引いた。また私は兀子に着した。内侍が檻に臨んだ。座を起って、称唯した。軒廊の東第二間から帰り入って、東仗の南頭に於いて再拝した。右廻りに参上し、座に着した。座が暖まらずに退下し、仗座に着した。内記を召した。兼行が参って来た。新叙の宣命を奉るよう命じた。すぐに持って来た。見終わって、返給した。射場に参った〈階下にいた太政官の上官は、座を起って遁れ隠れた。〉。右頭中将(源)顕基を介して、奏上させた。しばらくして、返給された。東階の下に到って、宣命を取った。笏に取り副えて参上した。内豎を召したことは二音。同音に称唯した。内豎所別当之清が参入した。命じたことには、「式部省と兵部省を召せ」と。称唯して、退出した。二省の輔と丞の代官が、参入して列立した。先ず式部省を召した。式部輔代(紀)致頼が称唯して、参上した。笏を置き〈挿したようであった。〉、式部の二筥を取って、給わった。退下して、丞に給わった。帰り昇らなかった。そこで高声に、来るよう命じた。その後、還り昇った。式部の一筥を給わった。輔と丞は、元の所に列立した。次いで兵部省を召した。称唯して、兵部輔代(上毛野)広遠が参上した。筥を給わった。二省は、筥を机の上に置いた。終わって、日華・月華門から退出した。終わって、舎人を召したことは二声。大舎人は、承明門の外に於いて、同音に称唯した。少納言(藤原)基房が参入し、版位に就いた。宣したことには、「刀禰を召せ」と。称唯して、起って還った。次いで群臣が入って、各々の標に就いた。終わって宣したことには、「座に侍れ」と。謝座と謝酒が行なわれた。諸卿が参上した際、諸大夫は承明門から高声を発した。追却するよう、左陣に命じた。関白は簾中にいた。同じく蔵人頭を介して、右陣に命じさせた。すでに諸大夫は退出した。列に立った者は、ただ神祇伯(大中臣)輔親と民部権大輔(藤原)為政の二人のみであった。二省の輔は叙人を率いて参入し、標に就いた〈この頃、秉燭となった。〉。左兵衛督公信〈中納言。〉を召し〈「左の兵舎人司の藤原朝臣」と。〉、宣命を給わった。座に復した。終わって、諸卿は殿を下り、左仗の南頭に列立した〈位を異にして重行した。〉。宣命使が版位に就いた。宣制したことは両段。諸卿は段毎に再拝した〈□宣制。〉。叙人通任卿は、初めの宣制の段で、再拝した。叙人は従って再拝した。諸卿は声高に嘲笑した。通任卿は覚悟して、次段では拝さなかった。口々に興言した。最も当然であろう。宣命使は座に復した。終わって、諸卿が座に復した。次いで式部大輔代の刑部卿佐親王が、三位の位記を読んだ。四位以下の位記は、式部省は、式部輔代の主計助(賀茂)守道が読んだ。兵部省は、兵部輔代の大膳進広遠が位記を読んだ。終わって、式部省と兵部省の叙人は、位記を給わった。拝舞して、退出した。承明門の内で、雑人が狼藉を行なっていた。陣官に命じて、退出させた。二省が筥を撤去した。掃部寮が机を撤去した。諸卿は殿を下り、左仗の南頭に列した〈この頃、左右府生が標を取った。「本来ならば、白馬奏を奉った後、標を取らなければならない」ということだ。違例と称さなければならない。〉。拝舞した〈謂うところの親族拝か。〉。私は還り昇らず、軒廊に於いて、白馬奏を催促した。先ず左奏を持って来た。更に開いて見なかった。次いで右奏を持って来た。二字〈「朝臣」。〉を加え、御所に進上した。先ず左奏の杖を取った。次いで右奏を取って、左奏の杖に挿し加えた。蔵人(源)資通朝臣に託して、退き還った。左近将監が版位を取った。白馬を引くよう、催し仰せた。外記惟経が申して云ったことには、「左馬頭代の右兵衛佐（藤原）保家が、奉仕するということを申していましたが、その身は伺候していません」ということだ。命じて云ったことには、「東宮に伺候しているのか。尋ねて召さなければならないのである」と。私は座に復し、父の中納言公信卿に伝えた。驚いて、殿を下りた。告げ伝える為か。しばらくして、白馬が陣を渡った。御馬を引き渡した。次いで粉熟を据えさせた。次いで、飯と汁。一献が終わって、国栖の歌笛は、催促に随って奏したものである。本来ならば、外記が順序を守って、催促しなければならないのである。二献の後、右近中将兼経を召した〈「右の近き守司のおほいすけ藤原朝臣」と。〉。大夫たちに御酒を下給しなければならない。称唯して、右廻りに退下した〈夜に入っていたので、二献に御酒を命じた。考えるに、前例は□。〉。次いで左に廻った。失儀である。また、欄に臨んで召し仰せた声は、一切、聞こえなかった。諸卿は怪しんだ。また、立った所は、通例ではなかった。西に進まなければならない。まるで広業のようであった。次いで三献があった。終わって、私は殿を下りた。左少将資房が、内教坊奏を進上した。取って見た〈五曲を載せていた。これは通例である。〉。返給して、御所に進み、挿し直した〈この奏は、杖で奏書を挿す。そこで奏書の中から貫く。〉。資通朝臣に託して、退帰した。参上して、座に復した。次いで舞曲を奏していた間〈三曲を奏すよう命じた。天皇が出御せず、また御簾を懸ける時は、上古は或いは二曲を奏し、或いは三曲を奏す。故殿（藤原実頼）の承平・天慶の御記に見える。〉、私は大納言（藤原）斉信卿に伝えて、陣座に着し、宣命を見た。そこで楽の拝礼に列さなかった。見参簿に権大納言行成卿を入れなかった。列に伺候しなかったことによるのである。とところが、事情を奏上して、腋から参上した。そこで見参簿に入れるよう命じた〈この見参簿は、俘囚の見参が有る。これは通例である。遅参した諸大夫は、見参を除いた。〉。少内記兼行が宣命を進上した。その作法は、極めて異様であった。言うに足りない。舞曲が終わって、御所に進んだ。宣命と見参簿を、左頭中将公成を介して、奏上させた。しばらくして、返給された。東階の下に於いて、宣命と見参簿を取った。参上し、右兵衛督経通を召し〈「右の兵舎人司の藤原朝臣」と。〉、宣命を下給した。次いで朝任朝臣を召して、見参簿と禄の目録を給わった。私及び諸卿は、殿を下りた。下官は宣命の拝礼に立たなかった。斉信卿に告げて、退出した〈時は亥の終剋か。〉。心神が宜しくなかっただけである。

見参に入ったのは、大納言四人〈斉(斉信)・行(行成)・頼(頼宗)・能(能信)。〉、中納言六人〈兼(兼隆)・実(藤原実成)・道(道方)・公(公信)・長(長家)・朝(朝経)。〉、参議〈経(経通)・資(資平)・通(通任)・兼(兼経)・朝(朝任)。〉。

八日、丁酉。　御斎会始／道長、法成寺修正会

今日、御斎会始が行なわれた。病悩が有って参らないということを、右大史義光を介して、外記に言った。大蔵省が、昨日の手禄の絹一疋を進上した。

宰相が来た。すぐに御斎会に参った。今夜、法成寺に参らなければならない。小衰日に当たっているので、諷誦を六角堂に修した。夜に臨んで、禅門に参った。宰相は車後に乗った。先ずあの御堂に到った。関白および諸卿が会合した。禅閤(道長)が率いて、大堂に向かった。座席と火桶が有った。菓子と湯漬を供された。半夜、大導師の頃、明日が物忌であるので、座を起って退出した。禅閤が云ったことには、「申さなければならない事が有るので、召すように」ということだ。関白が伝え示された。そこで元の座に帰り着した。禅閤が進まれた。紫檀の念珠を志されて云ったことには、「法師(道長)は、このような物を志とする」ということだ。すぐに退出した。今夜、関白以下の諸卿が雲集した。宰相は車後に乗った。今夜、関白が云ったことには、「明日、女叙位を行なうこととする」ということだ。物忌によって参ることができないということを答えた。また、云ったことには、「何としよう。十日を過ぎて、行なわれることにしようか」ということだ。私はあれこれを答えなかった。

十三日、壬寅。　女叙位／選子内親王を一品に叙す

今日、女叙位が行なわれた。大外記頼隆を召し、内記と位記請印の所司について問うた。昨日、あらかじめ戒め仰せておいたところである。申して云ったことには、「皆、召し仰せておきました」ということだ。関白が内裏に参られる頃を待って、参入しなければならない。但し、意向を取って、告げるよう命じた。時剋が推移した。「参られます」ということだ。扶公僧都が来た。禅閤の報を伝えた。また、先日の事を談った。女叙位のために、内裏に参った〈未三剋。〉。関白は、同じ時剋、上東門から参入し、陣座に伺候した。諸卿は参っていなかった。左頭中将公成を呼んで、女叙位の状況を問うた。所々の御給の名簿は、遅々としていた。時がもし、深夜に及べば、出て来るであろうか。中将が云ったことには、「太宮(彰子)と皇太后宮からは、未だ出て来ません」ということだ。晩方、頭中将が伝えて云ったことには、「位記請印の上卿を召し遣わすように。右衛門督(実成)と皇太后宮大夫(道方)の

どちらかが宜しいであろう」ということだ。すぐに大外記頼隆に命じて、先ず下臈〈道方〉を召した。もし故障が有れば、右衛門督を召すこととした。また、下臈の宰相を召し遣わすよう、加えて命じておいた。請印の所司と内記について命じた。「少内記兼行が参入しています」ということだ。独りで仗頭に伺候していた。はなはだ困窮していた。そこで頭中将を呼んで、参上しては如何かと問うた。云ったことには、「関白が殿上間に伺候されています。参上せよとの意向が有ります」ということだ。そこで殿上間に参上した〈この頃、日没に及んだ。〉。関白も同じく伺候された。秉燭の頃、終わって、頭中将は、関白及び下官を召した。関白が先ず参った。次いで私が御前の円座に伺候した。中文を下給された。私は進んで給わり、座に復した。関白の意向に随って男たちを召し、硯と続紙について命じた。すぐに進上した。頭中将を召して、所々の御給の名簿を取り遣わすよう命じた。男たちを召し、続紙を返給し、継ぎ加えさせた。すぐに進上した。関白が指示するに随って、これを書いた。外記勘文が有った。中文と見合わせた者を書いた。公成朝臣が、所々の御請文を取って進上した。皇太后宮の名簿は、未だ進上されていなかった。「取り遣わしました」ということだ。この請文は関白に渡した。関白が奏覧した。覧じ終わって、返給された。順序どおりに書き入れた。その後、皇太后宮の御請文を、公成が取って進上した。私は関白に取って渡した。関白は、また奏覧した。覧じ終わって、返給された。女史・東豎子・主水・水取の遠近を、外記に勘申させた。公成朝臣が伝え仰せた。しばらくして、女史を勘進した。久しく叙さなかった。叙した者は十九人。斎院〈選子〈選子内親王〉。〉を一品に叙した。加階された者二、三人は、仰せによって叙した。書き終わって、硯を撤去した。柳筥に納めて、進んでこれを奏上した。座に復した。御覧が終わって、進んで給わり、座に復した。元のように、硯・筆・墨・刀を柳筥に盛った。主上(後一条天皇)は入御した。次いで関白が退出した。次いで私が退下した。公成朝臣が関白に申して云ったことには、「大外記頼隆が申して云ったことには、『内記が申して云ったことには、「位記は、未だ揃っていません」と』と」ということだ。命じて云ったことには、「明日、請印させるように」ということだ。遣わす両事を問うたところ、申して云ったことには、「未だ返事をしておりません」ということだ。私は叙位簿を笏に取り副えて、陣座〈南座。〉に復した。少内記兼行を召して、これを下給した。位記を作成するよう命じた。終わって、退出した〈戌四剋。〉。

十五日、甲辰。　**御斎会内論義で酒肴を勧めず／大威儀師・講師の座論／不参の将監を召問**

早朝、宰相が来て云ったことには、「昨夜、右仗の酒肴は、将監がいませんでしたので、勧めませんでした。権大納言行成卿を上首としました。外記を手長とするのは、前例は覚えていません。そこで召しを待って、空腹のまま参上します」と。巳剋の頃、権大納言が宰相に書状を送って云ったことには、「去る夕方、両事に将監が参りませんでした。事情を大将殿(実資)に申さなければなりません。右近将曹(紀)正方が肴物を供そうとした事は、怪しく思いました。太政官の上官を事に役仕させることは、未だ思い得ないのですが、如何でしょう。役仕することのできる人がいなかったので、肴を勧めさせなかった事は、大将殿の御意向は如何でしょう。講師の座論については、源納言(道方)が考えられたようなことは、『某（道方）が考えた趣旨は、すでに式の意に叶っている』ということでした。講師を尊ばなければならないのならば、布施堂の儀のように、僧綱の上に列さなければなりません。僧綱の上に列してはならないのならば、大威儀師の座の上に坐してはならないのです。そもそも式の注文は、未だ見申しておりません。御覧になって、指示なさってください。この事情を、相府（実資）に申させられて、決しようと思います。これはただ、現在の散鬱であるだけではありません。これはただ、向後の為です。昨夜、急いでいましたので、申し承ることができませんでした」ということだ。報じさせて云ったことには、「将監がいなかった事は、驚き怪しんだことは、極まり無い。召問させなければならない。また、前例を知らない。また、大威儀師の座次は、詳しく蔵人式に見える。これを書き送る。式には、『簀子敷に床子を立てて、講師及び諸宗の僧の座とする〈西面して北を上座とする。もし大威儀師がいれば、講師の座の上に着す。〉』とある」と。宰相が云ったことには、「大威儀師安奝と講師智真は、長い時間、論じていました。安奝が先に座に着しました。そこで智真は佇立しました。暗夜に臨んでいましたので、着したかどうかを見ていません。智真は、簀子敷の床子に着しませんでした。ただ論義の座に着したのでしょう」ということだ。蔵人式のとおりならば、智真の論は左道のようである。ただ前例を知らないのか。

陣の酒肴についての例は、暦記に見える。天元五年正月十四日の記に云ったことには、「内論義。伝え聞いたことには、『公卿は秉燭の頃、右近陣に着した。酒肴の準備が有ったとはいっても、将たちがいなかったので、勧盃の人はいるはずはない。そこで公卿は連れだって起った』と云うことだ。『右中将(藤原)道隆と(源)時中は、これより先に退出した』と云うことだ」と。

長徳四年正月十五日の記に云ったことには、「史(小槻)奉親宿禰が云ったことには、『昨日、一条天皇の御物忌であったので、紫宸殿に於いて、内論義が行なわれました。右大臣〈(藤原)顕光。〉、平納言惟仲、参議(菅原)輔正・(藤原)誠信・斉信・(藤原)忠輔・(源)俊賢が参入しました』と。また、云ったことには、『右大臣の手長は、外記(菅野)重忠が奉仕しました。大臣が云ったことには、「大外記(滋野)善言朝臣に奉仕させよ」ということでした。この事は、前例がありません』ということだ。ところが、上卿の命によって、無理に奉仕した」ということだ。

昨日、将監が参らなかった事を、右近将曹正方に問うたところ、申して云ったことには、「(橘)為賢と(竹田)国行に、参入するよう申しましたが、急に故障を申して、参入しなかったのです」と。先ず事情を申させて、処分に随わせなければならない。ところが、事情を申させていない。道理は、そうであってはならない。為賢と国行を召問するよう、正方を介して頭中将に示し遣わしておいた。召問するという報が有った。

十七日、丙午。　**射礼／踏歌節会に不参の衛府官人を召問／大炊寮を召問**

今日、射礼が行なわれた。昨日、陣に参らなかった事によって、衛府を召勘すべき事を、外記に命じた。但し、射礼や賭射に供奉しなければならない官人が、怠状を進上しなければならない中にいるのか。且つはこれらの役を勤めさせ、且つは怠状を進上させるべきであろうか。事情を左頭中将の許に示し遣わした。報じて云ったことには、「且つは公役を勤めさせ、且つは怠状を進上させるよう、昨日、仰せが有りました。但しやはり、事情を奏上し、来て伝えることにします」ということだ。大外記頼隆真人を召し、まずはこれを仰せ下した。陣官に勤めが無い事を、右近将曹正方に伝えた。また、頭中将の許に遣わし仰せた。報じて云ったことには、「昨日の開門は、右近将曹(小野)奉政が奉仕するよう、正方が戒め仰せました。ところが、その時に臨んで、遁れ隠れました。その事を召勘すべきでしょうか」と。答えて云ったことには、「朝廷が、すでに召勘されている。更に重ねて召勘してはならない。奉政については、その身は出納である。太政官の上官の希望が有るのか。今回は任じられることは難しいのではないか」と。頭が云ったことには、「為賢と国行は、皆、高家に仕えています。十四日の事を召問することはできません」ということだ。答えて云ったことには、「昨日の事によって、朝廷が問われることが有った。どうして拒むことができようか。その間、同じく勘問しなければならないのである」と。「国行は関白の邸第にいます。為賢は春宮大夫(頼宗)の家にいます」と云うことだ。狐が虎の威を借りるのは、近代の事である。左頭中将が門外に来た。人を介して、昨日の陣々の官人について、伝え示した。決定しない間に、漏違が有ったのであろう。そこで門を開いて招き入れ、相対した。関白が伝えた勅旨を伝えて云ったことには、「『昨日、左右衛門陣の官人が伺候していなかった』と云うことだ。あの陣の官人および左右兵衛陣の官人に、先ず見参と不参を注申し、怠状を進上させるように」と。私が云ったことには、「右近陣の官人も、同じく見参と不参を記させるべきであろうか」と。頭が云ったことには、「記させるよう、昨日、仰せが有りました」ということだ。今となっては、先ず五衛府の官人の見参と不参を注申させて、又々の仰せに随って、怠状を進上させなければならないものである。また、云ったことには、「且つは射礼と賭弓を勧めさせ、且つは過怠を責めなければならない」ということだ。また、命じて云ったことには、「元日節会では、三節の御酒を供さなかった。造酒司に問わせたところ、申して云ったことには、『この料米は、大炊寮が下し行ないませんでした。そこで進上しなかったものです』ということであった。大炊寮を召問させなければならない」ということだ。

二十五日、甲寅。　八卦物忌／除目

今日は八卦物忌に相当する。一説には大厄日である。そこで除目に参らなかった。大外記頼隆を召して、雑事を伝えた。夜に入って、宰相が来て語った。

二十六日、乙卯。　昭登親王等に巡給宣旨／除目入眼／中原義光、左大史に転任／受領挙／叙位／検非違使を補す

早朝、大外記頼隆が来た。雑事を命じた。

右頭中将顕基が来た。勅を伝えて云ったことには、「兵部卿昭登親王・弾正尹清仁親王・儇子内親王〈小一条院の高松（藤原寛子）腹。〉を、巡給に預からせるように」ということだ。すぐに頼隆を召して、宣下した。「宰相は、宮（妍子）の召しによって、参入した」ということだ。内裏に参った〈宰相は車後に乗った。〉。大納言能信と参議兼経が、陽明門に来会した。一緒に参入した。地が湿っていたので、温明殿の壇上を経て、敷政門から入り、陣座に着した。時剋を問うた〈未三剋。〉。頭中将顕基を呼んで、詳細を問うたところ、云ったことには、「只今、関白が参上されました」ということだ。蔵人（源）成任が陣を出て、諸卿を召した〈申の終剋。〉。私は外記を召し、筥文を揃えるよう命じた。しばらくして、外記が筥文を持って、南庭に立った。私及び諸卿は、御前に参った。その儀は、昨日のとおりであった。左大臣〈関白。〉は、先ず御前に参り、座に着した。次いで下僕（実資）が座に着した。次いで筥文を置いた。左大臣は召しに応じ、御簾の前の座に着した。次いで召しを伝えられたので、私が進んで着したことは、昨日と同じであった。大間書と成文を下給した。また、昨日と同じように、大間書を繰って置いた。式部省・民部省・外記・史・衛門尉の申文を下給した。私は大納言斉信卿に目くばせした。座を起って、私の後ろに来て坐った。この申文を給わった。挙げ申すよう伝えた。挙の冊を記して、これを進上した。私は伝え取って、左僕射（頼通）〈関白。〉に渡した。すぐに奏上した。御覧が終わって、下給した。右大史基信と右大史義光を転任させる事について、議定が有った。義光は下﨟である。ところが愁い申して云ったことには、「下﨟とはいっても、上日が上﨟に超越していることによって、転任されることが有ります。その先例は、申文に記して、奏聞します」と。すぐに下給した。また、硯筥に納めて、大納言斉信に給わった〈私は斉信に目くばせし、この申文を給わった。〉。諸卿に定め申させた。しばらくして、斉信が進んで来て云ったことには、「大中納言が申して云ったことには、『自らの解に載せた上日では、定め申し難い。前例では、或いは少ない上日とはいっても、やはり上臈を転任された例が有る。基信たちの上日を下し勘じられるべきであろうか』ということでした。参議たちが申して云ったことには、『下臈と云うとはいっても、上日によって転任されるべきでしょうか』ということでした」と。そこでこの趣旨を左僕(頼通)に伝え達した。左僕が云ったことには、「この事は、如何であろう」と。私が云ったことには、「先ず上日を勘じられて、義光がもし勝っていれば、転任されるべきでしょう。外記や史は、ただ恪勤を先とすべきでしょう」と。関白〈左大臣。〉は左中弁(源)経頼を召して、基信と義光の上日を勘申させる事を、大夫史〈小槻〉貞行に命じられた。この間、少々、任官を行なった。しばらくして、基信たちの上日を勘進した〈義光の上日は、基信に勝ること、六十余日であった。〉。そこで義光を左大史に転任した。関白〈左大臣。〉は座を起った。主上は入御した。私は退下した。関白から資平を介して、中宮〈飛香舎。〉に向かうという書状が有った〈関白は殿上間にいた。私もまた、殿上間に伺候していた。その距離は、頗る遠かった。そこで資平を介して伝えられたのである。〉。「饗饌を準備されている」と云うことだ。そこで座を起った。関白と諸卿は、一緒に飛香舎に向かった。酒食が有った。食し終わって、帰り参り、御前の座に着した。関白が斉信卿に命じて云ったことには、「受領挙を進上するように」と。斉信以下は座を起ち、議所に向かった。この間、一、二の国の受領を任じた。長い時間が経って、諸卿はまた御前の座に着した。

序列どおりに挙の冊を進上した。私は左僕〈関白。〉に取り伝えた。すぐに奏聞した。覧じ終わって、返給された。内外官を大間書に書き入れた。また、叙位が行なわれた。紙を召して、これを書いた〈従四位上に（藤原）兼資［治国。］、正五位下に（藤原）隆光［皇后宮（藤原娍子）の当年の御給。］、従五位上に（源）忠理［治国。］と（藤原）登任［治国。］。〉。大間書および叙位簿を加えて、筥に納め、奏聞した。御覧が終わって、下賜された。成文を加え入れた。この頃、関白が仰せを伝えて云ったことには、「左衛門尉（藤原）顕輔と則成を、検非違使に補すように」ということだ。清書の上卿の左兵衛督は、独りで座に伺候していた。大間書を給わる為である。ところが、古跡によって、私は殿上間に執り出して、武衛将軍（公信）に下給した。検非違使宣旨は、右中弁（藤原）章信に伝えた。鶏鳴の頃、退出した。

今日、見参した上達部は、昨日と同じであった。ただ、中納言兼隆・実成卿は参らなかった。酒肴は、夜分、内記所に下給した。正月の除目では、終日、下給するのが通例である。

○二月

四日、壬戌。　法成寺金堂供養、延引／春日祭使の代官について、頼通の疑義

（藤原）兼資朝臣が云ったことには、「去る夕方、故帥（源経房）の骨を預かっている法師が、事情を申さずに、禅室（藤原道長）の許で座に着しました。そこで来月三日の御堂供養を来月十日に改められました」と。大外記（清原）頼隆が云ったことには、「春日祭使の代官について、関白（藤原頼通）の邸第に召して、問われて云ったことには、『宣旨も無く、外記が直ちに取るのか。また、馬寮使を兼ねて近衛府使とするのは、穏かではない事である。両使を勤めるのは、如何なものか。前例は有るのか』ということでした」と。近例は、とりあえず馬寮使を用いるということを申させた。また、代官については、下官(実資)の命によって、戒めたところである。去る二十九日、左頭中将(藤原公成)を介して奏請された事は、見られたところは、奏報を待たれていた間、下官の家にいた。頭中将(公成)が帰って来た後、代官について命じた。関白が云ったことには、「大いに思い忘れていたのである。頭中将が来て伝え、すぐに代官を命じておいた」ということだ。頼隆は外記局に参り、近代の例を引勘して、関白に覧せた。おっしゃって云ったことには、「右府(実資)が行なわれた事は、失誤は無いであろう」ということだ。「勘申した例は、天元五年二月の春日祭で、近衛府使の代官は東宮使の春宮大進(源)教忠。長保三年二月の代官は左馬助(源)守隆。治安二年二月は左馬助栄光。去年二月は右馬助(源)頼職」ということだ。私が云ったことには、「代官については、京に於いて召し仰される時は、舞人と陪従を率いて、社頭に参り向かう。参入している諸大夫を用いる時は、急に唐鞍や手振を揃えることはできない。ただ舞の間、陪従の前に立つ分である。とりあえず使とするだけである。馬頭や助が、はなはだ便宜がある。やはり本来ならば京から代官を発遣されるべきである。古昔の常例である」と。夜に入って、宰相(藤原資平)が来て云ったことには、「今日、権大納言(藤原行成)に逢いました。小男(藤原行経)が参入しました。前に召させて、雑事を伝えられました。更に随身を召し出して、禄を下給しました。極まり無い悦びでした」ということだ。また、云ったことには、「汝(実資)が云ったことには、『大間書は、その弁は、極めて難しい。ところが早く行なわれた』と。中宮大夫(藤原斉信)も、共に感心し申していました」ということだ。

六日、甲子。　源倫子、修二月会／道長・頼通、源時叙を見舞う

右中弁(藤原)章信が、前日、下給した安芸国司の申請文に例文を継いで、持って来た。左中弁(源)経頼が、先日、前例を勘申して継がせた陸奥国司の申請文を持って来た。宰相が、夜に入って、来て云ったことには、「禅室の北方(源倫子)の堂で、今夜、修二月会が行なわれました。上達部が参会しました」ということだ。

「今朝、禅室と関白は、大原入道少将(源時叙)の許に向かわれた」と云うことだ。「何日か、腫物を煩っている」と云うことだ。院(小一条院)が、(高階)在平朝臣を遣わし、御随身の番長民利延が申請した相撲使の中文を給わった。定める時に臨んで申請するよう、申させておいた。

七日、乙丑。　踏歌節会の見不参勘文／淡路守卒去の噂／延暦寺根本中堂修二月会の喧嘩

右近府生(勝)良真が進上した十六日の節会の官人の見不参の勘文に、改め直させる事が有った。返し賜わっておいた。書き改めて、持って来た。外記に託すよう、命じておいた。前山城守(橘)輔政が来て、官を給わらない事を愁いた。次いで云ったことには、「淡路守(源)信成が卒去しました」と云うことだ。或いは云ったことには、「病に臥して、生きていられそうもありません」と云うことだ。

「去る五日、根本中堂の修二月会の五番の夜、雑人が猥乱していたのは、恒例の事です。雄を称する雑人は、喧嘩が極まりありませんでした。また、執作の鳥を奪いました。このような間に、法師一人を突き殺しました。これは怪異です」と云うことだ。

十一日、己巳。　豊原為長、故源経房室の書櫃を開見／讃岐守罷申／法成寺に威儀師の饗／新検非違使、申慶

両宰相（藤原経通・資平）が云ったことには、「左衛門志（豊原）為長は、禅室の仰せと称して、淀に於いて、故帥の室家（藤原懐平女）の書櫃や皮籠を開き見ました。これは右少将（源）実基の謀計でしょうか」と云うことだ。敢えて云うことはできない。ただ弾指しなければならない。子細を記さない。

讃岐守（源）長経が来て、明後日、赴任するということを云った。触穢であったので、禄を与えなかった。長経は地上に坐り、僕（実資）は打橋に坐った。しばらく清談した。

黄昏に臨んで、宰相が来て云ったことには、「今日、禅室の堂の北舎に於いて、僧正院源〈法成寺。〉が、威儀師の饗饌を設備しました。僧正の座は、母屋の東廂にありました。威儀師と従威儀師の座と大威儀師安奝の座は、両面端の畳と茵でした。綱掌たちの座は、憖えて座を設備しました〈庭中。〉。先ず大威儀師以下が、庭中に進んで再拝を行ないました。僧正は動座しませんでした。大威儀師が座に着しました。僧都懐寿・実誓、律師尋空が、大威儀師に勧盃を行ないました。毎度、立文を大威儀師に授けました〈毎度、三十石。禅室がこれを給いました。〉。その後、大納言（藤原）頼宗・（藤原）能信、中納言

（藤原）兼隆が、勧盃を行ないました。その後、僧正が大威儀師に勧盃を行ないました。手作布二百端の解文を、大威儀師に授けました」と云うことだ。夜に臨んで、検非違使（藤原）顕輔と（源）則成が、恐縮しているということを申させた。暇を窺って、西隣に移っていたので、新検非違使たち（顕輔・則成）を見なかった。今朝、顕輔が申請してきたので、絹四疋を遣わした。

あの饗饌は、天下が感心しなかった。

十六日、甲戌。　祈年穀奉幣稲荷使定／大宰府相撲使

今朝、稲荷使を差し定めた。宮々の司は、前例を検すると、皆、御幣使を勤めている。遠きはつまり（犬養）常行、中古は（藤原）為保、近きはまた、（大江）清通・（藤原）陳政・（高階）業遠たちである。このことを奏達した。特に、皇后宮（藤原娍子）は祭使を立てられない。所役は無い。このことを加えて奏上しただけである。

右近府生良真を大宰府相撲使として遣わすという事を、右近将曹（紀）正方を介して、頭中将（源）顕基に伝えた。「他の道の使は、二十一日の頃に定めて遣わすことにする」ということだ。使々については、また示し遣わしておいた。

二十七日、乙酉。　窃盗、運好の房に入る／仁王会定の上卿を辞退／道長、実資の奉幣使定を賞讃／泰山府君祭

「今朝、窃盗が運好の房に入った。すべて衣裳を捜し取り、すぐに皮籠に納めて持ち出した」と云うことだ。運好は不断・臨時読経の間にあったのである。子・丑剋、男たちが云ったことには、「今朝、北大路に皮籠三合を棄て置いてありました。運好の童子および仕丁の男は、これを見て、深く、運好の盗まれた物であることを知りました。この皮籠を取って、開いて見ると、紫の褐衣・いちび脛巾・帯・緌を納めていました。一合は、通例の褐衣・いちび脛巾・帯。もう一合は、物はありませんでした〈美濃守(藤原頼任)が唐綾を入れました。『長絹五十疋を納めたところである』ということでした。〉」ということだ。驚きながら問うたところ、申し出たところは同じであった。更に取り入れてはならない。今となっては、何としよう。これより先に、また取り入れる事を問うた。申して云ったことには、「褐衣は、もしかしたら殿(実資)の物でしょうか。疑い思って、取り入れたものです」ということだ。下人は、その数が多い。検非違使左衛門尉顕輔を召し遣わしたところ、すぐに来た。この皮籠、および持って来た童子二人と仕丁一人を預かり、盗まれた宅に遣わせた〈「美濃守の倉代に納めた物」と云うことだ。頼任の宅である。この宅は、私の居処に当たるのか。〉。しばらくして、顕輔が帰って来て云ったことには、「倉代の鏁を抜いて、盗んだところは、絹三百疋と皮籠一合です。仕丁および童子二人が持って来た皮籠を、詳細を申させる為に、随身したところです。但し、子細の日記を問うたところ、仕丁と童子がすぐに持って来ました」と。事情を検非違使別当(藤原公信)に告げる為、退去した〈「検非違使別当は、去る二十四日に辞退した」と云うことだ。そうではあっても、やはり告げるのか。〉。しばらくして、帰って来て云ったことには、「この絹は、東三条院の神社の屋内に隠し置いていました。絹三百疋と皮籠一合は、物を紛失すること無く、数のとおりに出て来ました。暁方に盗み取って、早朝に及んで、随身し難かったので、先に閑所に隠し置いて、今日の夕方に持ち去ることにしたようです」ということだ。疑ったところは、そうであるのであろう。先日、命じて云ったことには、「祈年穀使を発遣した後、早く仁王会について定め申すように」ということだ。ところが、何日か、晩に臨んで、心神が不例であった。定め申すことはできない。他の人に命じられるよう、今朝、右中弁章信を呼んで、関白に伝えさせた。夜に入るに及ばない事を、参って行なわなければならないのである。官奏と所充の申文だけである。章信が云ったことには、「奉幣の翌朝に、禅室が云ったことには、『右府が早く参って、御幣使を督促して発遣したということを、伝え聞いたところである。使者たちは、多く余った』ということでした。能く行なったという意向が有りました」ということだ。

内府（藤原教通）が（平）孝義朝臣を遣わして、僧の食膳について悦ばれた。

今夜、（賀茂）守道朝臣が、南庭に於いて、泰山府君祭を行なった。私は祭場に出て、拝礼を行なった。

二十八日、丙戌。　源時叙死去の説／兎の怪異

侍医（和気）相成が云ったことには、「大原入道は、万死一生です」と。大外記頼隆が云ったことには、「或いは云ったことには、『入滅した』ということです。事がもし事実であれば、法成寺の御堂会については、如何でしょう」と云うことだ。今朝、兎が外記局に入った。使部たちが打ち殺した。占って云ったことには、「怪異のあった所に火事が有る」ということだ。

○三月

一日、戊子。　**内裏触穢／火事**

早朝、沐浴を行なった。河原に出て、解除を行なった。宰相(藤原資平)は車後に乗った。宰相が云ったことには、「昨日、内裏に犬の死穢が有ったということを、(藤原)資房が申し送ってきました」と云うことだ。日暮、宰相が来て云ったことには、「十日に参るということを、中宮権大夫(藤原能信)を介して申させたのです。今日、関白(藤原頼通)及び卿相が、多く参りました。僉議して云ったことには、『大原入道(源時叙)は生きていられそうもない。御堂会を延引するかどうかについては、未だ決定していない』と」と。

「亥の終剋の頃、堀河小路以東・西洞院大路以西の冷泉院小路の南北が、焼亡した。冷泉院小路以北は、少々、焼失した」と云うことだ。「この中で、式部少輔(菅原)師長・甲斐守(藤原)公業・前伊賀守(藤原)頼祐の宅は、皆、すべて焼亡した」と云うことだ。伊予宰相(藤原)広業の宅は、はなはだ近い。(中原)師重に命じて、見舞い遣わした。

二日、己丑。　**不断金剛般若読経、結願／道長触穢により、法成寺金堂供養を停止／源時叙、示寂／藤原家経の精進舎の火難**

不断金剛般若読経が結願した。

或いは云ったことには、「禅室(藤原道長)に死穢が有ります。御堂会は延引となりました」と云うことだ。両宰相（藤原経通・資平）が来た。右兵衛督（経通）が云ったことには、「『法成寺の僧房の板敷の下に、死んだ児が有った。犬が喫い入れた』と云うことです。そこで三十日の穢が有ります。十日の御堂会は、停止となりました」ということだ。また、「大原入道が入滅した」と云うことだ。或いは云ったことには、「昨夜、焼亡した式部大輔広業の南の領所は、特に精進舎を造営して、南山（金峯山）の潔斎を行なっています。ところが、火ははなはだ近々であったのに、たまたまその災難を脱れました。また、その精進舎の屋の西に、吏部（広業）の子の弾正少弼（藤原）家経の精進舎を構築していましたが、すでに焼亡しました。甚だ不吉です。失火の穢によって、参入を止めました」と云うことだ〈後に聞いたことには、「参詣を遂げた」と云うことだ。〉。これは驚くべき事である。世は言うところが有った。やはり信じることができる事であろうか。

四日、辛卯。　脩子内親王、病により出家／兎の怪異により、外記局で読経・火祭／闘乱により勘事／常陸介申請の文／仁王会定上卿を斉信に譲る

早朝、前帥（藤原隆家）が伝え送って云ったことには、「一品宮（脩子内親王）〈脩子。〉は、二十余日、病悩されていました。ところが、去る夕方、急に出家されました〈尼。〉」と。もしかしたらこれは、御本意であろうか。何事が有ったのであろうか。大外記（清原）頼隆が云ったことには、「兎の怪異によって、七日、外記局に於いて、読経を行なうことになりました。また、火祭を行なうことになりました」と。四位侍従（藤原）経任が云ったことには〈皆、座に着さなかった。家の牛の斃穢による。〉、「先日、右頭

中将(源顕基)と蔵人右兵衛佐(源)資通の従者の闘乱の事〈宿所に於いて、抜刀した。〉によって、両人は勘事に処されました〈後に聞いたことには、『七箇日、勘事を蒙った』と。〉。また、蔵人検非違使左衛門尉(源)則成も、同じく勘責に処されました。関白に遅れて申した怠りです」と云うことだ。従者の事によって、蔵人頭を勘事に処すのは、如何なものか。宰相と左頭中将(藤原)公成が、一緒に直ちに堂に来た。穢によって、坐らなかった。堂前の黒木橋の上に坐らせていた間、両人は舎に来た。朝服を着していなかった。極めて便宜のないことである。宰相を介して、常陸介(藤原)信通が申請した条々の文を授けた。両人は地上に坐っていた。中将は、定め申さなければならないということを伝えた。長い時間、清談した。この宣旨は、右中弁(藤原)章信に下した。前例を勘申して、継がせた。大外記頼隆が云ったことには、「明日、中宮大夫(藤原)斉信卿が、仁王会について定め申すことになりました」と云うことだ。前日、仰せが有った。ところが、いささか病悩が有るので、他の人に命じられるよう、すぐに奏聞させた。すでに後一条天皇の許容が有った。

十日、丁酉。　年頭経供養／検非違使、強盗を追捕

般若心経百巻と仁王経十部を供養し奉った。恒例の年首の修善である。疫病の災難を攘う為である。請僧は尹覚・盛算・念賢・智照・慶範・運好・忠高。僧たちに小飯を施した。また、これは通例の事である。

天台内供(良円)の房に於いて、六部法華経を供養し奉る〈当年の分。後に聞いたことには、「十五日に供養した」と。〉。太政官が申請した、史生水取季武の文を、式部丞（藤原）永職に下した。人々が云ったことには、「検非違使が強盗を追捕していた際、逃遁して備中守（源行任）の□宅に入った。検非違使の官人たちは、四面を包囲した」と云うことだ。今日、検非違使別当（経通）は初めて庁事に従ったのである。

十一日、戊戌。藤原顕長、母に代わって人質となる／検非違使、強盗を射殺

検非違使左衛門尉（藤原）顕輔が云ったことには、「昨日の盗人は、禅室および関白の仰せによって、検非違使の官人たちは、すぐに捕えることができません。左衛門命婦（源致明女）を人質に取っているからです。また、太皇太后宮（藤原彰子）の仰せが有ります。特に禅門（道長）が命じて云ったことには、『捕えてはならない。ただすぐに、検非違使の官人たちは罷り去るように』ということでした。検非違使別当が命じて云ったことには、『黙って捨て去るのは、そうであってはならない。近辺を挙げて、捕えることのできる方策を企てなければならない』ということでした。命婦の子（藤原）顕長朝臣は、検非違使の官人たちに促されて、母命婦に代わるということを述べ、盗人に告げさせました。申して云ったことには、『私（顕長）を捕えたら、母を解放するように』ということでした。この頃、夜に臨んで、顕長は戸内に入って、母は難を脱しました。盗人が云ったことには、『上馬と鞍、および弓箭・大刀・絹三疋・粮米を用意せよ』ということでした〈絹は身に巻き、米は袋に納めて、腰に付けました。〉。家人たちは、皆、すべて盗人に与えました。ほんの少しだけ戸を開いて見て、馬は駑馬である

ことを称して、受け取りませんでした。その後、上馬〈永昭僧都。〉を引き出しました。またこれを見て、深夜、顕長と馬に乗りました。顕長は鞍に乗り、盗人は馬尻に騎りました。この間、閉門して、雑人を入れませんでした。漸く門を出ようとしましたところ、門の左右の腋に人がいました。驚いて帰り入りました。すぐに追却しました。次いで開いて出行した際、未だ一町に及ばない所で、検非違使の官人の随兵〈後に聞いたことには、『(平)直方の郎等』と。〉が、盗人を射ました。その矢は背中から射ました。少しばかり、顕長にも当たりました。盗人は落馬しました。この間、矢を射たことは、雨のようでした。六本が身に刺さって、即死しました」ということだ。その後、検非違使別当が来て、談った。大略は顕輔の言ったとおりであった。「雨のように射た際、顕長の左方の手の親指は、すでに射切られました」と云うことだ。早朝、(大江)成利を介して、(橘)為経を見舞った。妹であるので、あの宅の内に住む者である。報じて云ったことには、「昨日の事は、前後不覚で、不生不亡でした」ということだ。

二十七日、甲寅。　源師房、道長女尊子と婚す／道長、息男・卿相に法成寺堂塔の礎石を曳かせる

両宰相が来た。すぐに大僧正(深覚)の御許に参った。晩に向かって、帰って来て云ったことには、「地上に於いて、奉謁しました。今夜、右中将(源)師房が、禅室の高松(源明子)腹の二娘(藤原尊子)に通婚し、大宰大弐(藤原)惟憲の家〈上東門。〉に於いて、婚礼を行ないました」と云うことだ。

今日、禅室は、息男の関白及び大納言(藤原頼宗・能信)、また親昵の卿相に、新たに建立させる大堂および塔の柱石を曳かせた。神泉苑の乾臨閣および東門・諸司・穀倉院の石は、それによって遺った物は無いのか。

二十八日、乙卯。　藤原資高、初めて外記政に従事／中文の儀／南所申文／鎮守府軍監を任ず／藤原公任、大納言を辞すとの説／源師房、参議に任じられるとの説

今日、少納言（藤原）資高が初めて外記政に従事した。右衛門督（藤原）実成と伊予権守広業を催促して着させた。また、中文の儀を行なわせるという事を、大夫史（小槻）貞行宿禰に、先ず命じた。未剋の頃、資高が退出して云ったことには、「外記政および中文の儀を行ないました。権右中弁（藤原）経輔と左少弁（藤原）義忠が、中文の儀に列しました。また、南所申文の儀が有りました。鎮守府軍監上道久頼の任符を下給しました。鎮守府将軍（藤原）頼行が口入したからです」と。夜に臨んで、宰相が来て云ったことには、「禅室に於いて、民部卿（源俊賢）に逢いました。談話して云ったことには、『按察（藤原公任）が、大納言を辞すようである』と云うことでした」と。「新中将師房は、禅室の聟である。そこで宰相に任じられるらしい」と云うことだ。未だその道理を知らない。如何なものか。

○四月

六日、癸亥。　斎院御禊次第使、辞す

清水寺に諷誦を修した。外記(三善)為時が申させて云ったことには、「斎院御禊次第使の左馬助(藤原)栄光が申して云ったことには、『この何日か、病悩が有ります。ところが、頗る回復しています。そこで参って行なっていたところ、更に発りました。肉や蒜を服用したのですが、その後、やはり尋常に復しません。そこで勤仕することができません』ということでした」と。命じさせて云ったことには、「病の後、参って行なったことについては、申させたことが有った。更に発ったというのは、これは事実ではないのではないか。蒜については、神事を忌んではならない。肉については、飾った詞か。たとえ肉を食ったとはいっても、斎院(選子内親王)および社頭に参らず、ただ、無理に次第使の勤めを行なうについては、何の妨げが有ろうか。重ねてこれを召し仰すように。又々、確かに召問させて、申した趣旨を、明朝、申してくるように。大外記(清原)頼隆と一緒に、明日、参って来るように」と。申すところが、もし分明であれば、頼隆を介して関白(藤原頼通)に伝えさせなければならない為である。

十一日、戊辰。　**御禊前駆を城外により改替／衛府官人の御禊参不の処置／四社に祈雨祈願**

禊日の前駆である右衛門尉(平)高平は、近江国に向かった。昨日、外記の使部をその宅に遣わしたところ、「指南の者を召し搦め、随身して罷り向かった」と云うことだ。ところが、行程は知り難く、出会うことは定まらない。遣った日は、ただ今日と明日である。事はもしかしたら欠くことになるのか。高平の勤不は知らない。やはり先ず、そうあるべき者を戒め仰せては如何であろう。検非違使は、禊祭の日は、必ず斎院に参る。そこで検非違使の官人をとりあえず定め仰すのが宜しいであろうか。右衛門尉（藤原）明通が、その人に当たっている。事情を関白に申すよう、大外記頼隆に命じた。すぐに帰って来て、関白の返事を伝えて云ったことには、「高平の行なったところは、そうであってはならない。身はすでに未役であって、（平）直方の病悩を知りながら、急に城外に赴いた。近親の間で、朝夕、その故障を見知っているので、遁避したものである。（紀）宣明か明通のどちらかを定め仰すように」と。宣明については、右衛門志から転任した者である。近代は選ばない。明通に奉仕させるよう、頼隆真人に命じた。左頭中将（藤原）公成が、諸衛府の官人の申文を返給したのである。過状は返給しなかった。但し申文は、その趣旨は、各々異なる。或いは忌日に当たって参らなかった者は、その事情を陣官に告げている。先ず陣官に問うて、もしも事実であれば、過状を進上することはない。検非違使たちは、直方と（中原）成通は、検非違使別当（藤原経通）の命によって、犯人を捕える為に、摂津に罷り向かったということを申した。事は詐偽のようである。過状を進上させなければならない。本当に穢の輩については、免じられなければならない〈或いは内府（藤原教通）の室（藤原公任女）の穢、或いは故帥（源経房）の穢など。〉。その他は、云々。詳しく記すことができない。また、「左衛門尉（藤原）宗相は参らないということについて、先に散状を注進してきた。ところが、宗相は参入するということを申してきた。そこで申文を進上するよう命じた。左衛門志（粟田）豊道が、宗相が参入するという申文を進上した。頗る拠るところは無い。散状を進上した左衛門志他田真忠と左衛門府生西田直行を召問して、奏聞させるように」ということだ。豊道は、身は検非違使であるが、申すところは頗る矯飾のようである。宗相は本来ならば宣旨によって中文を進上しなければならない。豊道を証人とするのか。ところが豊道は、すぐに中文を進上した。未だその意味がわからない。このことを、前日、頼隆に伝えた。ところが宗相は、確執して中文を進上しなかった。そこで昨日、詞を加えて奏達させたものである。左頭中将が云ったことには、「祈雨の御祈禱について、社司を介して、石清水・上賀茂・貴布禰・春日御社に祈り申されました。今朝から頗る雨気が有ります。雲が北西の方角を指して行きます」と。

十二日、己巳。　貴布禰社神体、遺失

検非違使(藤原)顕輔が云ったことには、「貴布禰社司が申して云ったことには、『明神の御神体がいらっしゃらないということを、雨の御祈禱について命じられた次いでに申させました』と云うことでした。『故(源)雅通が新造し奉った御神体だけがいらっしゃいます』ということでした」と。これを考えるに、人を呪詛する悪い女が、取り籠めたのか。

十三日、庚午。　源師良、小野宮門前を乗車のまま渡る／これを咎めず／賀茂斎院御禊

「午剋の頃、左少将(源)師良が、車に乗って小野宮の北門を馳せ渡りました。雑人たちは車を打擲しようと思いましたが、後の勘当を思ったので、制止することができませんでした」と云うことだ。大臣家の門は、また大臣は渡らない。どうしてましてや、次席の者はなおさらである。師良は年齢が十歳ほどで、物情を知らない。咎めてはならない、怪しんではならない。宰相が晩になって来て云ったことには、「権大納言（藤原行成）の息（藤原）行経の出立所に、左衛門督（藤原）兼隆、中納言（藤原）長家・（藤原）朝経、右兵衛督経通が会合しました」と。師良の事を密かに談ったところ、（源）守隆朝臣が□父（源）朝任に談った。驚きながら、宰相と一緒に、禅室（藤原道長）から来て、驚き怪しんでいるということを述べた。私はまったく咎めることはないということを答えた。但し、故殿摂政大臣（藤原実頼）は小一条左大臣（藤原師尹）の二条家の門を渡らなかった。おっしゃられて云ったことには、「大臣家の門は、渡らないものである」ということだ。このことを朝任に語った。

宰相が云ったことには、「今日、禅閤（道長）は、関白と同車して見物しました。上達部は、権大納言の許から禅閤の見物所に参りました。左衛門督兼隆と新中納言長家は、禅閤の御車を見て、車から下りて路頭に控えました。そこで他の卿相も、同じく車を下りました。はなはだ便宜のないことでした」と云うことだ。私は小女（藤原千古）に催促されて、密々に大宮院（一条院）の北辺りに於いて見物した〈申の終剋の頃、斎王（選子内親王）が渡御した。〉。行事は権大納言行成〈前駆は五位四人と六位二人。〉と宰相兼隆〈前駆は五位二人と六位二人。〉。

十五日、壬申。　関白賀茂詣／賀茂社禰宜、桂葵を進上

今日と明日は物忌である。ただ外行を禁じた。諷誦を賀茂下神宮寺に修した。少納言（藤原）資高が供奉した。今日、関白が賀茂社の御前に参った。これは外記が催促したものである。未だ役していなかったので、着したものか。厩の馬は覂駕である。そこで馬寮の御馬を召して、騎らせた。口付の馬部に、先ず手作布二段を下給させた。必ずしも下給しなくてもよい事である。帰って来た後、下給すべきである。ところが、言葉を加えて、先ず下給させた。便宜に随っただけである。厩の馬二疋は、人々に貸した〈右四位少将(藤原)良頼と左四位少将(藤原)資房。〉。日暮、少納言資高が来て、云ったことには、「終日、雨脚は止まず、供奉していた上下の者の装束は、皆、損ないました。左右近衛府の官人を舞人や陪従としました。追従した上達部は、大納言(藤原)能信、中納言兼隆・(藤原)実成・(藤原)公信・(源)道方・長家・朝経、参議経通・(藤原)資平・(藤原)通任・(藤原)兼経・(藤原)広業。少納言と侍従も扈従しました。疋絹を下給させました。四位少将は、馬の口付と居飼の禄を与えました。舎人は三疋、居飼は疋絹」と云うことだ。

朝の間、晴気が有った。巳剋の頃から、雨が降った。晩に向かい、雨脚ははなはだ密であった。早朝、賀茂上社の禰宜(賀茂)茂忠が、桂と葵、各一折櫃を進上した。

十七日、甲戌。　**賀茂祭使源師房の過差／師房、諸宮からの袴を道長・頼通の随身に下給／源俊賢の意による／千古に安養院で仏舎利を拝ませる**

左少弁(藤原)義忠が来て云ったことには、「御読経の請僧は、多く欠いています。明日、持って来ることにします」ということだ。欠請を補すよう命じた。

早朝、宰相が来て、語って云ったことには、「賀茂祭使は、何事につけて眼目を驚かしました。万人がこのようでした。使の右中将（源師房）の束帯は、大納言能信と中納言長家に調備させ、関白がこれを検分しました。また、宮々から摺袴を送られました。多くは唐の綾羅を用いた重袴でした。綾の□で、また加え重ねた織物の袴でした〈『五倍の重』と云うことです。〉。狂乱の世です。舞人は皆、通例の袴を賜わりました。後に宮々の袴が出来しました。そこで一座の右近番長（下毛野）光武と三座の右近番長（播磨）貞安二人を選ばれて、この袴を下給されました。二座の右近番長（荒木）武晴は、これは汝（実資）の随身です。ところが、下給されませんでした。卿相は奇怪に思いました」と云うことだ。「光武は禅室の人〈随身と称し、朝夕、召し仕っています。〉、貞安は関白の随身です。三座に給うと云うとはいっても、関白が出立させた使の人でした。下﨟である汝の随身に下給させるのは、極めて心無い事です」と云うことだ。一府の事は、大将（実資）の随身を尊重するのである。理由を失ったようなものである。これを以て他の事を推すべきである。綾羅の袴は七であった。五を何の分に充てるべきなのであろうか。「また、光武と貞安を一の舞としました」と云うことだ。言うに足りない。武晴に過失は無い。どうしてましてや、大将の随身である。「禅閤は、このような心はありません。現在の執柄の臣（頼通）は、格別な意図はないようです。民部卿（源俊賢）が一向に執行し、万事、申し行なわなかったのでしょうか」と云うことだ。「唐鞍の馬を引き出した際、要駕は特に甚しいものでした。雲聚が堕ちて損じ、急に準備しました。この間、静かではありませんでした。馬副は顚倒しました。今日、上達部は衣を脱ぎました。関白は穏座に出居を行ないました。会合した卿相は、大納言（藤原）斉信・行成・能信、中納言兼隆・実成・道方・公信・長家・朝経、参議経通・資平・通任・兼経・広業。儀が終わって、諸卿は禅室の桟敷に参って、見物しました」と云うことだ。

夜、宰相が来て云ったことには、「禅門(道長)に参りました。すぐに見物されました。中宮権大夫能信卿が、御車後に伺候しました。関白も同じく見物されました。禅門の意向によって、左衛門督兼隆、新中納言長家、参議私(資平)・通任・兼経は、中将の神館の幄に向かって、衣を脱ぎました。殿上人や地下人が、多く会しました。宮々の綾羅は、神館に於いて、右近番長武晴〈汝の随身。〉・近衛(下毛野)安行〈関白の随身。〉に下賜しました。また、特に重ねて右近番長光武〈禅閤の随身のようなものです。〉に下賜しました。今日、童装束を改めて着しました。唐の白い綾を出袙としました。昨日の馬副や滝口たちは、綾羅や錦繡の狩衣や袴を着していました」と云うことだ。王法が滅尽し、嘆いても益が無い。「山城介(茨田)重方には、見物所に於いて、禅閤が衣を脱いで下給しました。関白及び卿相たちは、同じく脱ぎました」と云うことだ。「これより先、神館に於いて、纏頭したことは算がありませんでした」と云うことだ。「今日の夕方、使の饗所に会した公卿は、昨日と同じでした。ただ大納言斉信卿は列しませんでした」と云うことだ。

小女は、安養院に参って、仏舎利を拝み奉った。「近日、京中の男女は、首を挙げて参拝している」と云うことだ。事は功徳であったので、参らせたところである。今日、万人は祭を見物して帰った。寺の辺りの閑寂を憶ったので、参拝させただけである。

○五月

十七日、癸卯。　地震／紀伊国の施米未進の申文

□剋の頃、空が鳴り、地震があった。

左大弁（藤原定頼）が、司の人である若湯坐吉近と安倍成吉の申文を持って来た〈その状に云ったことには、「弁が申す、紀伊国の進上した去年の施米百十石の内、未進十石の状。右、この米は、本来ならば去年四月中に勘徴しなければならないところ、今年正月の頃、僅かに百石を進納した。その遺り十石は、催責したとはいっても、今も未進である。これによって、山々の僧たちが、直接、来て、責めます。そこで申文を進上する。以て解す」と。〉。

二十三日、己酉。　小野宮に盗人、入る／年号勘申／道長・頼通、病悩／内裏御読経、延引

三箇寺〈清水寺・祇園社・六角堂。〉で誦経を行なった。北対の西廊の戸内に雑物を納めていたが、盗人が北壁を切り壊して、手作布十一段を取った。また、主税允（川瀬）師光が納めて置いた皮籠の内の物を捜し取った。未だ何者かを知らない。遺った物は、文書一結、および屛風□面・手作布六段・帯二腰・櫛一束。

藤宰相（藤原）広業が、年号勘文を持って来た。

「勘申する。

　年号の事。

承天〈『尚書』に云ったことには、『各々、自分の典を守り、以て天子の恵みを承ける。その常法を守り、天の美道を承けるのである』と。〉

地寧〈『老子』に云ったことには、『天は一を得て以て清く、地は一を得て以て寧く〔地は安静にして動揺しないことを言う。〕、王侯は一を得て以て貞であるのである』と。〉。

右、宣旨によって勘申したことは、このとおりである。

参議兼伊予権守藤原朝臣広業」と。

大外記（清原）頼隆が云ったことには、「（藤原）義忠朝臣が云ったことには、『明日、進上するとのことを申していました』と」と。禅閤（藤原道長）は何日か、病悩されて、熱が発った。昨日の申剋の頃から、病悩の様子は軽くない。また、関白（藤原頼通）は、昨日の夕方から悩まれている。藤宰相が説いた。頼隆が云ったことには、「右頭中将（源顕基）が云ったことには、『関白の病悩の様子は、風病ではなく、疫病のようである。今日、試みられるであろう』と」と。また、云ったことには、「内裏の御読経は、延引された」ということだ。

二十七日、癸丑。　道長、頼通を見舞う／宣旨を大和国に下す／資房を遣わし、頼通を見舞う

祇園社で読経を行なった。物忌による。或いは云ったことには、「昨夜、関白は重く悩まれた」と云うことだ。「夜通し、誦経使を馳せた」と云うことだ。世間は静かではない。そこで重ねて、諷誦を東寺と清水寺に修した。左衛門尉（宮道）式光が、禅門（道長）から来て云ったことには、「今朝、禅閤は、関白の邸第に向かわれました。しばらくして、帰られました。藤宰相広業が、その御供に供奉しました」と。すぐに告げ伝えて云ったことには、「関白は重く悩まれている。汝(実資)に告げるように」ということだ。右中弁(藤原)章信が来て云ったことには、「関白は夜中の頃、急に霍乱を煩いました。備前守(源経相)が、宣旨一枚を大和国に下しました。大和守経相が説いて云ったことには、『霍乱を称していますが、実はそうではありません。やはりただ、重く悩まれています』と云うことでした。これは家人が密かに説いたところです。昨日と今日は、堅固の御物忌です。禅閤が渡られるので、しばらく門を開かれました。還られた後、まったく門を開かれず、通じません」と云うことだ。御物忌とはいっても、門外に於いて家人に告げさせようと思った。そこで左少将(藤原)資房を召し遣わした。時剋が移って、来た。すぐに関白に遣わした。帰って来て云ったことには、「御物忌ではありましたが、南門を開きました。そこで(平)範国を介して、書状を伝達させました。報じて云ったことには、『一昨日、内裏に参ろうと思ったが、心神が宜しくなく、参ることができなかった。昨夜、夜半の頃、急に悩み煩った。見舞われた悦びは、自ら申させることとする』と」と。

二十八日、甲寅。　永円、鴨川で溺れ、救出

永円僧都は、観音院から車に乗って、鴨川を渡っていたところ、水が大いに出た頃に当たった。車はすでに押し流された。僧都は車を離れて、河水に入った。畠を作っていた法師が、急に出て来て、救ったところ、共に水底に入ったが、何とか水中から腋に僧都を抱え、流れ渡って岸に着き、命を救った。

「禅室(道長)は、この救けた法師を召して、禄を下給した」と云うことだ。絹六疋と手作布十段。

○六月

五日、辛酉。　近衛府生・番長、囲碁で口論

左近府生(茨田)弘近と番長武友は、昨日、陣に於いて囲碁をしていた際、口論となった。弘近は大刀を抜いて、武友を打とうとした。左衛門陣に遁れ出させたところ、武友も同じく大刀を抜いた。陣官が弘近と武友を捕えた。弘近は左近陣の戸屋に籠め、武友は左衛門陣の戸屋に拘禁した。今夜、検非違使に引き渡し、各々獄所に拘禁させた〈「弘近は左獄、武友は右獄」と云うことだ。〉。

八日、甲子。　改元定の時期

今朝、関白(藤原頼通)が大外記(清原)頼隆を遣わして、伝え送られて云ったことには、「嘉祥の改元は六月に行なって、宜しくなかった。その他は先例が無い。来月の上旬は吉日が多い。その頃に行なわれては如何か」と。報じて云ったことには、「もっともそうあるべき事です。七月の改元は、先例は多いのです。特に昌泰を改めて延喜とした例は、七月でした」と。このことを加えて伝えておいた。宰相(藤原資平)が来た。また晩方、来た。検非違使別当(藤原経通)が来会した。日暮、左頭中将(藤原公成)が来て、命じて云ったことには、「改元については、来月の上旬に行なうように」ということだ。先日の定文を、頭中将(公成)に託した。

十四日、庚午。　道長・頼通、陸奥の金を定む

今朝、右中弁（藤原）章信が密かに語って云ったことには、「昨日、禅室（藤原道長）と関白が、陸奥の金の定を行ないました。禅閤（道長）が云ったことには、『前吏（橘則光）が後司（平孝義）を待たずに参上するのは、もっともその咎が有るであろう。そうとはいっても、去年の金を弁済することは難しいであろう。新司（孝義）が弁済すべきである。計歴は許してはならない』ということでした」と。この定は、法式によっていない。ただ意に任せていることに出た。（藤原）斉信と（源）俊賢が、申し行なったものか。奇である、怪である。

二十六日、壬午。　法成寺薬師堂供養

今日、法成寺の薬師堂供養が行なわれた〈丈六の七仏薬師如来、日光・月光菩薩、十二神将、丈六の六観音像を、堂中に安置した。〉。物忌を破って参詣した。東大門から入った。関白〈左大臣。〉・内大臣、及び諸卿は、皆、饗饌の座に着した。僕（実資）も加わって着した。一巡の宴飲の後、食に就いた。午剋に法事を始めなければならないからである。急がれたのか。関白は、頻りに出居を催促された。しばらくして、左少弁（藤原）義忠・大夫外記頼隆・史が、出居の座に着した。数度、少納言を催促された。（藤原）経隆と（藤原）基房が、殿上人の座にいた。無理に基房が、出居の幄の座に着した。少納言が未だ着さない前、関白以下は皆、仏前の座に着した。これより先、鐘を打った。今朝、太后（藤原彰子）は、御堂に渡御した〈北東の方を御在所とした。〉。衛府の上達部は、弓箭を帯びた。諸衛府の佐も同じであっ

た。但し上達部は、螺鈿の釼と隠文の帯を着した。禅閤の決定である。民部卿俊賢は、ただ無文の帯および白襲を着した。「身は宮司であるとはいっても、啓陣に伺候しなかった」と云うことだ。致仕のようなものであるので、装束を簡略にしたのか。講師と読師〈講師は院源、読師は扶公。〉は、輿に乗った。講師と読師の膳が有った〈五位と六位の者。文武官は新たに定めたのか。〉。音楽は通常のとおりであった。講師と読師は、高座の辺りに於いて、輿から降りた。舞台の西頭に於いて、これを下りるべきであろう。堂前の南北に仮屋を造営して、百僧の座とした。座の前に七仏薬師経と観音経を置いた。舞台の上の左右に、花瓶と火舎の机を立てて置いた。また、座の前の左右に、花筥の机を立てて置いた。これは常儀である。堂童子は、左右各六人〈この中に、四位は各二人。〉。唄師は四人。皆、僧綱。前例は二人である。新たに定めたのか。大行道や音楽は、恒例のとおりであった。讃衆、次いで梵音衆、次いで錫杖衆。舞台に昇り立った頃、雨脚が急に降った。そこで堂の簀子敷に進み立って、供養し奉った。雨脚はすぐに止んだ。しばらくして、また降ったことは大雨であった。講師と読師の膳の机を取って、錦の幡を垂れた。また、礼盤を取って、半畳を講師と読師の前後に立てた〈講師は前、読師は後ろに立てた。雨脚は、まさにはなはだ軽々であった。〉。また舞台と庭中の机を撤去した。頗る狼藉であった。しばらくして、雨は止み、またすぐに降った。しばらくして、止んだ。合わせて三箇度。その後、雨は止んだ。左少将(源)隆国〈四位。〉が、講師の高座の辺りに就いて、度者を給うということを伝えた。朝廷及び宮々の所々に、諷誦を修された。朝廷や宮々の使に、物を被けた。但し太后宮（彰子）は御使が無かった。臨御したことによるものである。この頃、請僧の饗饌を供した。講師が演説したことは、通例のとおりであった。法事が終わって、先ず講師に禄を下給した〈講師の被物は、中納言（藤原）長家が取った。また、絹若干を包んだ。絹は四位が、これを取った。読師の被物は、宰相中将（藤原）兼経が取った［履を着さなかった。はなはだ奇怪である。］。絹を四位が取ったことは、講師の禄と同じであった。〉。講師と読師は、高座を降り、礼盤の下に到り、拝礼して退出した。今回は、舞台の西の辺りに於いて、これに乗った〈初めのように、輿は高座の下に持って来た。ところが、持たせて退いた。〉。次いで請僧の賜禄を行なった。関白は、蔵人（源）資通朝臣を介して、別当前少僧都心誉を召させ、大僧都に任じるということを伝えた。次いで関白は、右頭中将（源）顕基を召して、密かに語った。すぐに顕基が、私に伝え仰せて云ったことには、「右衛門尉（紀）宣明を、従五位に叙すこととする」ということだ。事は頗る不審であった。そこで内記に伝えるようにとの趣旨を、関白に伝えた。感心していた。権右中弁（藤原）経輔を召して、内記を召し進めるよう、外記に伝えさせた。関白は、皇太后宮少進（藤原）為政朝臣を遣わして、宣明に告げさせた。宣明は進み出て、禅閤を拝した。次いで大唐・高麗の舞曲〈蘇合香・太平楽・陵王・古鳥蘇・崑崙八仙・納蘇利。〉が有った。太平楽と崑崙八仙では、関白以下、殿上人は、衣を脱いで、これを下給した。下官（実資）は、脱いで下給することができなかった。衵と大口袴とを出せば、合わせるのに方策が無い上に、老人（実資）が衣を脱ぐのは、便宜が無いであろう。そこで左将監（狛）光高を召して、ただ衵の袖を下給した。太平楽の間、燎を執った。楽が終わって、退出した。そうあるべき卿相は、太后の還御に供奉する為、伺候していた。私が退出した頃、少内記兼行が参入した。堂の南階の下に召した。右衛門尉宣明は、法成寺の堂に預かり仕えたので従五位下に叙すという位記を作成するよう命じた。今、参った諸卿は、左大臣〈関白。〉、内大臣、大納言斉信、前大納言俊賢、大納言（藤原）行成・（藤原）頼宗・（藤原）能信、中納言（藤原）兼隆・（藤原）実成・（源）道方・（藤原）公信・長家・（藤原）朝経、参議経通・資平・（藤原）通任・兼経・（藤原）定頼、大宰大弐（藤原）惟憲、参議（藤原）広業・（源）朝任。

○七月

十日、乙未。　**高陽院行幸定／法成寺金堂北妻、大破**

（藤原）兼資朝臣が云ったことには、「禅室（藤原道長）に於いて、関白（藤原頼通）と民部卿（源俊賢）が、一緒に高陽院行幸について定められました。（安倍）吉平が伺候していました。行幸については承りませんでした。但し、九月について云々していました。太后（藤原彰子）は、来月十九日、高陽院に移御されることになりました」と。また云ったことには、「昨夜、金堂の北妻が頽落して、大破に及びました。すぐに修治することはできません」ということだ。

十一日、丙申。　**権大僧都文慶、辞任／僧綱停任宣旨の例**

権大僧都文慶の辞退状を、左中弁（源）経頼に下した。停任するようにとの官符と宣旨を、前例を調べて下すよう、同じく命じておいた。俗官は外記に命じる。僧官については、太政官が関知するところである。先ず前例を問うて、宣下しなければならない。但し、先月二十六日の宣旨として作成しなければならない。僧綱停任の宣旨を、経頼が注進した。

権左中弁源朝臣道方が伝宣する。左大臣（道長）が宣したことには、「勅を承るに、権大僧都厳久と権少僧都明救は、宜しく停任するように」ということだ。

長保六年五月二十四日　　左大史小槻宿禰奉親が奉った。

十二日、丁酉。鷺、階隠に集まる／藤原妍子、病悩／東寺・西寺文殊会、料物不足により延引

鷺が階隠に集まった。怪異とはしなかった。他処の例が有るのである。その後、鷺は池頭にいた。「随身近衛（身人部）信武が射止めましたが、未だ死にません」と云うことだ。「股を射切った」と云うことだ。宰相（藤原資平）が来て云ったことには、「何日か、皇太后（藤原妍子）が、頗る悩まれています。昨日、禅閤（道長）が見舞われました」と。右少史（小野）奉政が云ったことには、「八日、禅閤は東寺と西寺にいらっしゃいました。ところが、文殊会の料物を、人々が出しません。『今日、行なうことはできない。催促して納めさせ、後日、行なうこととなった』ということです。そこで未だ行なわれません」ということだ。昨日、左大史（中原）義光が云ったことには、「史行高が云ったことには、『太政大臣（藤原公季）・右大臣（実資）・按察大納言（藤原公任）が出してきません。このことを禅閤に申してください』ということでした」と。別の定が有るのなら、そのことを申さなければならない。長年、家司を介し、加えて奉献させてきた。これを承知して、太政官が節禄を留め、大蔵省から要請し、下給しなければならない。「他の上達部も、またこのようにします」と云うことだ。今日、奉政が云ったことには、「関白は米を下給しました。内府(藤原教通)は信濃布三端を下給しました。その他は下給していません。別の仰せが有りましたので、諸大夫に催促させます」ということだ。宰相が云ったことには、「昨日、禅閤は皇太后宮(妍子)に参られました。文殊会について話が有りました。上達部が出した物は、事が揃い申しました。感心していました」ということだ。

十三日、戊戌。　改元後の官奏の文書／赦令の故実

改元後の官奏は、吉書を撰ばない事は、康保以後の奏報に見える。但し近代の例は、左中弁経頼を介して(小槻)貞行宿禰に命じ、勘申させた。今朝、勘進したところ、古昔の例のとおりであった。頭中将(藤原公成)が問うて云ったことには、「赦免については、上卿に命じられるのでしょうか、如何でしょう」と。私が答えたことには、「非常赦の時は、すぐに上卿が検非違使を召し仰す。常赦の時は、上卿が承らず、検非違使別当(藤原経通)を召して命じられていた。施行する以前に、赦に会った者は、原免しなければならないとのことである」と。また問うて云ったことには、「陣座に於いて命じるべきでしょうか」と。私が答えて云ったことには、「殿上間に於いて命じられるのが宜しいのではないか」と。この事は、様子を見ると、関白が問われたものであろうか。先年、(藤原)斉信卿が、赦令〈常赦。〉の上卿を勤めた。数日を隔てて、自ら仰せ下した。前例が無いということで、諸人は驚き怪しんだ。「また、嘲弄する人がいた」と云うことだ。

二十一日、丙午。　藤原経輔・源成任、相撲で闘乱／経輔従者、成任宿所を破壊

或いは云ったことには、「十七日の夜、殿上の侍臣が、紫宸殿の前に於いて相撲を行なった。権右中弁(藤原)経輔と蔵人式部丞(源)成任が相撲を取っていた際、各々、髻を執って拏攫した。はなはだ狼藉であった。尚書(経輔)が行なったところは、未だこのようなことは聞いたことがない。今夜、経輔は成任を打擲した。また従者たちは、追って成任の宿所に到り、打ち砕いた」と云うことだ。奇怪である。先の夕方の事によって、遺恨が有った。また奇怪である。後日、真偽を聞かなければならない。後に聞いたことには、「殿上人たちも相伴して、打擲した」と云うことだ。

二十九日、甲寅。　相撲召合

相撲節会の両日は、室礼を改めてはならない。

左右の出居が座に着さない以前に、立合が出た。大違失の事である。右将監(竹田)国行は、青色の袍を着して、奏を執った。「近衛府は雑袍を聴された。そこで着したものか。ところが、上下の者は感心しなかった」と云うことだ。故内蔵允(竹田)利重の子であるからか。

三十日、乙卯。　相撲抜出／近衛次将、兵衛・衛門佐の違例

申剋の頃、抜出が行なわれた。一番は右方が勝ったということを、告げて来た。二番は右方が勝った。三番は左方が勝った〈右方は(越智)富永。〉。四番は右方が勝った。五番は右方が勝った。連々、告げて来た。晩方、宰相が来て云ったことには、「右の助手(他戸)秀孝は、落馬して膝を突いたということを申し、御覧に参りませんでした。今日、催促されなかったので、殿上の出居は参上しませんでした」と云うことだ。違例と称さなければならない。また、「近衛次将や兵衛・衛門佐たちは、階下を渡って東階から昇り、母屋の御簾の下に就きました。衝重〈熟瓜。〉を執り、上達部に給わって、勧盃を行ないました。前例に違っているものです」と。母屋の御簾の内から出すのが、通例である。階下を渡って東階を昇ってはならないのではないだろうか。特に外衛の佐が東階から昇るのは、未だ見たことのない事である。蔵人式に云ったことには、「晩方、王卿は簀子敷に下りて坐る。ここに甘瓜を調備して、これを賜う〈中少将が東面の母屋の御簾の中から取り出して、これを給う。〉。中少将が勧盃を行なう」と云うことだ。

日未詳。（『年中行事秘抄』相撲楽事による）

相撲の召仰の日に、楽を奏さないということを命じたので、府の内取は、まったく楽を奏してはならない。

○八月

三日、戊午。　釈奠で闘乱

「昨日の釈奠で、明法堂院の学生伴致堪と紀信孝とが口論していたが、信孝は扇で致堪の頬を打ち、拏攫に及んだ。刀を抜いて致堪を突こうとした。学生社国が信孝を抱えて捕えた。弾正台はこの信孝を糺弾しようとしたが、信孝は釈奠に従事することを称した。この間、糺弾する事ができなかった。釈奠が終わって、下部に命じて信孝を搦めた。腰に挿していた小刀を捜し出して、打ち抑え、次いで表衣の袖を切った」と云うことだ。

九日、甲子。　御書所雑仕女、常寧殿の井に落ちて死去／藤原惟憲、罷申を延引

日暮、左大史（中原）義光が申させて云ったことには、「御書所の雑仕女が、后町の井に落ち入って死去しました。今日、大宰大弐（藤原）惟憲が内裏に参って、赴任するということを奏上させようとして、しばらく後涼殿の辺りを徘徊していた際、女が后町の井に落ち入って死去しました。すでに穢となりました。この頃、大宰大弐は参上せず、急いで退出しました。世は怪としました。きっと不吉です」と云うことだ。後日、その徴を知るべきものである。

二十一日、丙子。　能登国百姓、能登守延任を申請

今日、陽明門の内で、能登の州民が、能登守が能治であり、そこで延任させることを申した。

二十五日、庚辰。　高陽院競馬

晩に向かい、宰相（藤原資平）が来て云ったことには、「禅閤（藤原道長）が、関白（藤原頼通）の高陽院第にいらっしゃって、巡検しました。その後、馬場に於いて、競馬三番を行ないました。菓子を供しました。禅閤・関白・内大臣（藤原教通）が、高坏各一本。次席の者は、懸盤一脚。二人の分の菓子を据えました。事は頗る軽乏でした」と。

二十八日、癸未。　藤原威子、上東門院行啓

宰相が来て云ったことには、「今夜、中宮（藤原威子）が上東門院（土御門院）に御出されます。扈従することにします」と。

○九月

九日、甲午。　高陽院行幸競馬試練

今日、先ず関白（藤原頼通）の邸第に到った。卿相や殿上の侍臣が、多く会した。競馬が行なわれた。試練されたのである。

十一日、丙申。　天文異変

午剋の頃、白雲は布のようであった。南西から北東を指した。雲は左右に有って、二端の布を引いたようであった。旧い天文奏の占文を見ると、不吉である。

十七日、壬寅。　行幸路の整備／頼通、念人に親王あるを不可とす

行幸の路について、昨日、内々に承ったところである。そこで去る夕方、路を左中弁（源経頼）に伝えた。ところが、蔵人頭に聞かなければならない。もしも合わせて伝える趣旨が有れば、事情を関白に申すよう、左中弁に命じた。今日、関白の御書状を伝えて云ったことには、「後一条天皇は、承明・待賢門から御出することとする。すぐに待賢門大路から南に折れる。堀河小路から西辺りに、輦の路を設ける」と云うことだ。その路を整備するよう、命じておいた。待賢門の内に、泥が有った。掃治させるよう、同じく命じた。

夜に入って、宰相（藤原資平）が来て云ったことには、「関白が云ったことには、『左の念人は、敦貞親王となっている。まったく親王を念人とするのは、聞いたことがないのである。磨って棄てるように』ということでした」と。先日、大外記（清原）頼隆に命じて親王を記させた。「敦貞」と有った。事情を問うたところ、申して云ったことには、「三条院の親王〈実は小一条院の親王。〉です。そこで定文に書きました」と。驚きながら召して問うた。申したところは、初めと同じであった。能く尋ね問うたところ、申して云ったことには、「もしかしたら童親王でしょうか」と云うことだ。近日、親王で出仕している人はいない。ただ知らない。童親王については、必ずしも入れないのか。前例を調べさせようと思ったが、上古の定文は、外記局の中に無かった。『文徳天皇実録』では、豊楽院の射礼では、童親王が射ている。私はこのことを頼隆に伝えた。感動の様子が有った。ところが、童親王を念人に入れるのは、前例が無い。削ってなくすべきであろうか。人々の意向に随う事とする。

十八日、癸卯。　高陽院競馬式／馬助を任ず／行幸召仰

宰相が来た。すぐに関白の邸第に参った。大外記頼隆が云ったことには、「関白の命によって、権大納言（藤原）行成卿が、明日の式次第を作成します」と云うことだ。

念人の童親王について、宰相に伝えた。すぐに関白の邸第に参った。また頼隆真人が、両度、来た。雑事を命じた。晩方、宰相が来て云ったことには、「関白が云ったことには、『念人の童親王は、独りでは便宜が無いであろう。削るように』ということでした」と。初めは親王であることを知らず、外記の勘申によって、定文に入れたのである。削ってなくすよう、外記に伝えなければならない。左馬頭（藤原）保昌が、足を突いて損傷した。助二人を欠いている。行幸に供奉する頭や助がいない。そこで今日、源章任と源経長を馬助に任じられた。中納言（源）道方が奉って行なった。今日、行幸の召仰が行なわれた。「源中納言道方卿が、承って行なった」と云うことだ。

十九日、甲辰。　高陽院行幸／駒競／叙位／源師房の加階への非難

寅剋、内裏に参った。宰相が同車した。中納言（藤原）実成、参議（藤原）広業・（源）朝任が、陣座に伺候していた。関白と内府（藤原教通）が、御供に供奉した。随身を介して時剋を問うたところ、申して云ったことには、「寅二剋」と。諸衛府が参っているかどうかを大外記頼隆に問うたところ、ただ催促しているということを申した。御輿について左中弁経頼に問うたところ、「日華門に控えています」ということだ。春宮大夫（藤原）頼宗が云ったことには、「建春門から御出されることになっています」ということだ。私はすぐに陣座に復した。右大弁（藤原）重尹を介して、諸衛府が参っているかどうかを問われた。これより先に、外記（三善）為時が、伺候しているということを申した。すぐに参入したということを奏上させた。天皇が紫宸殿に出御した〈御出の時は寅剋であった。ところが卯剋に及んだ。卯剋は御衰時である。〉。鳳輿を日華門に持ち立てた〈葱花輦を供さなければならない。ところが、仰せによって、準備したものである。〉。僕（実資）は、先ず階下を渡って、南階の南西に立った。次いで左大将（教通）〈内府。〉が、階の南東に立った。次いで諸卿が列立した〈大納言（藤原）斉信・行成・（藤原）能信、中納言（藤原）兼隆・実成・（藤原）長家、参議（藤原）経通・（藤原）通任・（藤原）兼経。この他、東宮（敦良親王）の宮司である大納言頼宗と中納言（藤原）公信は、また行啓に供奉した。関白の命による。また、参議資平・広業・朝任も、同じく行啓に供奉した。「中納言道方は、巳剋の頃、高陽院に参った。昨夜の除目および召仰によって、暁方に退出した。そこで遅参したのか」と云うことだ。〉。

次いで闈司奏が行なわれた。次いで少納言（藤原）資高が鈴奏を行なった。次いで御輿を寄せた。警蹕と侍衛は、恒例のとおりであった。左将軍（教通）が承明門の壇上に於いて大舎人を召したことは二声。称唯した。命じたことには、「御綱を張れ」と。天皇の乗輿は承明・建礼・待賢門を御出した。東行して、堀河小路の西頭から南行した。関白の邸第〈謂うところの高陽院。〉に到られた。鳳輦を留めた。先ず左頭中将（藤原）公成を介して、事情を啓上し伝えた。関白が供奉した〈行幸の間は馬に騎って、御輿の後ろに供奉した。〉。すぐに御報が有って、乗輿を中門に進めた。これより先、長筵を鋪いて、御輿を据えた。筵道を敷いて、西対・渡殿・寝殿に到った。内侍二人が、迎えて供奉した。右三位中将（源師房）が、御剱を執った。左頭中将公成が、神璽を取った。内侍が御剱と璽筥を受け取った。宸儀（後一条天皇）は、西対や渡殿を経て、寝殿の御簾の内に入御した。関白と内大臣（教通）が、近く伺候した。この頃、船楽〈竜頭・鷁首。〉があった。次いで東宮が参られた。御車を西門に留めた。諸卿が迎えて伺候するに及んで、長筵を鋪いた。その上に筵道を敷いた。私・春宮大夫・春宮亮（藤原泰通）・東宮学士が前行した。帯刀は、左右に分かれて衛行した。太弟（敦良親王）は、西対の休廬に入御した。すぐに内から太后（藤原彰子）の御在所に参られるのか〈太后の御在所は、つまり寝殿である。〉。上達部は西廊の饗宴の座に着した。関白が座に着した。私は馬出・標勅使について申し合わせた。関白が云ったことには、「馬出勅使は左中弁経頼と殿上の少納言、標勅使は大蔵輔と監物が宜しいであろう。大監物（紀）行任では、何事が有るであろう」と。私が答えて云ったことには、「経頼の妻は重く煩っているということを、権大納言が談っていました。如何なものでしょう」と。関白が云ったことには、「それならば、右中弁（藤原）章信と少納言（藤原）経隆を馬出勅使とするように。大略、戒めるように」ということだ。外記の候所は、はなはだ遼遠である。ただ右中弁章信に命じた。また、少納言経隆に伝えるよう、同じく命じた。殿上間に伺候した。関白が章信に命じて云ったことには、「（藤原）能任は、禅門（藤原道長）のいらっしゃる所に伺候しているのか。戒め仰すように」ということだ。私が命じて云ったことには、「外記に伝え仰せて、伺候させるように」と。私が関白に告げて云ったことには、「御馬乗の者は、まったく御馬に上ることのできる者がおりません。長和の例によって、官人たちが交って上らせては如何でしょう。それならば、御前に於いて番を改めることは無いでしょう。宣旨によって、行なうべきです」と。これより先に、漏らし伝えておいた。すぐに左頭中将が伝え仰せて云ったことには、「官人たちが交って御馬に上らせるように」ということだ。そこですぐに、左右頭中将に伝えておいた。貢馬の後、事情を関白に申して、尻付を行なわせることを右頭中将（源顕基）に伝えておいた。関白が云ったことには、「左右頭中将が云ったことには、『尻付させるのが佳いでしょう』ということであった」と。但し、独り関白の処分を請うべきであろうか。御簾を上げて、御座に出御した。次いで円座を敷いた〈簀子敷。〉。左頭中将が、下官（実資）を召した。参入して、座に着した。関白の貢馬十疋を御前に引いて、三廻した〈片口は、諸衛府の将と佐［中少将。］が、これを執った。片口は、近衛府の官人がこれを執った。〉。終わって、序列どおりに整って立った。終わって、御意向を伺った。おっしゃって云ったことには、「上の五疋は左馬寮に下給するように。下の五疋は右馬寮に下給するように」と。私が伝え仰せて、牽き分けさせた〈「関白が未だ御前に進まない前、□上の五疋と下の五疋を交ぜて引いたものである」ということだ。〉。巳剋、上（後一条天皇）は寝殿にいらっしゃった。渡殿から馬場にいらっしゃった〈御青色を改めて着された。前例であろうか。調べなければならない。〉。この頃、駒形と蘇芳菲が、前庭に出て舞った。未だ馬場殿に渡御しない前、左右十列が、埒の東西から南行した〈左方が西、右方が東。〉。馬場殿に渡御する際、三的のあたりに群れ立つ事は、便宜が無い。この事は、乗輿が馬場にいらっしゃる儀である。ところが寝殿から出御して、渡殿から馬場殿にいらっしゃった。特に儀式は無かった。馬に騎って群れ立った。かえって冷淡であるようなものである。上達部は南庭に移って、馬場殿の南廊の座に着した〈相対して兀子を立てた。東方の第一に大臣の兀子一脚を立てた。西に大臣の兀子二脚を立てた。私および内府は、東西の兀子に着した。〉。左近陣の胡床は、上達部の下臈に当たった。馬場殿の南東に立つよう命じた。すぐにこれを改めた。次いで将たちが伺候した。左少将（源）隆国〈四位。〉が、内侍の喚しを奉って、来た〈後に聞いたことには、「内侍は伺候していなかった。関白が仰せを伝えた」と云うことだ。「太子（敦良親王）が参上した。次いで関白が出て、御後ろから座に着した」と云うことだ。新式を下されなかったのは、如何なものか。上東門院（土御門院）の式では、「第一の大臣が先ず昇り、次いで太子が参上する」と。順序が違濫している。式の誤りと称さなければならない。そこで今般は、いささか取捨したのか。〉。私は兀子の下に坐った。片膝を突いて、上達部を召した。本来ならば、東第一の兀子の南東に於いて、磬折して召すべきであろうか。ところが更に座の上を渡り、私の座に就き、跪いて召したのは、はなはだ便宜が無かった。御座は、母屋の北第二間にあった〈大床子。〉。御座の後ろに打毬の御屛風一帖を立てた〈本家が準備したのか。〉。次いで私が参上した。内府及び諸卿が参上し、簀子敷の座に着した〈高麗端の畳。本家が準備したものか。〉。この御座は、北から第四間に当たって南行し、更に西に折れた。上達部が未だ参上しない前、関白が座に着した〈御供に供奉して座に着したのか。意味がわからない。〉。次いで皇太弟（敦良親王）〈御座に茵を敷かなかった。本家が誤ったのか。〉が参上した〈北から第三間、母屋の北面にいた。〉。参上の順序は狼藉であった。上古の式によっていない。上達部が座に着した。左大将が先ず座を起った。次いで私が座を起って退下した。関白が云ったことには、「上臈が先ず起つべきか」と。私が答えて云ったことには、「左大将が先ず起つのは、何事が有るでしょう」

と。関白が指示したところは、そうあるべきである。白馬節会や相撲節会の時は、左将軍が先ず起つのは、そうであってはならない。右大将（実資）はすでに上臈であるとはいっても、先ず起たなければならない。奏を進上する時については、左大将が先ず進上する。ひとえに奏を進上する前後に、早く起つ所を考えるのか。事情を知らないようなものである。私及び内府は、馬寮奏を召した。左大将は奏に署し、進んで奏上した。私は奏を召して、開いて見た〈右馬頭（藤原）兼房が進上した。〉。奏文の署所に「朝臣」を書いた。大臣ではない人の署所である。そこでその上に、ただ自筆で「朝臣」を書いた。磨り削らせるのは遅々となるであろうからである。大臣は名を書かず、「朝臣」を書く。馬寮は前例を忘れていた。はなはだ愚かである。左大将が退下した。私は奏を執った〈奏書一枚。古跡は二枚を書いた。定例が無いのか。この奏書は、乗人の官人五人と御馬乗五人。〉。馬場殿の南東の小階から昇った。簀子敷〈上達部の座の前。上東門院の馬場殿の簀子敷は、極めて狭い。そこで更に母屋を昇り、また簀子敷に下り、進んで奏上しただけである。〉から北行して、御前に進んだ。膝行して奏を進上し、右廻りに退下した。杖を兼房朝臣に返給した。還り昇って、座に復した。内府が参上して、座に復した。次いで左馬寮の御馬を上げた〈官人の御馬乗は三人。〉。次いで右馬寮の御馬を上げた。今日、関白は座に連なって上首にいた。本来ならば奏請されなければならない。ところが下官に譲って、行なわれなかった。私は再三、標桙について催し仰せた。しばらくして、雅楽寮の官人二人が、桙を執って、分かれて立った〈本家の桙を用いた。雅楽寮の官人は参らなかった。そこで代官を用いたのか。〉。前例を見ると、第一の人が先ず円座を敷き、御辺に近く伺候して、奏し行なうものである。ところが、関白が座に連なっていた。その人を措きながら、近くに伺候してはならない。御所を去る距離は、甚だ遼遠であった。ところが執柄(頼通)の譲りによって、申し行なったものである。私は笏を置き、頗る声を揚げて奏上して云ったことには、「章信朝臣〈右中弁。左中弁経頼を定められた。ところが病者に関わっている。そこで召さなかったのである。〉と経隆〈少納言。〉を、馬出の勅使に遣わそう。行任〈大監物。〉を、標の勅使に遣わそう」と。勅許が有った。称唯した。左将監(笠)良信を召し、三人の勅使を召させた。長い時間が経って、云ったことには、「右中弁章信と少納言資高が参入しました」と。もっぱら資高を召さなかった。途中から退き帰らせた。経隆を召させた。しばらくして、章信・経隆・行任が参入した。中階の南東に当たって、列立した〈西を上座として北面した。〉。私が宣して云ったことには、「章信朝臣と経隆は、馬出に罷れ。行任は標の下に罷れ」と。共に称唯して、退き入った〈馬出勅使は、馬場殿の後ろを経た。〉。鼓と鉦は、本家のものを用いた〈前例では、これを給わった。〉。左右馬允が、牘を取った。走り進んで、埒の東西に立った〈左方は西、右方は東。その所は、云々。〉。御馬の名と毛を奏上した。次いで左右の籌刺の府生が走り出た〈左方は南、右方は北。〉。左近将監良信が、胡床を執って立った。先例では、近衛が執って立つ。通例ではないということを伝えた。良信は更に執って、走り帰った。その後、近衛が執って立った。また、右近府生(宇自可)吉忠が、胡床を執って走り出た。前例を知らないのか。左右の籌刺は、胡床に坐った〈初め左右の籌刺は、地上に坐った。すぐに走り出て、その所に立ち、胡床を待って坐った〉。一番〈左方は右近府生（日下部）清武、右方は右近将監（高）扶宣。〉、右方は打ち籠められた。前から心配していたことが有った。二番〈左方は左近府生（雀部）惟国、右方は右近府生（下毛野）公忠。〉。惟国が乗った際、三箇度、落馬した。はなはだ言うに足りない。鼓を打たれた。この番は、諸人が鬱屈した。ところが落馬した。また、打ち籠められた。御酒肴を供した〈御台二本［螺鈿。］。関白が設備したものである。〉。第五番〈左方は左近府生（秦）武重、右方は右近番長（播磨）貞安。〉。この番は、勝負が明らかではなかった。そこで標勅使を召して、これを問うた。申して云ったことには、「右方の御馬の頸が勝っていました」ということだ。申したところは、衆望が無かった。はなはだ奇怪とした。勅使に問われた。事実によって申し、用いられなかったものである。未だその意味がわからない。用いられることができないのならば、更に問われてはならないものである。人々が思ったところは、引き分けであるということを申すべきではなかったか。他の番々は記さない。次いで東宮の御膳の物は、高坏四本。蔵人右兵衛佐（源）資通が、御膳の物を取った。あれこれが云ったことには、「東宮の殿上人でないのならば、役に従ってはならない」と。そこで退き帰った。少納言（藤原）基房に取り替えた。六・七番の頃、上達部の衝重を据えた〈殿上人が益送した。関白が設備したものか。〉。私は左大弁（藤原）定頼を召し、出馬を結番して進上するよう命じた。外記の座に到って結番し、十番を進上した。黄昏に及んで、左右の籌刺が走り入って、勝負は確かではなかった。関白が云ったことには、「左方が勝った」ということだ。そこで陵王を奏した。終わって、納蘇利を奏そうとした。関白が命じて、止めた。次いで勝方の公卿が、座を起とうとした際、関白が拝舞について問うた。次いで大納言斉信が云ったことには、「拝舞は行なわない。殿上と射場の勝方が、ただ再拝するのである」ということだ。私が答えて云ったことには、「拝舞は行なう」と。関白が、扇に記した式次第を見た。「拝舞を行なうようである」ということだ。すぐに関白〈左大臣。〉が、座を起った。負方の公卿が、御前に進んだ。左方の中少将は進まなかった。そこで関白は、僅かに次将一人を召して加えた。再拝・舞踏して、退き入った〈負方の公卿は、御前に伺候するのが通例である。〉。日暮、左近衛府の騎射を進上した。次いで右近衛府。上達部の出馬を止めさせるよう、左大弁定頼に命じた。関白が指示したからである。関白が云ったことには、「騎射は、夜に入って、便宜が無いのではないか」と。疑いを持っていた間に、帯刀が上った〈少外記(文室)相親。〉。帯刀については、射てはならない。深夜に臨みそうであるので、止めさせている間に、二人が上ってしまった。あれこれが云ったことには、「一、二人が射ても、何事が有るだろうか」と。そこで左近衛が的の所に立った。主殿寮が燎を執った。騎射三人が射終わって、止めさせた。次いで左右近衛府の少将各二人・将監各一人、合わせて六人が、駿河舞を舞った。次いで求子を舞った。本来ならば左近衛府は駿河舞、右近衛府は求子を奉仕しなければならない。ところが左右近衛府の官人たちが、騎射の装束を着した。更にまた、平装束に改めている間に、時剋が推移した。そこで時議が有って、左右が交じって、二つの舞を奉仕した。儀が終わって、天皇は還御した。侍臣は脂燭を執った。御座を起たれる際、下官が警蹕を称した。次いで皇太子〈敦良親王〉が還御された。また、これより先の中間で起たれた時、警蹕を称した。大床子の後ろの御屛風一帖は、今日の中間で、風の為に吹き顛され、御後ろに倒れ懸かった。極めて便宜のないことである。左頭中将公成が、御粧物所から走り出て、畳んで執った。諸卿が云ったことには、「更に立ててはならない」と。そこで持ち去った。この御座の屛風は、関白が調備したものである〈「阿闍梨縁円が画いたものである」と云うことだ。〉。御粧物所が、馬場殿の北東の角の一間に御簾を懸けた。その後は御簾を懸けなかっただけである。諸卿は南庭を経て、西に渡った。時剋が多く移り、御簾を巻いた。次いで天皇が御座に出御した。太弟も、同じくいらっしゃった〈御座の南東。〉。次いで左頭中将公成が、召しに伺候した。これより先、関白が座に伺候した。序列どおりに、簀子敷の座に着した。次いで衝重を据えた。一、二巡の宴飲の後、殿上に於いて、管絃の興が有った。地下人を召さなかった。「その事に堪能な人がいなかったからである」と云うことだ。御膳を供した。懸盤六本〈台は鏡を用いた。御器は銀で装飾を施した。打敷も、このようであった。〉。陪膳は右近中将兼経〈三位。弓箭・釼・緌を脱した。脱してはならない。失誤である。供膳の際に、警蹕を称さなかった。母后（彰子）がいらっしゃったからである。〉。次いで太弟の御膳は四本〈銀を用いた。距離が遠く、確かに見えなかったばかりである。東の方から益送した。〉。関白は数度、御酒を催促した。時剋を経て、右衛門督実成が御酒を供した〈弓箭を脱した。警蹕を称さなかった。瑠璃の御盃。〉。先ず南西の戸の長押の下に跪いた。御酒を入れさせ〈右頭中将顕基が御銚子を執った。〉、これを献じた。本来ならば御所に進んで、御酒を入れさせなければならない。その距離は、はなはだ遠かった。例を失したばかりである。御意向が有った。そこで実成が御銚子を取って、御盃に入れた。天皇の意向によって、関白が進んで伺候し、御盃を給わった。座に復し、土器の盞を召した。左頭中将公成が持って来た。御酒を注いで、飲んだ〈御盞を公成に授けた。すぐに持ち去った。〉。終わって、盃は座に置き、退下した。私は南階から下りるよう伝えた。ところが響応せず、腋の階から下りて、南階の南西に進んだ。拝舞して、座に復した〈故実は南階から下りる。履を着さず、まさに御前に当たって拝舞し、腋の方から還り昇る。今日の作法は、失儀と称さなければならない。もしかしたら指示した人がいるのか。〉。流し巡らせて、纏頭を行なった。大臣は女装束一襲。他は差が有った。関白は預からなかった。もしかしたら彼が準備したものか。関白は意向を示した。そこで天皇は入御した。次いで太弟が座を起って、入られた。上達部は、下から座を起った。私が座を起った際、関白が云ったことには、「大いに思失した事が有る。御贈物が有ったのだ。しばらく伺候するように。そもそも、すでに天皇は入御してしまった。これを如何しよう」と。私が答えて云ったことには、「まことに入御したとはいっても、またこれは御前です。何事が有りましょうか」と。関白は座を起って、御贈物を催促した。大納言頼宗が御帯を持った〈筥に納めた。〉。大納言能信が笛を持った〈筥に納めた。〉。中納言長家が手本を持った〈筥に納めた。〉。跪いて、御前に並べた。私が問うて云ったことには、「何物〈なその物。〉」と。一々、名を称した〈「その人の献上」と称すべきか。ただ物の名を称したのは、如何なものか。近代はこのようである。〉。終わって、持ったまま退出した。「蔵人頭と蔵人に預けた」と云うことだ。しばらくして、母屋の御簾の前に円座を敷き、下官を召した。参入して、円座に着した〈これより先、関白は男女の加階の文を授けた。その文書は、頗る不審であった。そこで事情を問うた。民部卿(源俊賢)は、或いは女の姓を書かず、或いは女王を記さなかった。〉。仰せ事によって、硯を召した。すぐに持って来た。跪いて、天皇の意向を伺った。関白が書き出したのに任せて、二枚を書いた〈一枚は、従二位藤原朝臣長家、正四位下源朝臣顕基[太皇太后宮大夫源朝臣(俊賢)の譲り。]・源師房[越階か。]・藤原朝臣済家、従四位下藤原朝臣定輔。一枚は、従三位隆子女王、従四位下源朝臣伊子、正五位下源朝臣懿子、従五位下藤原朝臣明子。〉。硯を撤去し、柳筥に納めて、御簾の中に進んだ。御覧が終わって、返給された。元のように硯と柳筥を置き、叙位を笏に取り副えて、退出した。大内記(菅原)忠貞朝臣に、西対の南階に於いて下給した。位記を作成させるよう命じた。関白は中門の内に於いて慶びを奏上させ〈北方(隆子女王)及び家人の加級についてか。〉、拝舞を行なった。次いで御輿を南階に寄せた。もしかしたら母后に申しあげられたのか。警蹕が行なわれた〈今朝、西門に到った際には、警蹕を停めた。これは定儀である。〉。内裏に還った〈初めの路。〉。建礼門の外に於いて、神祇官が御麻を献上した。天皇の乗輿が御入した。鈴奏と名謁は、通常のとおりであった〈左近将の問うた声は、大いに聞こえた。夜に入って、どの亜将かはわからなかった。〉。時に丑一剋。その時剋を推測するに、子の終剋の頃か。諸卿が退出した頃、太弟が還御された〈「建春門を御入された」と云うことだ。〉。私はしばらく陣頭を徘徊して、退出した。高陽院に於いて春宮大夫頼宗卿が云ったことには、「汝(実資)と内府については、御車後に供奉すべきでしょうか」ということだ。ところが、格別な仰せは無かった。内府および下官は、東宮の御車に供奉せず、行幸に扈従した。後に聞いたことには、「春宮大夫頼宗は、御車に供奉した」と。或いは云ったことには、「東宮の御贈物が有った」と。

今日の師房の加階は、上下の者が目くばせした。越階は、もっとも怪しい、もっとも怪しい。あれこれが云ったことには、「明後日、太后が還御される。また三品に叙されるのであろう」と云うことだ。言外の事は、いよいよ口を閉ざすべきであろうか。書物に云ったことには、「口は食するのに用い、言うのに用いてはならない」と。鑑戒である、また鑑戒である。

馬場殿に御簾を懸けなかった。女官が伺候していなかった。寝殿と幾くもないのか。ただ北東の角の一間に御簾を懸けて、御粧物所とした。

早朝、出馬の解文を外記に出すよう、仰せ置いた。乗尻二人〈源頼時と大江文利。〉は、打懸・袴・摂腰を新調した。馬の移鞍と総は、上代の例に従った。

右大臣家

貢進した走馬の毛付について

合わせて二疋

一疋は鹿毛

一疋は黒毛

右の走馬の毛付は、このとおりである。

万寿元年九月十九日　　外従五位下石作忠時

二十一日、丙午。　藤原彰子、還御

「今夜、太后が還御された」と云うことだ。「また勧賞が有った」と云うことだ。明日、軒廊の御卜が行なわれる。神祇官や陰陽寮は、午・未剋の頃に伺候するよう、重ねて大外記頼隆に命じておいた。申して云ったことには、「神祇少副卜部兼忠が、伊勢から未だ参上しないということを申させました」ということだ。「他の卜部は、御卜に奉仕します」ということだ。伺候させるよう、命じておいた。

二十二日、丁未。　源師房を従三位に叙す

昨日、右近中将師房が従三位に叙された。去る十九日の行幸で正四位下に叙された〈元は従四位下。すでに越階している。〉。三箇日の内に越階し、また三位に叙された。未曾有のことである。関白の養子〈異姓。〉で禅室（道長）の聟であるので、叙されたものか。感ずべきか、如何か。

○十月

二日。　夢告により、千古の為に祈禱

……司は、未だ□□を葺いていない。新たに葺くとしたら、□□を準備して、□□□始めるのか。何としよう。（中原）義光が申すことに随って、処置すべきであろうか。

如念師を呼んだ。明後日、東寺に参って、小女（藤原千古）の□を祈り申すよう、伝えておいた。昨夜の夢告によって、心中、随喜したばかりである。

三日、丁巳。　本命供／除目の日時／北山遊覧を止む／下総守・中津原牧、馬・鮑を貢上

本命供を行なった。大外記（清原）頼隆が云ったことには、「昨日、関白（藤原頼通）の邸第に於いて、近習の者が云ったことには、『十四日に除目を行なうこととしましょう』と」と。ところが、その日は、下官（実資）の物忌に当たっている。それならば、定めないのか。その他はまた、何も謂わずに□。

今日、徒然であるので、北山辺りを見る為に、宰相（藤原資平）や四位侍従（藤原経任）を呼び遣わした。すぐに来た。ところが、厄日に当たっていたので、出行を止めた。□□。

晩に向かい、宰相がまた来た。着座の雑事を問うた。□□右衛門尉（平）高平が、下総守（藤原）如信朝臣の貢馬〈鴾毛。〉と鮑三百条を進上してきた。

玄蕃允守孝が、石見から帰って来た。中津原牧の年貢の牛二頭〈黒毛。〉と鮑を進上してきた。

四日、戊午。　空海示現により、東寺で祈禱／藤原妍子季読経

今日と明日は、物忌である。覆推して云ったことには、「今日は軽い」ということだ。そこで門を開いた。諷誦を三箇寺〈東寺・清水寺・祇園社。〉に修した。また、常住の僧三口〈念賢・運好・忠高。〉を招請して、物忌の間、□□□を転読させ奉った。高尾別当如念を東寺に参らせて、□□□の為に祈禱し申させる事は、大師（空海）が示現したので、決定した事である。今日、午剋に祈禱し申させた。去る朔日の夜の夢に、大師が□□することが有った。そこで祈禱し申させたものである。分明な御夢告を蒙った為である。

夜に入って、宰相が来て云ったことには、「七日に季御読経について定め申すよう、関白に申しました。報じて云ったことには、『もっとも佳い事である』と。日を定めるについては、御衰日を忌んではならないということを、同じく申しておきました。答えられて云ったことには、『まったく忌んではならない』ということでした」と。

石見牧の牛一頭を、右兵衛督(藤原経通)の許に遣わした。欣悦の報が有った。「ただ一頭の牛が、昨日、斃れたところでした」ということだ。宰相が云ったことには、「内裏に参ります。次いで関白の邸第の皇太后宮(藤原妍子)の季御読経に参ることにします」ということだ。進士(橘)為経が、中紙三百帖・小刀・魚を進上してきた。夜に臨んで、蔵人所衆(壬生)則経が来て云ったことには、「蔵人兵部丞済通が仰せを伝えて云ったことには、『明日、射場始が行なわれます。参入してください』ということでした」と。今日と明日は物忌であることを申させた。但し、明日は式日である。延引する時は、そのことを告げるだけである。

五日、己未。　射場始

諷誦を三箇寺〈東寺・広隆寺・六角堂。〉に修した。今日、射場始が行なわれた。物忌であったので、参らなかった。昨日の記に見える。(小槻)貞行宿禰を召し遣わした。すぐに門外に参って来た。明後日、季御読経を定める事・および大粮文を申上させる事・大弁が参る事を伝えておいた。左大弁(藤原定頼)に故障が有れば、右大弁(藤原重尹)を参らせるよう、同じく伝えた。また、明後日の御読経定について、左中弁(源)経頼に仰せ遣わしておいた。先日、十日に定めるよう、伝えておいた。ところが、「十日は内府(藤原教通)が官奏の上卿を勤められることになっています」と云うことだ。そこで七日に行なうこととなっただけである。「内府は今年、未だ官奏の上卿を勤めておられません」と云うことだ。

六日、庚申。　資平、実資の日記から着座の暦記を写し取る／射場始の違例

宰相が二度、来た。着座の雑事を談った。昨日、私の二度の着座の暦記を写し取った。「明日、季御読経について定めることになっています。ところが、左大弁は物忌です」と云うことだ。右兵衛督が参入するよう、大外記頼隆真人に伝えた。また、云ったことには、「昨日、射場始の御出は、晩方に及びました。関白は上達部の座に伺候しました」と云うことだ。「所掌は右兵衛佐(源)資通でした。作法は泥のようでした。前例を知らないようなものです」と。

七日、辛酉。　大粮申文／季御読経定

今日、大粮文を申上させることになっている。また、季御読経を定めることになっている。「左大弁定頼は、物忌に当たるので、参入することができないとのことだ」と云うことだ。そこで右大弁重尹の許に仰せ遣わした。「只今、参入しました」ということだ。その後、大夫史貞行宿禰が参って来た。申させて云ったことには、「左大弁が参入します」ということだ。内裏に参った〈未二剋。〉。諸卿は参っていなかった。これより先、右大弁重尹が参入した。大粮文について問うたところ、「準備して揃えてあります」ということだ。加えて申上する文書は有るのか。云ったことには、「能登国の後不堪があります」ということだ。加えて申上するよう命じた。季御読経の日時勘文について、左中弁経頼に命じた。「只今、陰陽寮を召し遣わします」ということだ。私は南座に着した。この頃、宰相中将（藤原）兼経が参入した。次いで右大弁が、申文の事によって敷政門から入ろうとしたので、兼経は座を起って陣座の後ろに出た。本来ならば、納言の奥座に着さなければならない。前例を知らないのか。右大弁は宰相の座に着した。敬屈して云ったことには、「申文」と。私は目くばせした。小揖した。大弁は称唯した。陣の腋の方を見遣った。右大史（大宅）恒則は、大粮文を挿して小庭に跪いて伺候していた。私は目くばせした。称唯した。膝突に着し、これを奉った。私はこれを取り、開き展げて、一々、これを見た〈大粮の官充の文・主税寮の勘文・能登の後不堪。〉。先のように巻いて、板敷の端に置いた。史はこれを取って、束ね申した〈大粮文は、ただ目くばせした。後不堪は、「申し候え」と宣した。〉。終わって、史は文書を杖に加えて退出した。大弁が座を起った頃、宰相中将は座に復した。左大弁定頼が参入し、座に着した。私が云ったことには、「御読経について定め申すように」と。文書を奉るよう命じた。大弁は座を起って、催し仰せた。しばらくして、座に復した。すぐに左大史義光が、文書を進上した。次いで左少史（伴）佐親が、硯を大弁の前に置いた。定文を書かせた。大僧都文慶は、僧都職を辞退した。そこで定文から除いた。百僧の数が、一人、足りなかった。そこで元のように上安祥寺を入れて書いた。大弁がこれを進上した。僧名の字は、多く誤っていた〈四人。〉。

そこで定文を返して、改め直させた。日時勘文について、左中弁に問うたところ、申して云ったことには、「只今、陰陽寮が勘進します」ということだ。奉るよう命じた。すぐに進上した〈今月十七日辛未、時は午二剋。二十六日庚辰、時は午二剋。結願の日時は、二十日甲戌、時は巳二剋もしくは未剋。二十九日癸未、時は午二剋もしくは申剋。〉。定文と日時勘文を筥に納め、左中弁を介して、関白に内覧させた。もし事の難点が無ければ、奏聞するよう、命じておいた。すぐに里第に連れだって向かった後、奏聞を経た。下給して云ったことには、「二十六日に行なうように」ということだ。定文および日時勘文を下給した。先ず日時文を束ね申した。命じたことには、「二十六日」と。次いで僧名を束ねた。ただ目くばせした。次いで料物を催促して進上させるよう命じた。弁が勅を伝えて云ったことには、「大監物(源)重季を率分勾当とするように」ということだ。すぐに同じ弁に宣下して、退出した〈酉一剋。〉。左大弁と左中弁が、従って退出した。

夜に入って、宰相が来て云ったことには、「皇太后宮の御読経が結願しました。終わって、内裏に参りました。源中納言道方が、陣座に伺候していました。復任の宣旨を下そうとしました。ところが、式部丞が参りませんでした。そこで退出しました」と。

八日、壬戌。　道長、実資に面会を求む

早朝、宰相が来て、着座の雑事を語った。

左少史佐親が、御読経の定文を進上した。

定基僧都が、一昨日、密々に告げ送って云ったことには、「禅閤(藤原道長)が逢おうという意向が有ります」ということだ。そこで今日、書札をあの僧都の許に送った。すぐに禅閤の報書が有った。明後日、参謁することとなった。

九日、癸亥。　藤原保昌、丹後封物の返抄、相撲白丁の右近衛府勘文を請う

左馬頭(藤原)保昌が、丹後の封物の返抄、および相撲の右近衛府の勘文について述べた。共に皆、道理は無かった。詳しくその趣旨を伝えたのである。弁解するところは無く、すでに帰伏した。保昌は長い間、家人であったので、配慮することが無いわけではない。但し、勤節を致さず、また微志が有った。明年、院(小一条院)の方に預けるという仰せを奉った。ところが、この事に関わるとなると、是非を論じずに返抄を出そうとするであろう。封物の未済は、数多く有る。相撲の白丁は、点貢していない。起請官符は、新たに出した。思慮するところは、もっとも多い。

夜に入って、宰相が来て云ったことには、「只今、右中弁(藤原)章信が、和泉から馳せ上りました。禅門(道長)の仰せによります。密談して云ったことには、『神社行幸を行なうこととなった。行事を勤めるように。所望する人がいるので、披露してはならない。明日の午の上剋に至るまで、外に漏らしてはならない。明日、定めることとする』ということでした」と。権右中弁(藤原経輔)は上臈である。彼が競望するので、禁じられたものか。

十日、甲子。　盗人、故中原致時宅に入る／道長と会談、近親・家人の任官を請う／松尾・北野行

幸行事／資平、着座

諷誦を六角堂に修した。「昨夜、盗人が故信濃守（中原）致時の宅〈東隣。〉に入った。ただ、□光および妻子の衣装を捜し取った。また、宿人の男が矢に当たった。死ぬには及ばなかった」と云うことだ。（三善）為時を遣わして見舞わせた。（藤原）致行朝臣が子細を申した。「母尼および女二人の表着の衣だけを盗み取りました」ということだ。未剋の頃、禅室（道長）に参った。長い時間、談話した。宰相の兼官、伯耆守（藤原）資頼の兼官、少納言（藤原）資高は向後の少弁、大膳大夫（菅野）敦頼の給官、（惟宗）貴重朝臣の官、（川瀬）師光朝臣の明年の民部省の巡官、左衛門尉（宮道）式光の検非違使。所望について、一々、申しておいた。皆、申請したところは整えられた。禅閤が云ったことには、「今朝、関白が右中弁章信を遣わして、松尾・北野行幸について伝えてきた。行事の上卿は、中宮権大夫〈（藤原）能信。〉か。行事の弁は章信か。権右中弁経輔は上﨟である。ところが、章信が先に任じられた」ということだ。また、経輔はこのような事を行なうのは難しいのではないか。その他にも事が多い。行事の宰相と史は、問い申さなかった。晩に向かい、帰った。夜に入って、大外記頼隆が来て云ったことには、「行幸の行事は、大納言能信・参議（藤原）広業・右中弁章信・外記（中原）師任・大夫史貞行です。日時を勘申しようとしましたが、（安倍）吉平と（惟宗）文高が参りません。戊剋、宰相が着座を行ないました。太政官と外記庁に参りました。退出の後、事情を見て、来るよう、（中原）師重に命じて、これを遣わしました。中納言（藤原）朝経も、同じ時刻に着座しました。主計頭吉平が、二人共、反閇を行ないました」と云うことだ。師重が来て云ったことには、「定剋、太政官と外記庁に着して、退出しました。四位侍従経任・左少将（藤原）資房・少納言資高が従いました」と。今朝、布百端を宰相の許に遣わした。太政官と外記庁の使部の禄料である。

樋螺鈿の釼と隠文の帯を、宰相の許に遣わした。今日、戌剋、着座を行なった。その際に用いる分である。また、牛車を貸した。「申剋、先ず貴重の宅に移った」と云うことだ〈中御門。〉。

十一日、乙丑。　教通、官奏を奉仕せず／松尾・北野行幸日時

或いは云ったことには、「昨日、内府は官奏の上卿を勤めることになっていました。ところが、前駆が一人も出て来ませんでした。そこで参入しませんでした」と云うことだ。甚だ怪しい事である。今年は、未だに勤められていない。吉日を択んで、昨日、奉仕されるということを、前日、聞いたところである。そこで昨日は、御読経を定め申さなかった。去る七日に定め申したところである。

右衛門督（藤原実成）が堂に来た。長い時間、談話した。右中弁章信が来た。行幸の日を問うたところ、云ったことには、「松尾社は来月二十三日、北野社は十二月二十六日です」と。

十二日、丙寅。　常陸長言牧、馬を貢進／下総守、妻および妹を任地に迎える

夜に臨んで、常陸の長言牧から馬一疋〈葦毛。〉を貢進してきた。

下総守如信朝臣の弟法師詮慶が来て、国中の状況を語った。この法師を遣わして、妻および妹を迎えさせるとのことであった。

十三日、丁卯。　内裏の廊を葺く国／頼通、除目の日を定む／教通邸造営行事、殺害される

「今日、宰相は、没日(もつにち)であったので、宅に帰らない」と云うことだ。大夫史貞行宿禰を召して、伯耆国(ほうき)が修理して廊を葺く事について問うた。左右兵衛陣(ひょうえのじん)と進物所(しんもつどころ)の廂(ひさし)は、彼らだけである。他の国が造営するのか。それとも成功(じょうごう)の者が造営するのか。やはり伯耆国が造営するのか。貞行が申して云ったことには、「廊を葺くようにとの宣旨は、廂を入れていません」ということだ。内裏造営の時に、この廊および両所の廂は、造営して進上する国が確かに注申(ちゅうしん)するよう命じた。大外記頼隆が、夜に入って、来て云ったことには、「除目の日について、関白の命が有りました。『十四・五日は、右府(実資)が物忌であるということを云々しているが、如何であろう』と。申して云ったことには、『それならば、承ったところです。十六日が宜しい日でしょうか』ということでした。十六日から行なわれるとの意向が有りました」ということだ。その後、左頭中将(さとうのちゅうじょう)(藤原)公成(きんなり)が、関白の御書状を伝えて云ったことには、「十六日から除目を行なうように」ということだ。謹んで承ったということを報じた。参入するように」ということだ。謹んで承ったということを報じた。

「内府の新宅を造営する行事の刑部録(ぎょうぶのさかん)惟宗経義(つねよし)が、その造営している家の西門の外に於いて、今朝、重い霧の間、敵の為に殺害された」と云うことだ。希有の事である。また、宜しくない事ではないか。

十四日、戊辰。　興福寺維摩会読師の禄／資頼、受領功過定を申請／仁王経転読／教通、官奏を奉仕せず／千古の着裳の雑事定

今日は物忌である。覆推して云ったことには、「両日、共に軽い」ということだ。そこで北門を開いた。

維摩会読師の禄を、下家司典薬属(足羽)千平を遣わして、興福寺に送った〈絹十疋・綿二十屯・信濃布十二端。朱塗の韓櫃に納めた。両面の覆いは、緋の綱と金銅の鐶。〉。

伯耆守資頼の申文を、左頭中将の許に遣わした。任国で勘済した功過を下して定められるよう申請した申文である。夜分に子細を伝えておいた。

諷誦を三箇寺〈東寺・清水寺・祇園社。〉に修した。また、今日と明日、念賢・運好・忠高を招請して仁王経を転読し奉った。物忌であるからである。

権右中弁経輔が、季御読経の行事所が申請した雑物の文書を持って来た。奏聞するよう命じた。また、更に持って来てはならず、直ちに宣下するよう、伝えておいた。今日、内府は官奏を奉仕しようとしていた。ところが、急に額が腫れて、参入しなかった。これは(平)重義朝臣が談ったところである。去る十日は、前駆が無いということで参らなかった。頻りに吉日を択んだ。当日になると、障りが有って、参られない。もっとも奇怪なこととするに足る。小女の着裳の日は、陰陽書を見ると、十二月一日乙卯と十三日丁卯が吉日である。先ず師重を介して吉平朝臣に問うたところ、申して云ったことには、「十二月一日の着裳は吉です。十三日丁卯は加冠の吉日に入っていません。但し嫁娶は吉です」ということだ。また、師重を遣わして(賀茂)守道朝臣に問うたところ、申して云ったことには、「十二月一日と十三日は、着裳に共に吉です。加冠や着帯にも吉です」ということだ。「この日を着裳に用いなされよ」ということだ。宰相と大膳大夫敦頼が、着裳について定めた。雑事を人々の許に仰せ遣わした。先ず十二月一日ということで日をほぼ定める為、守道を召し遣わして覆問しなければならない。夜に臨んで、また宰相が来た。人々の許に仰せ遣わした事は、多くは宰相に書かせた。童装束については、右兵衛督の許に示し遣わした。来て云ったことには、「来月、息男二人に首服を加えさせることになっています。また、左少将（藤原）実康朝臣の妻（藤原経通女）は、来月、産期に及びます。そこでこの装束を調備することができません」ということだ。

十五日、己巳。

諷誦を三箇寺に修したことは、昨日と同じであった。

十六日、庚午。　欠官勘文／京官除目／資頼の兼官について道長に伝える

五箇寺〈広隆寺・東寺・清水寺・祇園社・北野社。〉で誦経を行なった。

昨日と一昨日、読経を行なった。今日にだけ延行した。八卦の厄日および除目による。大外記頼隆真人が欠官の勘文を持って来た。また、云ったことには、「今日、召し仰せました〈関白が仰せ下した。〉」と。外記（藤原）則正が、欠官の勘文を進上したのである。今朝、頼隆が持って来た欠官の勘文は、頗る漏失があった。

宰相が来た。未だ政務に着していない。そこで内裏に参らなかった。

内裏に参った〈申剋。〉。これより先、一、二人が参入していた。大納言能信・中納言（藤原）長家・参議広業と、陽明門に於いて逢った。連れだって参入した。敷政門から入った。左頭中将公成を呼んで、公卿給の多少を問うたところ、云ったことには、「只今、撰んだところは、二十枚に及びません」ということだ。「今朝、託した申文は、皆、撰んで御所に揃えました」ということだ。その後、右頭中将（源）顕基を壁の後ろに呼んで、一、二枚の申文を託しておいた。座に復した。議所の室礼について、左大弁定頼に問うたところ、云ったことには、「終わりました」ということだ。蔵人右兵衛尉（菅原）惟経が、諸卿を召した。進退の作法や、召す音は、極めて便宜のないものであった。外記を召して、筥文を揃えておくよう命じた。長い時間、持ち出さなかった。陣官を介して、催し仰させた。外記三人が、硯と申文を取って、軒廊の南庭に列立した。私は座を起った。宜陽殿の壇を経て、軒廊の東第二間を出て、射場に進んだ。諸卿は射場に列した〈納言は東、参議は南。〉。外記は硯と筥文を捧げ、射場の東庭に列立した。終わって、私が参上した。これより先に、関白は殿上間に伺候していた。しばらく談った。関白が御前の座に着した。次いで私。大納言（藤原）頼宗・能信、中納言実成が、硯と筥文を取った。次いで諸卿が座に着した。終わって、関白を召した。称唯して、御前の円座に着した。次いで関白が、召しを伝えた。私は称唯して座を起ち、円座に着した。関白が意向を示した。おっしゃって云ったことには、「早く」と。私は笏を置き、一筥の文を取って、他の筥に移し入れた。欠官二巻〈正官と権官。〉を納めた。笏を挿して筥を取り、御簾の中に差し入れた。笏を執って伺候した〈これより先、硯筥はしばらく座の右に引いた。〉。御覧が終わって、返給された。元のとおりに筥を置いた。また、硯筥も元のように引き置いた。また笏を挿んで、伺候した。命じて云ったことには、「早く」と。大間書を取り、繰って置いたことは、通例のとおりであった。この間、日暮となった。御殿油を催促させた。すぐに供した。また、意向を示した。事を始めると、式部・民部省の奏は硯筥にあり、兵部省の奏は無かった。先ず式部史生を奏任した。次いで民部史生。次いで院宮の御給の名簿を取り遣わす事を、関白に伝えた。関白は、奏上するという意向が有った。そこで私が奏上した。勅許を承った。広業を召して、院宮の御給の名簿を取り遣わすよう命じた。次いで公卿給を下給した〈関白が伝えて給わった。〉。申請に随って、書き付けた。終わって、左大弁を召して下給し、勘申させた。任符を副えた。申文は、留め置いて、書き入れた。また、院宮の内官の御給の請文は、(源)朝任を召して下給し、勘申させた。また、左大弁に下給した申文を、まずは勘上するよう伝えて給わった。左大弁は、二度、これを取って進上した。勘進するに随って、書き入れた。外記が申して云ったことには、「誤りが有る申文は八枚でした。そこで勘上しませんでした」ということだ。広業が、院宮の名簿を取って進上した。「但し、太宮(藤原彰子)・皇后宮(藤原娍子)・東宮(敦良親王)は、これに従いました」ということだ。この名簿は、私が関白に取り伝えた。関白が奏覧した。院宮の旧年の内官の名簿を勘上した。すぐに関白に託した。公卿給を書き入れた。「明日、京官を任じることにする」ということだ。そこで大間書を巻いた。その上に紙を巻いた。中を結び、結び目に墨を引いた。また、成文も同じく結んで墨を引き、一筥に加えて納めた。御前に進上した。主上（後一条天皇）が入御した。次いで関白が座を起った。次いで僕（実資）が退下した。時に亥二剋。これは早く時剋を指定していたのである。「亥二剋に及んではならない」ということだ。忽忘に備えなければならない文書を、先ず硯筥に入れさせた〈頼隆に命じて、入れさせた。〉。受領の功過を定めなかった。奉行することのできる大納言がいなかったためである。今日、見参した上達部は、左大臣〈関白である。〉、大納言頼宗・能信、中納言実成・道方・（藤原）公信・長家、参議経通・定頼・広業・朝任。「内府は額が腫れて、参られなかった」と云うことだ。大納言（藤原）斉信と（藤原）行成が参らなかったのは、如何なものか。今朝、資頼の兼官について、書状で定基僧都の許に遣わした。すぐに禅閤に伝え、報旨が有った。その詞に云ったことには、「関白が執り申すところが有るか。内裏に於いて聞かれるであろう」ということだ。もしかしたら事が叶うのであろうか、如何か。意味がわからない。関白に問うわけにはいかない。その伝えを待つべきであろう。

十七日、辛未。　除目第二日／受領功過定

早朝、諷誦を六角堂に修した。

大外記頼隆真人を召して、昨日の公卿給について問うた。民部卿（源俊賢）が伝え送って云ったことには、「大宮（彰子）の御給文二枚に、誤りが有った」と。外記は勘上しなかった。二通を改めて書き、送って云ったことには、「この御請文は、合不を書かれて下給してください。今日、勘上させることにします」ということだ。驚き怪しんだことは、極まり無かった。御前に於いて、合不を書くのである。ところが私家に於いてこれを書くのは、非常の事である。誤っていた申文は八枚。そこで勘申しなかったということを、左大弁が伝え申した。今日、その申文を勘上した。大弁は咎めるところが有るか。また、外記は申すところが有るか。そこで返し遣わした。また、云ったことには、「もしかしたら未だこのことを執り申していない間か。そこで申させたところである。また改めて書いて、奏上させておいた」ということだ。戸部(俊賢)が伝え送ったところは、もっとも驚き申さなければならないばかりである。申剋の頃、内裏に参った。右頭中将顕基を呼んで事情を問うたところ、云ったことには、「関白が参上されました」ということだ。議所について、左大弁に問うた。座を起って、揃っているかどうかを問うた。すぐに陣座に復して、云ったことには、「皆、揃えてあります」ということだ。この頃、蔵人□が陣座に出て、諸卿を召した。私は外記を召し、筥文を揃えるよう命じた。その儀は、昨日と同じであった。大納言斉信と行成は、足下に病悩が有ると称し、陣座の後ろに留まって、筥文を取らなかった。大納言頼宗と中納言実成・道方が、これを取った。関白と私は、御前の座に伺候した。更に召しが有った。御簾の前の円座に着したことは、昨日と同じであった。御簾の中から大間書を下給された〈筥に納めた。また成文が有った。〉。私はこれを給わって、大間書を繰って置いたことは、通例のとおりであった。また、公卿給九枚を下給した。合不や給不を記し付けた。参議朝任を召して下給し、勘申させた。この頃、燭を秉った。広業が太皇太后宮(彰子)の御給の請文を伝えて進上した。私は取って関白に奏り、奏覧した。漸く京官を任じた。関白は大納言斉信に命じて、受領の功過を定め申させた。また、式部丞および左衛門尉を申請した者の申文を下給した。私は斉信卿に授けた。挙の冊を記した。また、元の申文を副えて進上した。関白がこれを奏上した。返給された。一々、仰せに随って書き入れた。壱岐守（藤原）明通の辞退状、および所望する者である藤原行範の申文が出て来た。関白が云ったことには、「今日の夕方、御堂（道長）から送られた」ということだ。すぐに任じた。「明通については、停任するように」ということだ。斉信卿が、受領功過の定文を進上した〈和泉の（大江）挙周・備中の（藤原）済家・隠岐。〉。斉信が申して云ったことには、「伊豆守（藤原）棟隆の不与状は、国分寺の中の堂舎四宇は、実体が無い。棟隆が申して云ったことには、『これは書写の誤りです』ということだ。ところが諸卿が申して云ったことには、『文書を見たので、定め申すものである』と。新司（伴）久永の申文に云ったことには、『この四宇の舎は、すでにその実体が有ります』ということだ。本帳と申文とが相違している。諸卿が申して云ったことには、『久永の申文が出て来た。過失とするわけにはいかない。宣旨を所司に給わり、堂舎四宇をあの帳に記し載せさせるべきであろう』と」と。私は斉信卿が申した趣旨を関白に伝え申した。許容が有った。私は斉信卿に目くばせした。座を起って、来た。所司に宣下する帳の中に記載するよう、仰せ下すべきであるということを斉信卿に伝えた。除目が終わった。大間書を巻き、筥に盛って奏覧した。御覧が終わって、返給された。私は成文を加え入れた。この頃、主上は入御した。私は筥を取って、退出した。清書の上卿である左衛門督（藤原）兼隆卿に授けた。右頭中将が伝え仰せて云ったことには、「左衛門尉(藤原)惟経を検非違使とするように」ということだ〈今回の除目は、衛門府に任じるものである。つまりこれは蔵人である。〉。権右中弁経輔に伝えた。壱岐守明通の停任については、大外記頼隆に伝えた。停任する事は、関白が伝宣するのである。終わって、退出した。亥剋。今日、参入した諸卿は、左府(頼通)、大納言斉信・行成・頼宗、中納言兼隆・実成・道方・公信、参議経通・定頼・広業・朝任。僕が宿所に帰った後、夜半の頃、外記為時が、大間書と成文を持って来た。明後日、宰相は初めて外記政に従事することになっている。その日に下名を賜わっては、外記政を行なうわけにはいかない。今夜の内に申されるよう、大外記頼隆に命じたところ、申して云ったことには、「兵部丞は、皆、格別な障りが有ります」ということだ。「それならば、明日、必ず申されるように。但し、休日の例は、前例は有るのか」と。申して云ったことには、「ほのかに覚えているところが有ります」いうことだ。能く前例を調べて、督促されるよう命じた。

十八日、壬申。　**下名の誤り**

画所が奏上したことには、「掃守実親は、造酒令史に任じられました。ところが、誤って『内膳令史』と書いてあります」と。そこで大外記頼隆真人を召して、関白に申し達した。その詞に云ったことには、「下名の上卿に伝えられて、改め直されますように」と。帰って来て云ったことには、「御書状を承ると、『下名の上卿に伝えるということを頼隆に命じられました』ということでした。大間書を見申そうと思います」と。すぐにこれを奉った。今日の下名について問うた。「延喜の頃は、その例がはなはだ多かったのです。そこで催し行なわせたものです。また、宰相が内々に上卿や宰相を督促しました」と云うことだ。

夜に入って、少納言資高が来て云ったことには、「下名所の中納言朝経と参議定頼が着しました」と。

黄昏、右兵衛督と宰相が来て語った。武衛(経通)が云ったことには、「明日、中宮(藤原威子)の釈経と御読経が、上東門院(土御門院)の東対に於いて行なわれることになっています。今日、禅閤や卿相が、御室礼を行なわれました。禅閤は、汝(実資)が参るかどうかを問われました。前後の両日の間に、一度は参入するであろうということを申しました」ということだ。

十九日、癸酉。　資平、初めて外記政に従事／藤原威子、仏事を修す／故僕従の為に諷誦を修す

今日、宰相が初めて外記政に従事した。先ず来て、すぐに参入した。中納言道方卿が参入するというので、少納言資高は早朝に参入していた。右兵衛督が来た。内裏から宰相が来た。今日、中宮は、上東門院に於いて、仏事を修された。申剋の頃、参入した。両宰相が従った。右兵衛督は車後に乗った。西対の南廂に饗宴が有った。又廂に殿上人の饗宴があった。私は殿上人の座に着した。関白及び諸卿は、東対にいた。下官が参入したのを見て、寝殿の南簀子敷を経て、来て向かい、饗の座に着した。□献の後、汁を据えた。箸を下した。この頃、鐘を打った。東対に於いて、七宝の小塔を供養された。御帳の内に安置した。瑠璃の仏器が有った。色紙の法華経と般若心経一部は、筥に納めた。また別に法華経十一部を、経机に置いた。法事の様子は、御読経のようであった。また、法華八講と称すべきである。御願文が有った。請僧は、証誠が天台座主僧正院源。請僧は十口〈少僧都懐寿・実誓・明尊・定基・永昭、律師遍救、凡僧経救・源心・聖源・貞範。〉。食し終わって、関白及び諸卿は、寝殿の南簀子敷を経て〈太后(彰子)は、何日か、内裏にいらっしゃる。〉、東対の座に着した。禅閤は南東の角の簾中にいらっしゃった。僧が未だ参上しない前に、関白を催促されて、七宝塔を拝し奉った。諸卿は首を挙げて見奉った。僧侶が参上した。その儀は、云々。朝座の講師は、僧都懐寿。開白と説経の後、論義が行なわれた。問者は僧都明尊。朝座が終わって、行香が行なわれた。夕座の講師は、僧都実誓。問者は僧都定基。亥剋の頃、法事が終わった。私は宰相を車後に乗せて退出した。内府は、朝座が終わって、退出した。面上の寸白は、まだ腫気が有った。そこで早く退出したのか。今日、参入した諸卿は、関白、内府、大納言斉信・頼宗・能信、中納言兼隆・実成・道方・公信・長家・朝経、参議経通・資平・(藤原)通任・定頼、右三位中将(源)師房、参議広業・朝任。

諸人が云ったことには、「主上が皇位にあって、二親がいらっしゃる時に、后宮が法華八講を修した例はなかった」と云うことだ。今日の儀は、御読経のようなものではあるとはいっても、やはり法華八講に異ならない。すでに御願文が有った。どうして御読経と称せようか。御願文が有ってはならないばかりである。

麻布十端を、京極寺別当法師に下給した。故久懐の為に、諷誦を修させた。数年の僕従であったからである。

二十日、甲戌。　諸僧に布施／季御読経請僧、未だ廻請せず

早朝、宰相が来た。すぐに外記政に参った。今日、般若寺に住している僧たちに手作布を施した。慶真と弘恵に各三端。三昧僧五口に各二端。また、利原に三端〈栖霞寺に住している。〉、護慶に三端〈北山に住している。〉、義源と慶静に各二端〈三井寺に住している。〉を施した。「御読経の行事である権右中弁経輔が、穢に触れたとのことだ」と云うことだ。そこで史佐親を召して、事情を問わせた。申して云ったことには、「穢については、承っていないのです」と。但し辞書が、もしかしたら出て来るか否かについて、綱所に問わせた。綱所が申して云ったことには、「在庁の威儀師は仁満です。その他は南京に住しています。ところが仁満については、僧正〈院源。〉が勘当しています。そこで従儀師を介して廻請の署を取りました。僧正は、威儀師が持って来るようおっしゃって、署していません。昨日、急に南京の威儀師を召し遣わしましたが、未だ参って来ません。そこで廻請することができません」ということだ。催し仰すよう命じておいた。早くに僧名を定めて、綱所に下しておいた。ところが今になっても廻請していない。極めて便宜のない事である。

二十一日、乙亥。　季御読経行事弁、触穢により改替／中原致時宅に入った強盗を逮捕

「御読経の行事である権右中弁経輔が、穢に触れた〈去る十八日、妹の産があった。三位中将兼経の妻。〉」と云うことだ。去る十九日、まずは事情を左中弁経頼に伝えた。今日、来て云ったことには〈逢わなかった。宰相を介して伝えさせた。〉、「先日、御読経の弁が穢に触れたということについて、伝えられたことが有りました。承って行なわなければなりません。ところが、辞書について綱所に尋ね問うたところ、申して云ったことには、『在庁の威儀師仁満は、僧正の勘当によって、出仕していません。そこで廻請について、遅々としていました。ところが廻請は終わりました』ということでした」と。また、云ったことには、「二十六日が季御読経始です。その日に伺候します。他の弁に宣し託して、丹波に下向しようと思います。宮の御読経の事によって、久しく下向していません。仰せに随うことにします」ということだ。答えて云ったことには、「御読経の発願の日に伺候して、傍らの弁に譲って託しても、何事が有るであろう」と。また、云ったことには、「大僧正(深覚)が云ったことには、『大安寺の知識物を請けて給わって、造寺料に充て用いさせます』ということでした」と。早く下し充てるよう、命じておいた。私が命じて云ったことには、「辞書が出て来たら、欠請を補すように」と。その後、権右中弁が来て、穢に触れた事を言った。左中弁に伝えるよう、答えておいた。右兵衛督が来た。すぐに中宮に参った。「前後の中間の日々に、諸卿は皆、直衣を着すことになりました」ということだ。

「近ごろ東隣に入った強盗を、今日、捕えることができた。つまりこれは宿人であった」と云うことだ。

二十二日、丙子。　季御読経欠請を補す／興福寺維摩会の様子

早朝、左中弁経頼が来た。欠請六人を補した〈史佐親が辞書を進上した。〉。後々の欠請は、申請を経ずに補すよう、伝えておいた。事の煩いが有るからである。近代の例である。

当講済慶が来て、云ったことには、「維摩会は、無事に遂げました。また、風雨の難もありませんでした」ということだ。長い時間、談話した。

二十三日、丁丑。　威子仏事結願に参入

今日、中宮の仏事が結願した。そこで参入した。初夜と後夜は、必ずしも参入しなくてもよい。ところが、関白以下の諸卿は、日々、参入している。また、禅閤がいらっしゃる。下官だけが参らないのは、頗る便宜が無いであろう。時勢については、往時とは異なる。特に先日、参入した事を、禅閤が悦ばれた。「今日、参るであろうということについて、風聞が有った。いよいよ感悦された」と云うことだ。昨日、左中弁が談ったところである。やはり能く思慮すると、参らないわけにはいかない。宰相も特にまた、勧めたところである。関白以下が、饗宴の座に着した。一巡が終わって、参り着した。汁物の後、鐘を打った。寝殿の南簀子敷を経て、東対の座に着したことは、初日と同じであった。二座の講演が行なわれた。結願の講師真範は、はなはだ優れていた。満座は感嘆した。行香の後、中宮大夫斉信卿以下が、請僧の禄を執った。その後、また禄が有った。「母儀(彰子)が準備されたものである」と云うことだ。また、本宮は布施の絹が有った。絹の上に立文を挿してあった。もしかしたら米の冊か。夜に入り、法事が終わって、退出した。今日、宰相は車後に乗った。参入した卿相は、初日と同じであった。但し今日は、権大納言行成が参入した。初日は参らなかった。また、中納言公信は、今日、参らなかった。

二十四日、戊寅。　仁王経転読／斉信、療治と称し、道長湯治に追従

今日と明日は物忌である。覆推して云ったことには、「今日は重い」ということだ。ところが、出行を止めて、戸を閉じなかった。諷誦を三箇寺〈東寺・清水寺・祇園寺。〉に修した。また、今日と明日は、三口の僧を招請して、仁王経を転読させた。

「明日、禅閤は摂津の有馬温泉に向かわれる」と云うことだ。「大納言斉信・頼宗、中納言長家が追従する」と云うことだ。「斉信卿は風病を治す為である」と云うことだ。もし本当に療病の為に温泉に向かうのならば、同行者を連れてはならない。自分独りでその治療を加えるべきであろう。その身は上臈として、年齢は耳順に及んでいる。あれこれ追従を思慮することは、甚だ切なるのであろうか。

二十五日、己卯。　道長、有馬温泉に湯治／季御読経料物未進の処置／道長、長谷詣の意向

六角堂・賀茂下御社神宮寺・北野社で誦経を行なった。宰相が来て云ったことには、「禅門の督促によって、内文の儀を行なうことになりました。そこで参入します」と。また、云ったことには、「左兵衛督公信は、禅門の御供に供奉するということを申していました。ところが犬の死穢によって参りません」と云うことだ。未剋の頃、禅閤は有馬に向かわれた。或いは云ったことには、「今夜、桂に宿される」と云うことだ〈また、云ったことには、「西淀」と。〉。「大納言斉信・頼宗、中納言長家が、御供にいる」と云うことだ。左中弁経頼が来て云ったことには、「明日の御読経料は、安芸国の米は、もう五十石は未だ進上していません。伊予国は油五斗を進上しました。その残りは代わりを進上するのでしたら、ただ五斗を三箇夜の御明に充てて用いることになりました。その遺りについては、代わりの物を房の油の分に充てても、何事が有るでしょう」ということだ。命じて云ったことには、「伊予の油は、御明の他、房の油については、便宜に随って行なうように。安芸国は、未だ米五十石を進上していない。国事を弁じる人がいないのならば、御祈願の物を先ず充て行ない、後日に返し補なうことが、宜しいのではないか」と。

扶公僧都が来て云ったことには、「御読経によって、参入したところです。今朝、禅門に参りました。おっしゃられて云ったことには、『有馬から帰京したら、来月、長谷寺に参ることにする』ということでした。十八日に参られます。七箇日、籠られることになります。毎日、一万燈を奉献されることになりました」と云うことだ。

僧都は、長谷寺別当である。「宿所および食物を用意してはならないという戒めが有りました」ということだ。ところが、黙って過ごすわけにはいかないであろう。

二十六日、庚辰。　季御読経、発願／源実基、服忌中に源済政女と婚す

寅剋の頃、左衛門尉式光が来て云ったことには、「入道殿（道長）がおっしゃって云ったことには、『只今、馳せ参るように』ということでした。（藤原）隆佐朝臣の仰せ書では、『西淀にいらっしゃる』と云うことでした」と。

昨日、左中弁が云ったことには、「関白の邸第に、牛の斃穢が有ります」ということだ。御前僧定の内覧について、事情を伝えるよう、命じておいた。今朝、問い遣わしたところ、報書に云ったことには、「昨日、事情を伝えたところ、『更に持って来ることはない。早く奏下するように』ということでした」と。今日、季御読経始が行なわれた。そこで参入した〈午一剋。〉。右大弁重尹は、これより先に参入していた。御前僧を定めるよう命じた。左中弁経頼を召し、命じて云ったことには、「僧の見参簿を取らせよ」と。私は北面の座に着した。しばらくして、右大史基信が御読経の定文と欠請を進上した。左少弁佐親が硯筥を取って、宰相の座に据えた。随身を介して、右大弁を呼んだ。大弁は宰相の座に着した。御前僧を書かせた。左中弁を介して奏聞させた〈筥に納めた。〉。御覧が終わって、返給された。定文を取って、左中弁に下給した。束ね申した。時は午二剋。鐘を打たせるよう命じた。また、見参の僧を問うたところ、「未だ見参簿を進上していません」ということだ。官人に命じて、遣わし見させた。帰って来て、申して云ったことには、「僧綱一人と凡僧十余人が参入しています」ということだ。参議広業が参入した。中納言兼隆と参議資平が参入した。次いで私が参上した。中納言兼隆と参議広業は、紫宸殿に伺候した。この頃、内府が参入した。僧の数を左中弁に問うたところ、申して云ったことには、「御前僧十一人と、その他二十余人が参入しています」ということだ。紫宸殿に伺候する僧の数が、はなはだ少ない。又々、綱所に伝える事を、同じ弁に命じておいた。出居が参上した。経頼が云ったことには、「三十余人が参入します」ということだ。参入するよう命じさせた。次いで私が御前の座に着した。次いで内府。御読経の作法は、通常のとおりであった。行香の人が足りなかった〈私・内府、参議経通・某（資平）［作名である。］・朝任。殿上人三人。〉。晩方、退出した。今夜、右少将（源）実基は、修理大夫（源）済政の女に通婚した。実基は、父（源）経房の周忌の月である。新たに房事を行なうことは、往古から聞いたことがない。不孝な事である。

二十七日、辛巳。　季御読経第二日／延暦寺の軸輪転の欠／中宮内裏参入、延引／資頼からの進物

左中弁が来て云ったことには、「御前僧の長保と慧寿が、辞書を進上しました」と。私は紫宸殿の僧で御前に伺候する者を問うた。云ったことには、「澄円・守遠・懐命です」ということだ。澄円と懐命を、御前に伺候させるよう命じた。また、云ったことには、「施供は、皆、揃いました。安芸国の未進の五十石は、仁王会の為の米を借りて渡しました」ということだ。また、云ったことには、「延暦寺の軸請四人と輪転四人は、辞退の時に欠請を補すのが通例です。ところが座主院源が云ったことには、『この八人は、辞し申した時に、寺家が直ちに補しました。これは古昔の例です。そこで補したものです』ということでした」と。すべてまったく聞いたことのない事である。欠請を補す事は、ただ上卿の職能である。本寺がこれを補すことは、未だその理由を知らない。他の寺の僧たちが辞し申した時は、多くは天台僧を補した。ところが、あの八人の僧が辞退した時、秘かに欠請を補した。上卿が補すところは、聞き入れないのか。極めて奇怪な事である。禅門と関白に申すよう、伝えておいた。宰相と右中弁章信が来た。宰相が云ったことには、「昨日、中宮の行啓は、急に停止となりました。天一神が西にあったからです。吉平と文高が申して云ったことには、『天一神の方角に当たらないものです』ということでした。ところが、やはり思い悩んでいたので、申したところを用いられませんでした。これは関白の決定です」と云うことだ。この何日か、中宮は上東門院にいらっしゃる。或いは云ったことには、「去る二十五日、御入されることになっていました。ところが太白星が西にあったので、御入されませんでした。昨日、天一神が西の方角にあることを勘申しました。吉平は勘申を思失していました。ところが問われたところ、塞がっていないということを申しました。文高も、同じくそのように申しました。申したところは、当たっていません」と云うことだ。

夜に入って、伯州(資頼)の書状が来た。米三百石・簾三十枚・和布を送ってきた。積載していた船は、若狭国に到着したが、未だ運上してこない。三十石を小女に志してきた。また、宰相に同数、内供(良円)に十石。

二十八日、壬午。

宰相が云ったことには、「昨日、関白が云ったことには、『御読経の発願の日、上達部は多く参らなかった。右府(実資)は早く参って伺候した。極めて便宜のない事であった』ということでした。明日、中宮は内裏に御入されます」と云うことだ。出納が申させて云ったことには、「明日、御読経が結願します。また、天皇の御物忌です。今夜、籠って候宿してください」ということだ。病悩が有るということを申させた。後に聞いたことには、「明日は御物忌ではない。蔵人と出納が誤って書いたものである」と云うことだ。至愚と称すべきか。

二十九日、癸未。　群盗、中原恒盛の宅に入る／季御読経結願

昨夜、群盗が陰陽師(中原)恒盛の宅に入った。すべて妻子や雑人の衣裳を捜し取った。また、大刀で従者の頬を打ち切った。恒盛は他行していた〈「朝廷の御祓によって、守道朝臣が難波に向かった。恒盛は従っていた」と云うことだ。何日か、毎夜、群盗が人の宅に入る。仁王経の説いたところのようである。〉。手作布十段を下給させた。下人に下賜するよう命じた。宰相が言い送って云ったことには、「犬の死穢が有ります。御読経の結願に参りません」ということだ。休息の為に称したものか。今朝、御読経について、懈怠が無いよう、行事の弁経頼に仰せ遣わした。

御読経の請僧は、延暦寺分の軸請四人と輪転四人は、辞書を進上した時に、上卿が欠請を補す。ところが、寺家が秘かに補したということを、座主が申させた。今、あの寺家が補して進上したというのは、まったく聞いたことのない事である。延喜・延長・天暦の前例では、定文に就いて欠請を補す事は、分明であるものである。閑かに調べて勘申させ、注進するよう、貞行に命じた。来月二日に不堪佃田申文を申上させる事・また国々が申請した詔使を定める事・その日に左大弁が参る事・また五日もしくは七日に不堪佃田奏に伺候する事を、大夫史貞行に命じた。申して云ったことには、「文書を準備して揃えるということを、大弁に伝えておきます。但し、五・六日は、行幸の御祈禱の奉幣使が出立します」ということだ。問わせて云ったことには、「伊勢使も出立するのか。五・六日に、頻りに出立するのか。如何か」と。申して云ったことには、「十二社使を発遣されます。伊勢使も同じ

く出立されます。五・六両日を勘申しました。この間に出立されるでしょう」ということだ。

三十日、甲申。　梅宮祭の式日

早朝、関白が大外記頼隆を介して、書状を送られて云ったことには、「明日の梅宮祭は、未だ決定がない。年中行事では、『上旬の酉の日』ということだ。ところが、『先ず率川祭は春日祭の明くる日を用いる』と書いてある。『同日、梅宮祭』ということだ。春日祭の後の酉の日を用いるべきか」と。頼隆が云ったことには、「貞観十二年十一月十三日の酉の日、梅宮祭が行なわれ、この祭は中絶しました。正暦年中からまた、祭を復興されました。その正暦五年十一月一日の酉の日、この日に行なわれました」ということだ。私が報じて云ったことには、「率川祭は必ず春日祭の後の酉の日を用いる。これは、『祭が終わって退き帰り、次いでこの祭を祭る』と云うことだ。今、あの上旬の酉の日に、同日に梅宮祭を書いてある。まったく率川祭の注文によってはならない。また、正暦の例は、近くにある。年中行事に合っている。そこで上旬の酉の日に祭られるべきか。但し貞観の例の年紀は、多く隔てている。暗に知り難い。もしかしたら触穢によって延引されたのか。それともその間、中旬の酉の日に、祭を定められたのか」と。すぐにこのことを伝えた。帰って来て、その御書状を伝えて云ったことには、「考えていたのは、このようなことである。このことを仰せ下されるように」ということだ。すぐに頼隆に命じておいた。宰相が来た。穢であったので、地上に坐った。梅宮祭について伝えた。答えたところは、私の考えたとおりであった。

○十一月

一日、乙酉。　石塔造立供養／梅宮祭／資頼、雑布を進上／松尾行幸奉幣使定

石塔供養は、通例のとおりであった。今日は梅宮祭である。この祭事は、昨日、定が行なわれた。子細は昨日の記に見える。宰相（藤原資平）は、地上に坐って清談した。夜に入って、退出した。伯耆（藤原資頼）が雑布を進上してきた。その書状に云ったことには、「もし用途が有れば、召して用いてください」ということだ。状況に随って用いるよう、（高階）為善に命じておいた。

二日、丙戌。　不堪佃田申文／交替使定

大間書および公卿給の成文を、大外記（清原）頼隆に下給した。公卿給を作成させる為、内裏に参った。和徳門から入った。大納言（藤原）能信と参議（藤原）広業は、陣座にいた。左大弁（藤原）定頼は床子の座にいた。「中納言（藤原）朝経と参議資平は、関白（藤原頼通）の直廬にいる」と云うことだ。不堪佃田申文と、国々が申請した交替使について、大弁に問うた。大弁が云ったことには、「皆、揃えてあります」ということだ。先ず不堪佃田申文を行なうということを伝えた。大弁は座を起った。しばらくして、右大史（大宅）恒則が、不堪佃田申文を杖に挿し、床子の方に移った。私は座を起って、南座に着した。次いで大弁が座に着して、敬屈した。笏を挿んで云ったことには、「申文」と。私は小揖した。大弁は称唯し、史の方を見た。恒則は書杖を捧げ、敷政・宣仁門から走り入って、小庭に跪いて伺候した。私は目くばせした。称唯し、膝突に着して、これを奉った。私は取った。故意に取り落

とし、目録を横挿にした。史は敬屈して伺候した。私は文書を置いた。先ず表紙を開いた。次いで目録を見た。次いで束ねた国々の不堪佃田解文の緒を解いた。一々、開いて見た。終わって、元のように結んだ。表紙を巻いたことは、また元のとおりであった〈目録は、結緒の外、表紙の内にあった。〉。板敷の端に推し出した。史は給わって、目録を束ね申した。私が大弁に問うたことには、「阿波国の開発田が一段余りなのは、極めて少ない。上古は、町に満たない解文を返し、改めて進上させた。近代は、その咎は無い。ところが、一段余りというのは如何なものか。但し、町に満たないものは免されているので、一段余りの解文を改めることもないのか」と。また、駿河・武蔵・常陸・信濃・上野は、受領の官が未だ到っていないことを記している。常陸前司(平)維衡は、国にいる。最も署すべきである。あとの四箇国の国司は、新司の参上を待たないというのは、そうであってはならない。今となっては、この五箇国の解文を返し、受領の官の署を加えさせなければならない。大弁に伝えた。大弁が云ったことには、「近代は、一町に満たないとはいっても、返給することはありません。一段余りは、極めて少ないとはいっても、二、三段の例に准じるのです」と。私が云ったことには、「近代の例によって、返してはならない。また、五箇国は受領の官の署を加えさせるように」と。大弁は揖礼した。その後、宣して云ったことには、「申し給え」と。恒則は称唯し、書を杖に取り副えて、走り出た。交替使について、大弁に命じた。大弁は座を起った。しばらくして、大弁は、駿河・但馬・因幡の交替使の擬文を取って、座に復した。私は目くばせした。すぐに持って来て、これを奉った。大弁は座に復した。私は開いて見た。終わって、大弁に目くばせした。大弁は進んで坐った。私はこの文書を給わった。すぐに束ね申した。定め仰せた。但し、駿河の交替使は弾正忠橘行俊である。弾正台については、奏聞を経る。この行俊は、堪不を知らない。古時は、僉議して定め、遣わしたものである。近代はそうではない。公事に熟していない者が弾正台にいるので、更に選んで奏聞するのは、便宜が無いであろう。そこで次の者を定めた。国々は、各々二人を充てて、第一の者を定めた。駿河については、この疑いが有ったので、第二の者を定めた。能信卿と広業朝臣は、感心していた。大弁は座を起った。更に書いて、座に復し、私の前に進んで、これを奉った。大弁は座に復そうとした。私は留まっているよう、意向を示した。そこでいた。見終わって、返給した。すぐに束ね申した。私は目くばせして許した。称唯して、座に復した。すぐに座を起った。私は座を起って、退出した。宰相資平が従った。車後に乗った。左大弁が家に追って来て、交替使と主典の定文を進上した。今日、陣座に於いて、行幸奉幣使について行事の能信卿に問うた。云ったことには、「八日に発遣されることになっています」と。また、社数を問うたところ、云ったことには、「年々の神社行幸の奉幣の社数は、同じではありません。或いは十社、或いは七社です」ということだ。私が答えて云ったことには、「他社の行幸の時の例によるべきではない。ただ先年の松尾行幸の奉幣の社の例によるべきである」と。能信卿と広業は、深く承諾した。「今日、定め申すことにします」ということだ。後日、藤宰相（広業）の許に問い遣わしたところ、報じて云ったことには、「七社です。これは一条院の御時の松尾行幸の例です」ということだ。愚案に合っている。「二十三日に行幸を行ないます。時刻は卯・辰剋です」ということだ。越前気比宮の神人たちが、陽明門に於いて、加賀守(但波)公親を愁訴した。公親は神人を打ち損じた。桙を陽明門の内に立てた。

三日、丁亥。　甲斐守、入京

夜に入って、甲斐守(藤原)公業が来て云ったことには、「昨日、入京しました」ということだ。長い時間、雑事を談った。

四日、戊子。　大原野祭使、故障

源泉阿闍梨が来て、左頭(藤原公成)について談った。答えて云ったことには、「爵を進めてはならないという趣旨ばかりである。太相国(藤原公季)の意向を得たのか。信受し難い事ばかりである」と。大原野祭使の右近将監(源)惟頼が、穢によって勤めることができないということを申させてきた。申すところは、前後が相違している。そこでそのことを伝えた。申して云ったことには、「雑具を準備して、代官を申請するのは如何でしょう」ということだ。あれこれ、意に任せるよう、伝えさせておいた。

五日、己丑。　教通、官奏を三たび延引

頭中将(源顕基)が右近将曹(紀)正方を遣わして、大原野使について申させた。去る夕方、申した趣旨を示し遣わしておいた。

「今日、内府(藤原教通)は、初めて官奏を奉仕されることになっていた。ところが、衰日に当たるので、奉仕されない」と云うことだ。三箇度も延廻（えんかい）するのは、甚だ怪しい、甚だ怪しい。

六日、庚寅。　内裏東対に廂を差し、廊を建立／公任の辞意

源泉阿闍梨が来た。いささか伝え申す事が有った。「去る夕方、太相府（だいしょうふ）（公季）と右金吾（うきんご）（藤原実成（さねなり））について、御議定（ぎじょう）のように、すでに決定が有りました。（藤原）兼成（かねなり）が相府（しょうふ）（公季）の命を承りました。彼もまた、申させることが有るのでしょうか。事の詳細を、大僧正（だいそうじょう）（深覚（しんがく））に決定を伝えられることにします」ということだ。「昨日から、あの僧正（そうじょう）の居所を□訪ねられました」と云うことだ。

東対（ひがしのたい）の東廂（ひがしびさし）二間を差す事と、その東廊（ひがしろう）三間を建立する事を、（平）重義（しげよし）朝臣を介して、内府に伝えさせた。「忌みは無いであろう」ということだ。

夜に入って、宰相がまた来て云ったことには、「今日、按察納言（あぜちなごん）（藤原公任（きんとう））に謁しました。談られて云ったことには、『三箇年、出仕していない。今となっては、いよいよ朝庭（ちょうてい）に仕えるわけにはいかない。禅閤（ぜんこう）（藤原道長（みちなが））が帰京された後、事情を申して、全く辞遁（じとん）することにする。また、今日と明日、右府（実資）と逢って、告げ伝えることとする』ということでした」と。

七日、辛卯。　教通、官奏を奉仕／彰子、上東門院に退出／甲斐守から進物

延政（えんせい）阿闍梨を遣わして、小女（藤原千古（ちふる））の祈禱（きとう）について語った。□を得た。「今日、内府が官奏を奉仕した」と云うことだ。「今年、初めて奉仕した」と云うことだ。

「今夜、太后（おおきさき）（藤原彰子（あきこ））は、上東門院（じょうとうもんいん）（土御門院（つちみかどいん））に御出（ぎょしゅつ）される」と云うことだ。日没の頃、甲斐守公業が、桑糸二十疋と紅花三十斤を志してきた。

八日、壬辰。　不堪佃田荒奏の期日／気比宮神人の愁訴を受理

早朝、宰相が来て云ったことには、「昨夜、大后（彰子）は、内裏を御出されました」と。鹿皮韉を貸した〈葦鹿の下鞍のようであった。〉。今日、禅室（道長）の御迎えに参るのか。心喪であるので、平塵の鞍を用いる為か。これは推量である。

右中弁（藤原）章信が関白の命を伝えて云ったことには、「今日と明日は、内（後一条天皇）の御物忌、十・十一日は、汝（実資）自らの物忌である。ところが、『自らの物忌については、必ずしも事の憚りが有るわけではない。□□不堪佃田奏の上卿を勤めても、何事が有るであろう』ということだ。今朝、事情を伝えさせたのである」と。私が云ったことには、「十・十一日は、必ずしも奏上することはありません。十四日に勤めるということを伝えさせておきました」と。また関白の御書状に云ったことには、「気比宮の神人が、何日か、公門に立っている。その愁文を進上させるように」ということだ。すぐに章信朝臣に命じておいた。今日、松尾行幸の御祈禱の御幣使を出立され□。源泉阿闍梨が来て云ったことには、「貫首亜将（公成）については、□られることが□有るようなものです」と。「夜に臨んで、修理進兼成が密々に女房に逢って、同じ事を述べました」ということだ。

九日、癸巳。　道長、有馬温泉から帰京／延暦寺軸輪転の勘文／気比宮神人の愁状／京内・諸国の役夫、上東門院・高陽院の築庭に使役される

昨日、夜半の頃、禅閤が有馬温泉から□られた。左衛門尉（宮道）式光が申したところである。つまり御供に供奉した者である。

（小槻）貞行宿禰が、延暦寺の天禄以後の軸請と輪転八人の欠請を補した勘文を進上した。当寺の座主院源僧正が云ったことには、「古昔は寺家が補したものです」と。そこで辞書を進上させず、秘かに補した。今秋の欠請は、上卿が補さなかった。近代の例に背いている。そこで勘申させたものである。

右中弁が、気比宮の神人の愁文を持って来た。「この愁いは三箇条です」と云うことだ。すぐに関白に奉った。

大外記頼隆が、大間書と成文を返し進めた。申して云ったことには、「公卿給は、近代は先ず見させなければなりません」と。また云ったことには、「近日、京内及び国々の夫を、上東門院や高陽院の中に召しています。突然に池を掘り、高山を造っています。厳寒の候、堪えることができません。法成寺の垣は、一本を築造するのに三、四十石でした。どうしてましてや、□構ではなおさらです」と。

十日、甲午。　公任、辞意を告げる／千古着裳の祈禱

源泉阿闍梨が来た。太相府の□□□□について伝え談った。「あの事は、今となって思い定めたものです。ただ汝を疑われる□□□□。他の事はありません」と云うことだ。

申剋の頃、按察大納言（公任）が立ち寄られて云ったことには、「辞表について、今、禅閤に□□した。前々に辞表を上呈した。今回については、上表を行なうこととする。禅閤が云ったことには、『何事が有るであろう』と。収められるであろう。明春、北山の辺りに住もうと計画している。ところが心緒は常に乱れ、□事に心と違っている。孫児を見る度に、思わず涙が落ちる」と。

小女の息災の為、今日から始めて来月十五日に至るまで、三□□□面観音像の宝前に於いて、義源・慶静の二口の僧を招請して、観音経を転読させ奉る。多くはこれは、来月十三日の着裳の平安の祈禱である。□二から念賢師を招請して、秋季観音を供養させ奉る。また、今日から□□源泉を招請し、観音を供養させ奉る。着裳の平安の祈禱である。

十一日、乙未。　春日社に奉幣／公任の上表

春日社に奉幣した。宰相が来た。同じく奉幣した。

春日祭使左少将(源)師良に摺袴を遣わした。

按察(公任)の上表は、来月朔日に上呈するということについて、書状が有った。□□□□か。また、御衰日である。明日、事情を伝えることとする。夜に臨んで、宰相が来て、談った。「按察の上表について、漸く人の耳に入りました。後任を所望する輩は、奔労しているようなものです」ということだ。

十二日、丙申。

朔日の上表は便宜が無いであろうということを、按察に伝え達した。報じて云ったことには、「朔日および御衰日は、必ずしも忌避しなくてもよいのではないか。但し、状の中に、□□□□、改めて勘申しなければならないのである」ということだ。

十三日、丁酉。　亡母忌日法事

今日は先妣（実資母、藤原伊文女）の忌日である。諷誦を道澄寺に修した。また、法華経と般若心経を供養し奉ったので、念賢師が、□斎食に堪えることを申した。袈裟を施した。僧の斎食は、請うたままに、□□□□させた。読経僧の例である。

宰相が、二、三度、来た。夜に入って、来て云ったことには、「祭使の□□□に罷り向かいます」ということだ。深夜、退去した。前帥（藤原隆家）の糸四十両、按察□□・相模守（大江）公資の三十両を、織手に下給した。求めたものである。ただ、□□綾錦を織って進上しないということを□□。

十四日、戊戌。　公季、公成の加階について書状を深覚に送る／不堪佃田荒奏／史の失礼

左頭中将（公成）について、大僧正の書状を拾遺（藤原経任）に送られた。その事は、甚だ意味がわからない。太相府が書状をあの僧正に送られた〈僧正は東大寺にいる。〉。私が進爵を遂げよとのことであった。□□切を云わせないところは、奇怪な事である。今となっては、聞き入れることはできない。一切、ただ外聞を飾ったのか。表裏が有るようなものである。□□を曲げ、格別な意を□と称さなければならない。「他の事も、このようである」と云うことだ。

内裏に参った。皇太后宮権大夫資平と左大弁定頼が参入した。今日、官奏が行なわれる。もし未だ申上していない南所申文が有れば、歳暮に及んで申上させるよう、大弁に命じた。今日、また官奏に入れなければならない。但し不堪佃田奏は、多く他の中文を加えてはならない。大弁が云ったことには、「仰せに随って、入れることにします」ということだ。命じて云ったことには、「近代の例によって、考えて入れるように。□□□□開用奏、講師と読師の文書」と云うことだ。「遠江と美濃の□□□寺の擬補の文書」ということだ。大弁は座を起った。私は南座に着した。史が中文を挿んだ杖を捧げて、北に渡った。大弁が座に着して云ったことには、「中文」と。私は目くばせした。称唯して膝突に着し、これを奉った。開いて見た〈遠江の減省・立用・臨時□□、遠江・美濃□□講師の文書、合わせて三□□。〉。終わって、元のように推し巻き、下給した〈板敷の端に置いた。〉。一々、結政を行なった。宣したことには、「申し給え」と。史は退出した。大弁は座を起った。時剋が移った。陣座に復した。笏を置いた。申して云ったことには、「奏」と。私は目くばせした。称唯して、史の方を見遣った。右大史恒則が書杖を捧げて、小庭に跪いて伺候した。私は目くばせした。称唯して膝突に着し、これを奉った。不堪佃田文および減省四巻・東寺の擬補一□。但し不堪佃田文は束ねなかった。通例ではない。そこで大弁に命じて返給した。□□恒則は、書杖を執り加えて、退去した。他の史を伺候させるよう命じた。弁が座を起ち、伝えて云ったことには、「すぐに座に復せ」と。右大史基信が、不堪佃田奏を捧げて、小庭に伺候した。私は目くばせした。称唯して膝突に着し、これを奉った。□他の文を開いて見た。次いで不堪佃田解文を結んだ結緒を解いた。□□は、目録・黄勘文にあった。見終わって、元のように結んだ。他の文書は、結緒の外、表紙の内にあった。表紙を巻いた。片結び。板敷の端に推し出した。基信は一枚を開き、申して云ったことには、「文若干枚を揃えるように」と。□□□□内覧するよう、右中弁（藤原）経輔に命じた。黄昏、帰って来て云ったことには、「すぐに奏上するように」ということだ。奏があるということを奏上させた。秉燭の後、召しが有った。参上の儀は、通常のとおりであった。陣座に復した後、大弁が座に着した。次いで史が文書を奉った。先ず表巻紙を下給した。次いで一々、減省の申文を取って、これを下給した。史は申文を開いた。□□「申したままに」と。通例のとおりである。次いで不堪佃田解文を、結んだまま推し出した。これを□□。一国の解文を取り、これを開いて、見せた。諸卿に定めさせるよう命じた。□□称唯した。また、他の国の解文を開いて、見せた。驚き怪しんだことは極まり無かった。私は大弁に目くばせした。大弁が云ったことには、「成文を申すよう、伝えました」と。基信が申して云ったことには、「成文は三十何枚ほどです」と。奇怪に思った。大弁が云ったことには、「定め申さなければならない文書を申上するように」と。思わず屈してしまった。定め申さなければならない不堪佃田文は二十余枚である。ところがただ、総数を計えて成文と申した。至愚である。長い時間が経って、結緒を下給した。恒則と基信の失礼は、最も甚しい。恐懼に処すよう、大弁に命じた。大弁は座を起った。私は退出した。宿所に帰った後、男たちが云ったことには、「源宰相（朝任）が来て、春日祭使の摺袴の恐縮を申させました」と。左少将師良は、源宰相朝任の息男である。

十五日、己亥。

早朝、左大史(中原)義光が申して云ったことには、「昨日の史の失礼は、弁解し申すところはありません。不堪佃田文を束ねなかった事は、大弁や権弁(経輔)が床子に於いて申文を見ている間は、咎がありませんでした。今、咎められたので、□々、覚悟しました」と。

大外記頼隆が云ったことには、「昨日、左大弁と権弁が咎められなかった事は、極めて愚かでした。頗る嘆息の様子が有ります」ということだ。

夜に入って、宰相が来て云ったことには、「明朝、大原に参ります」と。

「大原野使右近将監惟頼は、身はすでに穢に触れています。そこで代官を立てることになりました」と云うことだ。確かに事情を問い、彼の申すに随って、頭中将に伝え示して奏聞させる事を、右近将曹正方に命じた。夜に臨んで、「惟頼は、代官を申請する事を(中原)師重に云い置いて、退出しました」ということだ。「事情を□□□。無頼です、窮屈です。為す術はありません」と云うことだ。「先日、借物を下給することを、正方を介して頭中将に示し遣わしました。惟頼は申すことが有って、借物を饗料に充てました」と云うことだ。舞人の下襲を下給するよう、申させておいた。

十六日、庚子。　史基信・恒則を優免／道長、長谷詣／大原野祭／松尾社行幸路を巡検

史基信と恒則を政務に従わせるよう、史生(小野)奉政を介して、左大弁に仰せ遣わした。すぐに返事を申した。大原野祭に奉幣したことは、通常のとおりであった。

今日、禅閤は長谷寺に参られた。今夜は宇治に宿される。正方が申して云ったことには、「昨夕、惟頼が代官を申請してきた事は、すぐに頭中将に告げ遣わしました。述べて云ったことには、『今日はすでに暮れた。明日、関白に申すことにする』ということでした。早朝、罷り向かって事情を問いました。申させて云ったことには、『本来ならば、早く参入して、事情を申さなければならない。ところが今日は、祭の当日である。先ず申させなければならない。もしかしたら参□の間に、時剋が推移するのではないか』と」と。その書状に云ったことには、「関白に申し、□聞いて云ったことには、『これは右近衛府の事である。欠くことのない様、□□□□定めるように』と」と。右近将監（高）扶宣に、代官の役を勤めるよう命じた。□□□の使である。惟頼と舞人一人の下襲と袴を下給した。□随身近衛（下毛野）公安を遣わして下給した。

右大史基信が奏報を進上した。左大弁が来て、清談していた際、右兵衛督（藤原経通）が来会した。各々、夜に臨んで、退いた。次いで宰相が来て云ったことには、「暁方、大原野社に参りました。今日、行幸の行事が行幸路を巡検しました」と云うことだ。

十七日、辛丑。　美濃守・伯耆守・丹波守から進物

美濃守（藤原）頼任が、桑糸三十疋と綿十屯を志してきた。油小路（資頼）が糸三十両を志してきた。丹波守（源）経頼が綿二十屯を志してきた。その□に云ったことには、「もう十屯を進献することにします。急いで進献します。先ず二十屯を進献したものです」ということだ。

十八日、壬寅。　丹後守から進物／七箇日修法

宰相が二度、来た。丹後守(源)親方が絹十疋を志してきた。綾の掛二領の分である。先日、二重を命じた。頗る足りない。

源泉阿闍梨が来て、述べたことには、「頭中将については、必ず遂げるでしょう」と云うことだ。ところが太相府は、内心と外漏の事は、多く相違する。そこで停止するであろう。

今夜から七箇日、修法を行なう〈当季不動調伏法。阿闍梨久円。助衆は四口。〉。

十九日、癸卯。　丹後守・伯耆守から進物／藤原朝経の雑色、藤原兼経の五節所に侵入

尾張守(源)則理が、絹五十疋を志してきた。

伯州(資頼)が、綿二皮籠〈数は二十三斤。〉・漆二袋〈二斗。〉・細布三百端・筵三十枚を送ってきた。「新中納言(朝経)の雑色の男が、左頭中将の名を□、宰相中将(藤原兼経)の五節所に入って、□□女を懐抱した。中将は、自ら捕えて、検非違使に引き渡した」と云うことだ。往古から未だ見聞したことのない事である。宰相中将の為に、極まり無い恥辱である。後代、必ず談り伝えるであろう。

二十日、甲辰。　新写法華経講演／当季仁王講発願／当季聖天供／神今食／豊明節会の内弁を勤む

大原野祭には、十列の代わりを奉献しなかった。新写法華経四部を、五口の僧を屈請して、今日、講演した。これは二季□□□である〈尹覚・盛算・念賢・春豪・皇基。〉。また、当季仁王講始を行なった〈三箇日。運好・□□。〉。当季聖天供を行なった。

節会については節会記にある。

少納言(藤原)資高が云ったことには、「昨日の神今食は、上卿は中納言(藤原)公信と宰相中将兼経でした。兼経は五節所に籠居しています。胸病を称して、着しませんでした。度々、使を発して催促させました。やっと数剋を経て、神祇官の門外に参りました。申させて云ったことには、『□□釼を取り遣わしたが、すでに取り落とした。釼を帯びずに参入するのは、何としよう』ということでした。公信卿が□云ったことには、『釼については、知ったことではない。神事を勤められるべきである』と。釼を□□さずに参入し、座に着しました。上下の者は目を向けました」と。未だこのような□□はなかった。尋常の人が行なったところではないばかりである。至愚のまた至愚である。今日の節会は、いささか病悩が有った。我慢して、申剋の頃、参入した。宰相は車後に乗った。春宮大夫(藤原)頼宗卿・右兵衛督経通と、陽明門で参会した。一緒に参入した。敷政門から入った。関白と内府が、皆、御前に伺候していた。卿相二、三人が、先に参っていた。伊予守宰相広業が云ったことには、「関白が云ったことには、『右府(実資)は、通例は早く参っている。ところが□□参入しなかったのは、如何か』ということでした。関白は左中弁経頼を介して、諸司が参っているかどうかを□□されました。催促して、内弁を勤めてください」ということだ。報じて云ったことには、「本来ならば早く参らなければなりません。ところが、今朝から病悩が有ります。我慢して参入しました」と。但し、小忌が未だ参入していなかった。ただ少納言資高が参入した。小忌の上卿や宰相は遅参した。外記(三善)為時に問うたところ、申して云ったことには、「左兵衛督(公信)が、只今、参るということを申しています」と。宰相中将は五節所に伺候している。私が南座に着した後、外任の奏に伺候する者は、早く進むよう、外記為時に命じた。これを□□。左頭中将公成を介して、奏覧させた。すぐに返給された。□□外記為時に下給した。列に伺候させるよう命じた。黄昏、中務省が標を立てた。驚いて問うたが、大外記頼隆は申すところが無かった。□を取らせた。式部省が申して云ったことには、「録は皆、故障を申しています」と。数度□□を催促させた。このことをまずは関白に申した。「僅かに召し出すに随って、黄昏に臨んで、立たせるのである」ということだ。日没の頃、小忌の中納言公信が参入した。左頭中将に奏上させた。そこで天皇は紫宸殿に出御した。秉燭の後、内大臣、大納言頼宗・能信、中納言実成・公信〈小忌。〉・(源)道方・(藤原)長家、参議経通・資平・(藤原)通任・兼経〈小忌。〉・定頼、三位右中将(源)師房、参議広業・朝任が、敷政門から出て、外弁に着した。これより先に、左右近衛陣を引いた。私は靴を着して、壁の後ろに立った。大納言(藤原)斉信が云ったことには、「左兵衛督は猶子の礼を致しています。ところが、小忌として□行するのならば、便宜が無いでしょう。そこで外弁に出ません」と。事情を奏上させた。□□、座に着した後、参上すべきである。随身を介して、天皇が出御した御座を問うた。左仗に□。申して云ったことには、「御座は、すでに定まりました」ということだ。そこで宜陽殿の兀子に進もうとした。進んだ。多くは東に立った。史を召させた。史恒則が参って来た。兀子を西に進めて立てるよう命じた。しばらくして、所司が日華門から入り、直ちに□した。私は兀子に着した。内侍が東檻に臨んだ。座を起った。称唯した。軒廊の東第二間から出た。左仗の南頭に到って、再拝した。右廻りに参上し、座に着した。左右近衛が承明門を開いた。左右兵衛が建礼門を開いた。次いで闈司が、承明門の左右の腋の座に分かれて坐った。庭燎は□□しなかった。確かに関白が天皇の御後ろに伺候しているのを見て、闈司が、座に着すよう告げ伝えた。そこで舎人を召したことは、二声。大舎人たちは同音に称唯した。小忌の少納言資高が参入し、版位に就いた。宣したことには、「刀禰を召せ」と。称唯して退出した。次いで群臣が参入し、立ち定まった。宣したことには、「座に侍れ」と。謝座、次いで謝酒を行なったことは、恒例のとおりであった。諸卿が参上した。上達部は五節所に向かった。大納言斉信が参上した。大納言三人と参議広業は、座に留まった。内膳司が南階から御膳を供した。堂上・階下の者は、座を起った。次いで臣下の粉熟を供した〈先ず小忌の座に供するのが通例である。次々、このようであった。〉。私は天皇の意向を伺った。御箸を下した。臣下が従った。次いで御飯を供した。次いで臣下の飯。天皇は未だ汁を据えないのに御箸を下した。臣下が応じた。白酒・黒酒を供した。次いで臣下。次いで一献を供した。次いで臣下。国栖は奏さなかった。宰相に命じて催促させた。二献の頃、これを奏した。三献を供した後、大歌別当の大納言斉信は殿を下り、承明門に向かった後、臣下の三献を勧めた。私は座を起ち、奏上して云ったことには、「大夫たちに御酒を給おう」と。天皇の許容を得た。称唯して、座に復した。広業朝臣を召し、伝えたことには、「大夫たちに御酒を給え」と。称唯して、殿を下りた。更に昇り、南檻に臨んで召し仰せた。立った所は、多く東に退いていたのである。西に進まなければならない。召し仰せた声は、一切、聞こえなかった。咳病を病んでいるのか。大歌は、舞台の西に於いて、一節を奏した。私は座を起った。奏上して云ったことには、「大納言藤原朝臣を召そう」と〈奏詞に云ったことには、「大い物申す司の藤原朝臣を召そう」と。「中宮の［きさいの宮の］藤原朝臣を召そう」と奏上しなければならない。三后（彰子・藤原妍子・藤原威子）の宮大夫を兼ねる上達部は、数が多い。そこで思慮して、本官を奏上したものである。〉。天皇の許容を伺い、称唯して座に復した。大蔵卿藤原朝臣（通任）を召した〈召詞に云ったことには、「大蔵の司の藤原朝臣」と。〉。命じて云ったことには、「大納言藤原朝臣を召せ」と〈奏詞のとおりであった。〉。南檻に臨んで、召詞はまったく聞こえなかった。「藤原朝臣」と云う詞だけを、僅かに聞いた。諸卿は頤が外れるほど笑った。大蔵卿は座に復した。殿を下り、告げ遣わさせるよう命じた。すぐに殿を下り、告げさせた。しばらくして、大納言が参上した。長い時間、大歌の座を舞台の北頭に移さなかった。そこで宰相に命じて、伝えさせた。内豎に召し伝えて、小忌の座の台盤を下させた。次いで内豎を介して、大歌を召させた。主殿司の女官は、脂燭を執って、柱に副って立った。御前の間に当たる東柱の下に、副って立った。そこで追い入れた。大歌は歌笛を発した。舞姫が進み出て、御前の間を過ぎ、東の間を差して進んだ。そこでそのことを伝え、退き立たせた。舞が終わった。大歌は、まだ奏していた。そこで事情を伝えて、止めさせた。掃部寮が座を撤去した。次いで諸卿が殿を下り、左仗の南に於いて拝舞した。終わって、座に復した。私は更に還り昇らなかった。陣座に着し、外記〈為時。〉を召した。見参簿を奉るよう命じた。すぐに杖に挿して、進上した〈大臣以下の見参簿・近江国の俘囚の見参簿・禄の目録。去年、俘囚の見参簿は進上しなかった。今朝は大外記頼隆真人に命じた。〉。見終わって、返給した。すぐに宣命について命じた。内記がこれを進上した。見終わって、返給した〈杖に取り副えて、退出した。外記は膝突に於いて、更に挿した。その儀は異なった。〉。私は軒廊の西第一間に進み立って南面した。外記は、宣命・見参簿・禄の目録〈一杖に加えて挿した。〉を奉った。私は笏を挿し、書杖を執って参上した。御屛風の下に進み、内侍に託した。笏を執り、右廻りに柱の下に立った。御覧が終わって、内侍が返給した。私は進んで、文書および杖を伝え取った。左廻りに軒廊に退下した。杖を外記に給わった。宣命・見参簿・禄の目録を笏に取り副えた。参上して、座に復した。右兵衛督藤原朝臣を召し〈召詞に云ったことには、「右の兵舎人司の藤原朝臣」と。〉、宣命を給わった。これを給わって、座に復した。次いで左大弁藤原朝臣を召し〈召詞に云ったことには、「左の大い大鞆ひ藤原朝臣」と。〉、見参簿などを給わった。これを給わって殿を下り、禄所に向かった。この頃、宸儀〈後一条天皇〉は、御座を起たれた。私は警蹕を行なった。諸卿は座を立った。内侍二人が、御釼と璽を執った。諸卿は座に復した。小忌が殿を下りた。次いで私。序列どおりに退下した。私は宣命の拝礼に列さず、退出した〈時に子剋の頃。〉。今日、内豎の数が少なかった。或いは浅履を着していた。未だ見たことのない事である。召勘するよう、別当大納言斉信卿に伝えた。大納言能信卿は、初め参上した時、奥座に着した道は、北間から入った。違例である。参議の座の後ろを経て、柱の南から入らなければならない。

二十一日、乙巳。

大蔵省が、昨日の手禄の絹一疋を進上した。宰相が来て、語った。今、寮の馬を引いた。これを見た。

二十二日、丙午。　**仁王講結願／行幸召仰**

仁王講が結願した。夜に入って、外記為時が申させて云ったことには、「明日の行幸について召し仰せました」ということだ。伝えさせて云ったことには、「時剋は伝えなかったのか。誰が伝えたのか」と。申して云ったことには、「辰剋です。中宮権大夫〈能信。〉が召し仰せました」ということだ。

二十三日、丁未。　**松尾社行幸／勢多橋、焼失**

未明、諷誦を広隆寺に修した。行幸に供奉するからである。今日は松尾御社に行幸する日である。そこで早朝、参入した。宰相・左少将（藤原）資房・少納言資高が従った。内府が陣座の壁の後ろに於いて云ったことには、「只今、巳二剋です」ということだ。時剋を見ると、辰の終剋か。この頃、天皇は紫宸殿に出御した。関白が伺候した。右頭中将顕基を介して、留守について申させた。関白が命じて云ったことには、「ただ然るべき人を定めて、仰せ下すように」ということだ。そこで左大弁定頼に命じるよう、すぐに中将を介して申させておいた。また、外記（藤原）則正に伝えた。則正は左大弁に伝え仰せた。御輿〈葱花。〉は日華門に持って控えていた。私は階下を経て、南階の南西に立った。次いで内府〈左将軍。〉が、同階の南東に立った。次いで諸卿が列立した〈大納言頼宗・能信、中納言（藤原）兼隆・実成・道方・公信、参議経通・資平、右三位中将師房、参議広業、宰相中将兼経が、宣陽門の内に参会した。参議朝任は、下臈であるので、留守を行なうことを考え、馬を準備せずに参入した。そこで扈従しなかった。「左大弁は慎しむところが有って、社頭に供奉することができないということについて、あらかじめ行事所の告げが有った。先ずまた、関白に申した」と云うことだ。また、大弁は多く留守を勤めるものである。〉。留守定頼は、宜陽殿の前に立った。次いで御輿を寄せた〈鈴奏や警蹕は無かった。〉。天皇の乗輿は、日華・宣陽〈御綱を命じなかった。〉・建春・藻壁門から出て、桂河を渡った〈浮橋を造った。竜頭・鷁首の船に於いて、音楽を奏した。行事所が準備したものか。前回もこのようであった。未だその意味がわからない。神事の日は、音楽を発しないのではないか。神に供するより他は、先ず有ってはならないのではないか、如何か。〉。午の初剋、御社頭の御在所に着いた。諸卿は饗の座に着した。関白と内府は、御在所に伺候した。行事の能信卿が云ったことには、「宣命の草案は内裏に於いて奏聞しました。清書については、奏上しなければなりません」ということだ。私が答えて云ったことには、「格別な仰せが無ければ、奏上してはならない」と。そこで行事の弁の章信を介して、意向を取った。すぐに来て、告げたことには、「早く奏上するように」ということだ。大内記〈菅原〉忠貞を召して、宣命について問うた。申して云ったことには、「清書がございます」ということだ。奉るよう命じた。すぐにこれを進上した。披見したところ、字の誤りが有った。「潔」字を、「㓗」字〈「糸」を「廾」と書いていた。そこで直させた。〉と書いていた。そこで返給して、直させた。終わって、御所に進上した。左頭中将公成に託して、奏上させた。この頃、御禊が行なわれた。私は佇立して、これを見た。御禊が終わって、行事の大納言が座を起って〈先ず御所の座に伺候していた。〉、御幣の机に進んだ。幣を捧げ、立って御拝を行なった。終わって、座に復した。参議広業が挿頭を執って、大納言の冠に挿した。大納言は花勝を取って退出した。本来ならば冠に挿さなければならないのではないか。ところが挿頭の枝が折れた。そこで手に取って退出したのか。宣命は返給された。座に復した。内記が宣命を進上した。大納言能信が座に着した。私は宣命を筥に入れたまま、これを授けた。忠貞を召して、宣命を給わった。座を起って、広前に参った。舞人と陪従が、連れだって歌遊を行なった。行事の弁章信が、勧盃を行なった。その後、関白と内大臣は、一緒に休幕に向かった。諸卿は座を起った。私が独り留まっているのは、便宜が無いであろううえに、またあの休幕も、ただ咫尺の距離である。そこで座を起って、向かった。関白は揖礼して、頻りに勧められた。そこで休廬に向かった。上達部と殿上人の饗宴が有った。但し大臣の饗饌は、座に着した後に据えた。そうあるべき事である。飲食の間〈下官は食を請けた。〉、行事の弁章信が関白に申して云ったことには、「社司は三人です。ところが、御供を舁く役は四人います。そこでもう一人を加えて補しました。勧賞は四人に行なわれなければなりません」ということだ。関白が云ったことには、「他の神社に、この例は有るのか、如何か」ということだ。私が答えて云ったことには、「社が賞に一人を加えるのは、まったく何事が有るでしょうか」と。賞を加えるよう、章信に命じられた。奏上されるのか。広前は、東遊・大唐・高麗の音楽と舞が、各三曲であった。勅使は、御願を果たし奉ったということを奏上した。関白は諸卿を引率して、御在所に参った。御在所の東辺りに座を敷かせた。上達部が伺候した。御前の幔を放たせて、御馬を馳せるのを天皇が叡覧した。私は外記を召して、見参簿について命じた。（中原）師任が見参簿を進上した。御所の辺りに於いて、右頭中将顕基に託して、奏上させた。すぐに返給された。外記に給わった。行事所が禄を下給した。立ったまま、これを給わった。御前に列して、御輿を寄せた〈申の終剋。〉。初めて警蹕を称した〈先年も、このようであった。〉。私は車に乗って、家に帰った。美福門の下に於いて、続松を執った。内府は寮の馬に乗った。試楽は行なわれなかった。

鹿皮鞴を、今日、内府に貸した。禅門（道長）の御迎えに参られるからである。

「今夜、勢多橋が焼亡した」と云うことだ。

二十四日、戊申。　吉田祭／賀茂臨時祭試楽／臨時祭舞人の欠／行幸還御の儀の名謁／備中守、米百石の解文を送る

「今日、吉田祭が行なわれる。また、臨時祭試楽が行なわれる」と云うことだ。「試楽は神事を指すわけではない。祭日に行なわれるのは、如何なものか」と云うことだ。調楽は神事の日を除いて、行なうものである。人々が傾くであろう。少納言資高が、臨時祭の舞人の欠に入るということを、蔵人所の小舎人が来て告げた。産穢に触れているということを申させた。また、その疑いが無いわけではない。宰相が来て、語って云ったことには、「昨日、未だ日没に及ばない頃、天皇は還御しました。ところが、関白の命によって、名謁を行ないました」と。頗る怪しい事である。これは夜に入った際の儀であるだけである。備中守(紀)行任が、米百石の解文を送ってきた。「準備の分です」ということだ。「先日、女装束について示し遣わしました。その分です」ということだ〈女装束二襲。〉。「実物は明年、送ることにします」と云うことだ。支度の物は曖昧であった。

二十五日、己酉。　**修法結願／賀茂臨時祭／不堪佃田定を催す**

修法が結願した。布施の他に、阿闍梨久円に紬一端と綿二屯を施した。今日、臨時祭が行なわれた。触穢によって、参入しなかった。二十八日に定め申さなければならない事が有る。諸卿を督促するよう、大外記頼隆に命じておいた。特に権大納言〈(藤原)行成。〉・皇太后宮大夫〈道方。〉・左大弁〈定頼。〉は必ず参るよう、特に伝える事を命じた。不堪佃田定を行なうからである。大弁を経たうえに、もっとも議定に預からなければならないからである。

二十六日、庚戌。　**道長、長谷詣から帰京**

明後日、不堪佃田定を行なうことになっている。文書を準備して揃えておくよう、大夫史貞行宿禰に命じた。皆、準備して揃えているということを申した。宰相が来て云ったことには、「禅室が長谷寺から帰京されました。そこで参入します」ということだ。

二十七日、辛亥。

両宰相が来た〈右武衛経通と皇太后宮権大夫「某(資平)。作名である。」〉。

明日、不堪佃田について定めなければならない。ところが、「左大弁は、行幸の翌朝から胸病を煩って、未だ尋常を得ない」ということだ。そこで右大弁(藤原重尹)に示し遣わしておいた。内府が重義朝臣を遣わして、轆を返し送られた。

二十八日、壬子。　不堪佃田定

右大弁重尹が来た。内裏に参ることになっていたので、束帯を着そうとしていた頃なので、逢うことができなかった。今日、不堪佃田定に伺候するよう、昨日、示し遣わした。その事によって、来たものである。早く内裏に参るよう、伝えておいた。その後、内裏に参った。宰相は車後に乗った。諸卿は未だ参っていなかった。大外記頼隆に問うたところ、申して云ったことには、「誰それの人々が、急に故障を申してきました。また中宮大夫〈斉信。〉は、切なる障りが有ります。不堪佃田定の他に、もしも他の議定が有るのならば、事情に随って参入することになっています」ということだ。参るようにとは示し遣わさなかった。大納言行成、参議経通・資平・朝任が参入した。中納言一人が、もっとも必要である。ところが、不堪定佃田であることを聞いて、諸卿は参らない。この定を知らないと称し、参らないのである。これより先、右大弁に問うたところ、右大弁が云ったことには、「準備して揃えてあります」ということだ。私は南座に着し、大弁を呼んだ。大弁は膝突に着した。不堪佃田文を進上するよう命じた。その後、右大史基信が、国々の解文および目録と黄勘文を進上した。右少史(丹生)挙光が、硯を取って宰相の座に置いた。参議三人〈三品二人と四品一人。〉は、納言の座に着した。次いで右大弁を呼んで着した。私はほぼ目録と黄勘文、および一国の解文を見た。筥に入れたまま、大納言の許に推し遣った。大納言は、ほぼ見て、順番に下した。敢えて見ずに、ほぼ見るべきであろうか。下臈の宰相朝任の所に至って、筥を執って大弁に授けようとした。私は意向を伝え、逆上って大納言の許に留めさせた。開いて見た。大弁に目くばせして、書かせた。懐中の草子（そうし）を前に置き、これを見て書いたのである。すでに恒例となっている。大納言が云ったことには、「古昔はそうではなかった。『議定に於いて定書（さだめがき）を懐書（かいしょ）を写して書く事は、すでに三、四十年に及んでいる』と云うことである」ということだ。大弁は、書き終わって、順番に逆上った。大納言は筥に入れ、私の前に推し寄せた。取って、見た。終わって、大納言は大弁に目くばせし、座を起たせて退出した。史を召し、筥などを撤去させた。私は座を起ち、陣の後ろに於いて、明日の不堪佃田奏について大弁に伝えた。「南所に申上していない文書が有ります」ということだ。明日、先ず申上させなければならない。また、明日の奏について、左中弁経頼に伝えた。関白に伝える為である。黄昏、退出した。途中、前駆（ぜんく）が続松を執った。

内宴（ないえん）についてのあれこれを、右頭中将顕基に問うた。顕基が云ったことには、「未だこれを□していません」ということだ。

上達部の数が少ないということを大納言に伝えた。納言が云ったことには、「もっとも当然の事です。但し、近代の不堪佃田定は、格別な事はありません。通例の事として、大弁は懐中の草子を写して書くのです。今日、定められても、何事が有るでしょう」と。

二十九日、癸丑。　不堪佃田和奏／外記政

貞行宿禰を召して、今日の不堪佃田奏に加えて入れる文書を命じた。諷誦を六角堂に修した。□に参った。右大弁重尹は、陣の腋の床子の前に立った。私は揖礼した。敷政門から入って、陣座に着した。大弁を呼んで、不堪佃田奏について問うたところ、大弁が云ったことには、「準備して揃えてあります」ということだ。私が云ったことには、「急ぐ申文が有れば、加えて揃えることは、何事が有るであろう」と。また、大弁が云ったことには、「何枚ほど、揃えるべきでしょうか」と。答えて云ったことには、「多くても六、七枚が宜しいのではないか」と。加えて揃えることになる文書を問うたところ、「あれこれです」と。大弁が云ったことには、「外記政が終わって、上卿が侍従所に着しました」ということだ〈未三剋。〉。すぐに中納言道方・参議資平、および弁たちが、侍従所から内裏に入った。はなはだ懈怠である。「今日、式部省の成選位記の請印が行なわれた。式部録が遅参した。そこで時剋が多く移った」と云うことだ。道方卿と資平は、皇太后宮（妍子）の釈経に参った。宮司であるからである。参議通任と朝任が、陣座にいた。私は南座に着した。右大弁が座に着した。宰相たちは座を起った。大弁が笏を挿んで云ったことには、「奏」と。私は小揖した。大弁は史の方を見遣った。右大史恒則が、敷政門から走り入った。書杖を捧げ、小庭に跪いて伺候した。私は目くばせした。称唯して膝突に着し、これを奉った。開いて見た。加える文書六枚が有った。先ず見た。次いで不堪佃田の定文を引き抜いて、見た。更に不堪佃田の解文を結んだ緒を解かず、大略、文書の数を読んだ。

定文に合っていた。元のとおりに挿し加えた。終わって表紙を巻き、片結びした。板敷の端に推し出した。史は給わって文を開いた。揃えなければならない文書の数を申した。元のように巻き結んだ。杖に取り副え、走り出た。左中弁経頼を遣わして、関白に奉った。しばらくして、来て云ったことには、「奏すように」ということだ。そこで同じ弁を介して、奏が揃ったということを申させた。大弁が座を起った。秉燭の後、召しが有った。すぐに射場に参った。奏を執って、参上した。御前の儀は、恒例のとおりであった。退下して奏文を史に給い、陣座に復した。次いで大弁が座に着した。史が文書を奉った。先ず表紙を給わった。一々、文書を給わった。史は文書を開いて、見せた。「後不堪の文は、前年の例によって、不堪佃田使を遣わすことを停め、三分の二を免じる。他の文書は申請したままに」と。次いで不堪佃田文は、結んだまま推し出した。史は給わって定文を開き、見せた。命じて云ったことには、「諸卿が定め申したことによって行なえ」と。称唯した。また、文書一枚を開いた。成文と定文の数を申した。次いで結緒を下給した。大弁が座を起った。次いで私が座を起って、退出した。和徳門から、宰相及び弁・少納言が、従って退出した。

両宰相は納言の座に着した。大弁は宰相の座の上に着しただけである。通例の事である。

三十日、甲寅。　奏報／讃岐守、千古着袴の裳の調進を辞す／東宮読経、結願／道長、馬を頒下／法華経釈経／讃岐守、紅花を貢上

恒則が奏報を進上した。

讃岐守(源)長経に、先日、裳四腰を調備して送るようにということを云い遣わした。報じて云ったことには、「期日は、すでに近いものです。仰せ付けることのできる人はいません」ということだ。妻子は在国しているのか。そうとはいっても、芳心が無いようなものである。紅花を分けて送るという報が有った。

今日、東宮(敦良親王)御読経の結願が行なわれた。参入しなかった。二十三日は、触穢によって参らなかった。また、宮司が告げてこなかった。「内府は、告げが無かったということを、再三、咎めた」と云うことだ。

宰相が来て云ったことには、「禅門から召しが有りました。すぐに参入しました」と。しばらくして、帰って来た。馬二疋を志された〈出羽守(大江)時棟が貢上した」と云うことだ。「昨日、二十疋を貢上した。関白には十二疋」と云うことだ。「内府には三疋」と云うことだ。〉。恐縮し申しているということを申させた。口付の舎人二人に、各々絹二疋を下給した。居飼に手作布二端。二、三日を過ぎて、参謝することにする。

化城喩品を釈し奉った〈念賢。〉。

讃岐守長経が、紅花十斤を志してきた。摂津守(源)懐信は、唐衣四領を調進するということについて、前日、請うたところである。ところが今日、堪えないということを称した。進上してきた米五十石は、返し遣わしておいた。調進するよう命じた。初めは明日と定めていた。今日、改めて十三日と定めた。そこでそのことを仰せ遣わした。大和守（源）政職が、厩の葦毛を借り取った。「白馬の分です」ということだ。

○十二月

一日、乙卯。　**石塔造立供養／三河守から進物／諸国司の進物／道長仏事**

石塔供養は、通常のとおりであった。

三河守（大江）定経が、桑糸五十疋と織物の綾の掛を志してきた。国々の司は、或いは料材を送り、或いは色を染めて裁縫していないのである。また、唐衣や裳を未だ送ってこない。皆、別紙に記す。これらの中に、志の無い人もいる。

夜に入って、宰相（藤原資平）が来て、語った次いでに云ったことには、「昨日の馬の返事は、すぐに申しておきました」と。仏事を修されている間、深夜に及んで伺候している。期日は延引するということを聞いたのか。織物の掛・唐衣・裳は、未だ送ってこないのか。

二日、丙辰。　**位記召給／外記政**

宰相が来て云ったことには、「今日、位記の召給が行なわれます。そこで議定に参ります」ということだ。

少納言（藤原）資高が、同じく参った。夜に入って、資高が来て云ったことには、「今日、位記の召給が行なわれました。先ず外記政が行なわれました。日没の頃、外記政を始めました。秉燭の後、召給が行なわれました。外記政の時剋は、驚き怪しむべきものです。権中納言(藤原)朝経と参議資平が参入しました。『朝経卿は、今日、初めて太政官に着した。これによって、無理に外記政を行なわせた』と云うことです。召給の日には外記政を行なわないという先例を、大外記(清原)頼隆が申しました」と云うことだ。

三日、丁巳。　出羽守から進物／北野社行幸期日の謗難

出羽守(大江)時棟が、胡簶五腰と矢漆一斗五升を志してきた。宰相が来て、語って云ったことには、「昨日の位記の召給は、希有で奇怪なことでした。黄昏に入る頃に、外記政を行ないました。儀が終わって、燎を執り、召給の儀を行ないました」と。大外記頼隆が参って来た。昨日の召給について問うたところ、「頻りに二省を督促しました。上卿が参らず、今に及びました。そこで無理に申し行ないました」ということだ。

資高が云ったことには、「昨日、頼隆真人が云ったことには、『二十六日の行幸の日に、(賀茂)守道が謗難を発した』ということです」と。驚きながら問い遣わしたところ、申して云ったことには、「二十六日は、太白神が北西にあります。御在所からこの方角に相当しています。但し歩数で方角を定められるのでしょうか。また庚辰の日は、神吉に入りません。このような説について、云々するところでしょうか。ところが、上吉およびこれは、用いられても妨げはありません。やはり北西の方角に当たれば、もっとも忌まれるべきです」ということだ。愚案を廻らせると、北西に当たらないので

はないか。西に短く、北に長いのか。推量するだけである。

四日、戊午。　藤原実康妻、難産／皇太后宮・関白大饗定／伊勢守から進物

左少将（藤原）実康の妻〈右兵衛督（藤原経通）の太娘。〉は、一昨日から産気が有って、悩み苦しんでいる。昨日と一昨日は、事情を聞かなかった。今朝、聞いて、度々、見舞った。不覚であるとの報が有った。夜に入って、宰相が来て云ったことには、「今日、関白（藤原頼通）は、皇太后宮（藤原妍子）に於いて、大饗について定められました〈正月二十三日。〉。関白の大饗は十九日です」と。明日、禅室（藤原道長）に参るという事について、宰相を介して意向を取った。参るようにとの報が有った。伊勢守（源）頼親が、桑糸十疋を志してきた。少し準備している事によるものか。

五日、己未。　道長と談話

午の後剋、禅閤（道長）に参謁し、しばらく談話した。宰相は車後に乗った。退帰する時、禅門（道長）に留めた。

六日、庚申。　藤原実康妻、死産／当季鬼気祭

右兵衛督の息女は、今朝、御産があった。児は死んだ。

宰相が来た。当季の鬼気祭を行なった〈北門。（惟宗）文高。〉。

七日、辛酉。　大原野社の吉徴／瀬田川渡河の難渋／千古、石清水・賀茂両社に奉幣／但馬守から進物

明日・明々日の間に官奏を行なう事を、（小槻）貞行宿禰を召し遣わして伝えた。夜に入って、宰相が来て云ったことには、「寅剋の頃、大原野社に参りました。未剋の頃、罷り帰りました。社頭に到った際、鳥居の内に於いて、六疋の鹿に会いました」ということだ。これは吉徴である。

美濃守（藤原）頼任が云ったことには、「去る夕方、任国から参上しました」と。また、云ったことには、「勢多橋が焼けた後、往還する者は、煩いを取って、無理に東西の岸の頭に留まっているので、数日を送っています」と。

今日、小女（藤原千古）が、石清水・賀茂社に奉幣した。色紙の御幣や帖紙の御幣を奉献した。石清水社は運好、賀茂社は阿闍梨源泉。

但馬守（藤原）実経が、絹五十疋を志してきた。事情を伝えず、この志が有った。怪しまなければならない。

八日、壬戌。　河内減省申文に続文／道長、元日行幸に異議／公任上表の作法について指示／花山院女王、殺害される

明日の奏について、貞行宿禰に命じた。河内の減省の続文について、頗る疑うところが有る。そこでそのことを伝えた。未だ見ていないとはいっても、風聞が有るので、改めて継ぐよう、申しておいた。

備前守（源）経相が来て云ったことには、「去る夕方、参上しました」ということだ。夜に入って、宰相が来て云ったことには、「元日の行幸の可否を定めるのでしょうか。今日、禅門が関白に伝えられて云ったことには、『月末の行幸の後、その間隔は幾くもない。宮司が啓達する。宮から奏上されるべきであろうか』ということでした。大略は停止となるのでしょうか」と云うことだ。

按察(藤原公任)の書状に云ったことには、「十日、上表を行なう。辞表を包む事、および勅使の座について、不審である」ということだ。子細を報せておいた。一昨日、花山院の女王が、盗人の為に殺害されて、路頭で死んだ。夜中、犬の為に食われた。奇怪である。この女王は、太皇太后宮(藤原彰子)に伺候されている。或いは云ったことには、「盗人の仕業ではない。女王を路頭に引き出して殺した」と云うことだ。

九日、癸亥。　中文／官奏／直物の期日

内裏に参った。午二剋。宰相は車後に乗った。上達部は参っていなかった。右大弁(藤原)重尹を呼んで、奏について問うた。重尹が云ったことには、「国々の減省と後不堪がございます。但し、河内・能登両国の減省は、未だ南所に申上していません。奏に入れなければならない文書です」と。私が答えて云ったことには、「今の間に文書を申上させるように」と。しばらくして、南座に着した。右大弁は宰相の座に着した。この頃、中納言(源)道方が参入した。参議資平は中納言の座に着した。重尹が参議の座に着したからである。先ず文書を申上させた。大弁が座に着し、申して云ったことには、「申文」と。私は小揖し、弁は称唯した。左大史(中原)義光が、書杖を捧げて、小庭に跪いた。私は目くばせした。称唯して膝突に着し、文書を奉った。私は取って見た。終わって、元のように結び、板敷の端に置いた。義光に給わった。一々、束ね申した。宣して云ったことには、「申し給え」と。史は走り出た。大弁は座を起った。長い時間が経って、大弁が座に着して云ったことには、「奏」と。私は小揖した。右大史(大宅)恒則が、奏文を捧げて、小庭に跪いた。私は目くばせした。称唯し、膝突に着して、奉った。一々、開いて見た。河内と能登の減省について問うた〈河内は明年、得替である。在任四箇年の減省は、先例が有ることを申した。奏報を継いだ。昨日、内々に貞行に命じて、継がせたものである。能登は明後年、得替である。前司の任終から当年に至るまで、四箇年。但し、当年の減省は、明年の税帳が出て来た。許されるべきであろうか、如何か。〉。奏文十一枚を、元のように結んで〈片結び。〉、板敷の端に置いた。史が給わって、申して云ったことには、「揃えるべき文書は、十一枚」と。元のように文書を結び、杖に副えて走り出た。左中弁(源)経頼を介して、関白に奉った。また、河内と能登について申させた。日暮、帰って来て云ったことには、「河内国が申請した年は、相違しているようである。ところが、奏報に先例が有る。便宜に随って、許されるべきであろう。また、能登が申請した当年の減省は、書状のとおりである。もっとも難点が有る。前例を調べ継いで、もし急ぎ申すことが有れば、覆奏に入れるように」ということだ。すぐに止めるよう命じた。そこで奏し申させた。また、前例を勘申する事を、大弁に命じた。秉燭の後、時剋が推移した。召しが有って、射場に参った。奏を取って、参上した。その儀は通常のとおりであった。退下し、射場に於いて返給した。終わって、陣座に復した。史は文書を進上した。先ず表紙を給わった。次いで一々、取って給わった〈板敷の端に置いた。〉。文書を開いて、見せた。命じて云ったことには、「前年の例によって、不堪佃田使を遣わすことを停め、三分の二を免じられる」と。終わって、成文を申した。終わって、奏文。終わって、結緒を給わった。文書を杖に取り副えて、走り出た。大弁は座を起って、左中弁を呼び、直物の日の状況を関白に申させた。今日と明日ではないといっても、意向を取るよう、伝えておいた。但し、十三日以後の一、二日は、いささか慎しむところが有って、外行することができない。もしかしたら十六日は如何であろう。仰せに随うことにするだけである。

十日、甲子。奏報を進上／擬侍従・荷前使定の上卿を辞すも、頼通、許さず／公任、上表／千古着裳の無事を祈願

早朝、恒則が奏報を進上した。公卿給・二合・停任の文書を大外記頼隆に下給した。十三日は、元日の擬侍従および荷前使を定めて奏上する式日である。ところが、その日から二、三日は、慎しむところが有って、参入することができない。他の人に命じられるよう、頼隆真人を介して、関白に申し達した。但し、その日は大神祭の日で、荷前使を定めてはならないということを、頼隆が申した〈後日、故殿(藤原実頼)の御記を調べて見たところ、先ず荷前使を定め、式日に元日の擬侍従を定めた例は、多々あった。承平六・同七・天暦九・応和□□。〉。夜に臨んで、来て云ったことには、「今日と明日は、関白の御物忌です。門外に於いて、(藤原)隆光朝臣を介して、伝え申させました。返報に云ったことには、『十三日を過ぎて、定め申すように。もしまた、故障が有れば、その後に他の上卿に命じられるように』ということでした」と。宰相が来た。夜に臨んで、また来て云ったことには、「今日、按察大納言(公任)が、大納言を辞す表を上呈しました。勅答のため、権大納言(藤原)行成卿が参入しました」ということだ。上表使の左少将(藤原)資房が、今朝、先ず来て、このことを言った。前日、定めたものである。倚子・土敷二枚・茵一枚を、按察の書状によって、使に託して送った。勅答使の分である。辞表の函の様子は、別様であった。また、牙象が無かった。古い函を送るようにとの書状が有った。ところが求め得ることができなかった。今日、寝屋の雑物を他所に移し置いた。十三日の着裳の儀による。今日から七箇日、諷誦を東寺と清水寺に修した。小女の着裳の際、障碍および風雨の妨げが無いようにとの祈願である。

十一日、乙丑。　神嘉殿、破損／後一条天皇、病悩／公任の上表に勅答なし／丹波守から再び進物／障子絵を画かせる

「神嘉殿が破損した。そこで行幸は行なわれない」と云うことだ。宰相が二度、来た。資房が云ったことには、「主上(後一条天皇)は、今朝から病悩しています。御風病が発られたのでしょうか」と云うことだ。

午の後剋、関白が物忌を破って参入した。黄昏、左大弁(藤原定頼)が御堂(道長)から来て、談った次いでに云ったことには、「主上は大した事はおありにならないでしょう。禅閤は参られませんでした。ただ、内府(藤原教通)が御寺から内裏に参りました。中宮大夫(藤原斉信)と春宮大夫(藤原頼宗)が、禅室に伺候して、清談を行ないました」と云うことだ。「昨日、勅答の儀によって、大内記(菅原)忠貞を召しましたが、召し出てきませんでした。そこで勅答は行なわれませんでした。後日、行なうことになりました」と云うことだ。

夜に入って、丹波守経頼が、また綿十屯を志してきた。

この何日か、造酒佑(川)有富が、布障子四間を画いた。今日、禄〈大褂。〉を下給した。作絵の者には疋絹、丹調は手作布一端。

十二日、丙寅。　千古の銀器を作った銀鍛冶等に賜禄／直物の期日について頼通と相談／源長経を除く諸人、千古着裳の装束を進上

銀鍛冶の左兵衛府(秦)安高〈絹二疋と手作布五端。〉と菊武〈一疋と三端。〉に禄を下給した。この二人は、先日、少し米を下給させた。(宇治)良明宿禰に三疋を下給した。時々、来ていた口入の者である。そこで特に下給したものである。小女の銀器一具および大提〈一斗を納める。〉・中提〈五升を納める。〉を作った。宰相が二度、来た。左中弁が関白の報を伝えて云ったことには、「直物について承った。そうあるべき日を定めて、申し行なうように」ということだ。内々に決められた日が有るのか。申して云ったことには、「十六日が宜しい日です。もしかしたらその日は如何でしょう」と。特別な書状ではなく、ただ談ったものである。おっしゃられて云ったことには、「十六日は、甚だ佳い頃である。その日に行なわれるように」ということだ。大外記頼隆を召し遣わし、直物の日について伝えた。その日に元日の擬侍従と荷前について定めるよう、頼隆に命じた。左大弁が参るよう、同じく命じた。昨日、大略を大弁に伝えておいた。

この二、三日の間、唐衣・裳・織物の掛が、人々の許から送られてきた。但し、讃岐守(源)長経は応じなかった。これは裳四腰である。

十三日、丁卯。　千古、着裳の儀／夢想

民部卿が、丹後守(源)親方の名を借りて女装束を送ってきた。使に疋絹を下給した。人々から、調備して志してきた物が有った。記す暇がないばかりである。今日は小女の着裳の日である。そこで巳剋、帳を立てた。また、唐匣および雑具を羅列した。道々の工たちに疋絹や手作布を下給した。宰相は雑事を行なった。四位侍従(藤原)経任・左少将資房・少納言資高が、同じく行事を行なった。屋内の室礼は、黄昏に臨んで終わった。南の簾の前に燈台五本を立てた。西簀子敷と渡殿に、各一本を立てた。西の方の北渡殿に、饗宴を準備した〈懸盤は、(藤原)能通が設備したものである。〉。侍所の饗宴は、史義光。随身所の饗宴は、右馬属(茨田)光忠。女房の衝重は、主税助正頼が三十前〈この内、一の膳は高坏六本。二の膳は四本。〉。屯食は十三具〈「政所・膳所・随身所・小舎人所・厩・台盤所二具[一具は東方。]・修理所・車副・仕丁・宰相の下人・侍所の下人。もう一具が遺った」と云うことだ。〉。今日は、客を招かなかった。ところが、左大弁定頼・右馬頭(藤原)兼房、及び四位や五品の者が多く来た。詳しく記さない。大舎人頭(源)守隆が、扇を調備して持って来た。また、資房が調備して志した。宰相は童装束を調

備した〈躑躅の汗衫と袴。〉。右兵衛督は袙を調備した。ところが、触穢であったので、ただ他所から打袙と単衣を送ってきた。はなはだ浅はかである。左右近衛府の官人たちは、立明を取る為に見参した。疋絹を下給させて、返し遣わしたのである。随身に燎を取らせた。小女の方から、随身に疋絹を下給させた〈翌日。〉。小女の装束は、伯耆守（藤原）資頼が調備したものである〈織物の掛一重・紅の綾の打掛二重・毛衣木の綾の掛一領・紅梅の綾一領・袴一具。〉。亥剋、着裳を行なった〈白い織物の唐衣・同じ色の織物の裳を、調備させたものである。〉。私は腰を結んだ〈朝服を着した。〉。着裳が終わって、朝大夫たちは膳物を執った〈台八本。この中で、小台二本は銀器を用いた。菓子は様器に盛った。通例の事である。〉。益送の人は、ただ然るべき家人を撰んで、あらかじめ命じておいたものである。ところが、考えていた他に、（菅原）為職・（藤原）登任・（藤原）範永・（藤原）公業・（藤原）頼祐・（和気）仲遠・（紀）行任が、膳を執った。（藤原）永信・（藤原）実行・（橘）為通・（源）頼重・（藤原）通能・（藤原）定雅といった朝臣の家人に戒めて、益送させたのである。（藤原）兼成や（源）永輔など、多くの人は役さなかった。前備後守能通が、打敷〈紅梅の織物。〉を執った。今日の雑事は、大膳大夫（菅野）敦頼が行事を行なった。「饗所の上戸については、飲酒を行なった」と云うことだ〈「頼任・（藤原）章信・守隆・（平）重義」と云うことだ。「他の四品たちは、侍所にいた」と云うことだ。〉。私は直衣を着した。初めは饗所に出居を行ない、一、二人と談話した。すぐに簾中に入った。「その後、人々は座に着して、箸を下した」と云うことだ。

丑剋の頃から、雨が降った。寅の終剋の頃に止んだ。天が晴れ、雲が収まり、和暖は春のようであった。深夜、月は明るかった。今日、風雨の妨げが無い事を、あらかじめ祈り申させた。また、今朝、心中に祈禱を行なった。その後、雨が止むということを夢に見た。希有の事である。

十四日、戊辰。

宰相が二度、来た。女房の衡重は、昨日と同じであった。主計助(丹生)益光。

雨が降った。深夜、止んだ。

十五日、己巳。　**資平兼官の見通し／直物に籠宿**

右中弁章信が、宣旨を持って来た。三箇日の間、いささか思慮が有った。そこで取って見なかった。明日、陣座に於いて見るということを伝えておいた。長い時間、清談した。今日、女房の衡重は、大膳大夫朝臣が調備した。宰相が来て、兼官について談って云ったことには、「前日、両殿(道長・頼通)の意向は、和顔がありました。ところが、この二、三日、変わったようなものです。弁官の転任の人々は、或いは強縁、或いは近習です。各々、懇望を行なっているのでしょうか。明朝、大原野社に参ることにします」ということだ。深夜、宰相が来て云ったことには、「関白の御書状に云ったことには、『明日は内(後一条天皇)の御物忌である。直物は籠宿させるように』ということでした」と。直物の勘文および年々の召名・元日の擬侍従・荷前の文書は、籠めて揃えさせる事を、大外記頼隆真人に仰せ遣わした。すぐに候宿させるということを申した。

十六日、庚午。　**擬侍従・荷前使定／直物**

大外記頼隆が申して云ったことには、「去る夕方、内裏に参って、文書を籠めて揃えました」ということだ。私が問うて云ったことには、「荷前の日の中務省解は、如何であろう」と。大いに驚いて云ったことには、「籠めて揃えていません」ということだ。今となっては、関白に内覧させて、詞で奏聞させようと思う。今日、直物が行なわれた。そこで午の後剋、内裏に参った。これより先に、大納言（藤原）能信・中納言道方・参議定頼が参入して、敷政門の内に佇立していた。私は和徳門から参入して、仗座に着した。次いで三卿（能信・道方・定頼）が座に着した。私は南座に着した。元日の擬侍従の定文と荷前の文書を進上することを、外記（三善）為時に命じた。すぐに進上した。私が命じて云ったことには、「中務省解を籠めて候宿させていなかったということを、今朝、頼隆が申した。如何なものか」と。為時が申して云ったことには、「昨夜、候宿させました」ということだ。又々問うよう命じた。すぐに申して云ったことには、「籠めて候宿させました」ということだ。今朝、頼隆が申したところと相違している。ところが、重ねて問うわけにはいかない。先ず元日の擬侍従を定めた。花山院の両親王〈兵部卿（昭登親王）と弾正尹（清仁親王）。〉は、何年来、定に入っている。ところが、「妹の女王が殺された」と云うことだ。服喪が有るのではないか。秘蔵しているとはいっても、多く人の耳に入っている。そこで三条院の両親王〈式部卿（敦儀親王）と中務卿（敦平親王）。〉を定めた。次いで荷前使を定めた。この定文を一筥に加えて納めなかった。前例に背いて、ただ擬侍従に定めた親王以下の歴名および中務省の解文〈荷前は二十二日。〉を入れた。そこで更に外記に命じて、荷前の定文を進上させた。左大弁定頼がこれを書いた。この頃、権大納言行成卿が参入した〈黄昏。〉。擬侍従の定文・荷前の定文・中務省の解文を一筥に入れ、蔵人右兵衛尉（菅原）惟経を介して奏上させた。但し、先ず内覧を経て〈関白は直盧に参入した。「今日と明日は、内の御物忌である」と云うことだ。〉、奏上するよう命じた。しばらくして、惟経が定文を返給した。伝え仰せた詞を聞かなかった。外記を召して、定文・例文・歴名帳・中務省解を下給した〈一筥に入れた。〉。後に荷前の定文を納めた筥を座に留めた。更に外記を召して、下給した。大弁の前の硯を撤去しなかった。直物が行なわれるからである。外記を召して、直物の勘文を進上するよう命じた。すぐに進上した。蔵人惟経を介して、奏上させた。先ず内覧するよう命じた。本来ならば、御所に進んで奏上させなければならない。ところが、今日は風雪や寒気が特に甚しい。射場の辺りを徘徊することは、老骨（実資）には堪えられそうもない。そこで仗座に於いて伝奏させたものである。宿老の大臣が座を起たずに奏聞させた事は、故実が無いわけではない。しばらくして、返給された。私は大弁に目くばせした。大弁は座を起って、来た。筥のまま、授けた。笏を挿して筥を取り、座に復した。勘文に任せて改め直した。しばらくして、左頭中将（藤原）公成が、公卿給および近正朝臣が諸国の権守を申請した文書を下給した。「欠員の有る国に任じてください」ということだ。諸卿が定めて、長門権守に任じた。また、外国の掾一人を、某宮が申請した。某宮や某国の掾かは、確かに覚えていない。この二人を折堺に書いた。公卿給の名替や国替は、合わせて五枚で三人。或いは欠員が無く、或いは書き替えた。そこで任じなかった。民部卿が、大宰典を申請した。欠員が無かった。

頭中将〈公成〉を介して、奏聞させた。おっしゃって云ったことには〈関白がおっしゃられたのか。〉、「能く調べて、欠員が無ければ、任じることはできない」ということだ。欠官帳を召して見て、欠員を記さないということを、奏上させておいた。除目および当年の召名〈旧年の召名は無かった。五枚の公卿給は、ただ当年のみであった。そこで旧年の召名は無かった。〉・直物の勘文・公卿給二枚〈成文。もう三枚は誤った文である。そこで大弁の許に留めた。〉を一筥に加えて納め、大弁がこれを進上した。私は開いて見た。終わって、直物の勘文および公卿給の請文を筥から取り出して、座に置いた。外記を召した。外記為時が参入した。筥を給わった〈除目および当年の召名を納めた。〉。頭中将を介して、奏上させた。内覧させるよう伝えた。長い時間が経って、返給された。陣座に復した。為時が筥文を進上した。私は大弁に目くばせした。大弁が来て、笏を挿して筥を給わった。座に復そうとしたので、事情を伝えた。そこで私の前に坐って、召名□枚を出した。「兵部省の召名を出すべきであろうか」ということだ。行成卿が云ったことには、「出すべきです。もっとも兵部省に給うべきです。補任帳を作成する為です」と。公卿給の名替は、当年の他に旧年の名替は無かった。そこで当年の召名を出した。行成が云ったことには、「能く考えると、当年については、出してはなりません。ただ武官だけを出すべきです。兵部省に給う為です」と。最もそうあるべき事である。旧例では、旧年の召名を出して、当年の召名を出さないばかりである。今回は旧年の召名は無い。大弁は筥に返し納めて、進上した。私は取って、直物の勘文および申文を加え入れて、源中納言〈道方。〉に授けた。権大納言が伝え取って、これを授けた。

寒気が身に入り、老骨には堪え難かった。除目と直物を二省に給うよう、源納言（道方）に伝えて、退出した〈亥剋。〉。これより先に、外記に命じて、二省を戒めて伺候させておいた。

諷誦を三箇寺〈東寺・清水寺・祇園社。〉に修した。

相模国司（大江公資）が申請した率分の文書を、左頭（公成）に託した。夜に入って、下給して云ったことには、「近代では例はありません。天元に先例が有ります。許すかどうかを定め申してください」ということだ。

十七日、辛未。

宰相が云ったことには、「昨日、大原野社に参りました。今日、外記の催促によって、役所に参ります」ということだ。去る夕方、極めて厳寒であった。除目と直物を二省に下給する事を、源納言に委ねて退出した。これを考えると、深夜はいよいよ、厳寒が倍するのではないか。そこでそのことを、書状で謝しておいた。扶公僧都が来て、談った。

十八日、壬申。

右兵衛督が、立ったまま来た。長い時間、地上に坐って、雑事を談った。この頃、宰相が来た。

十九日、癸酉。　**荷前使改替／御仏名始／教通、亡室の一周忌法事／千古のための修善**

春日祭の十列は、仁王経読経〈請僧は五十口。〉に代えた。外記惟経が申して云ったことには、「中宮大夫〈斉信。『障りの趣旨は分明ではありません。頼隆を介して申させなければなりません』ということです。〉と春宮大夫〈頼宗。『去年、奉仕しました。頻りに奉るのは難しいでしょう』ということです。〉が、荷前使の故障を申してきました」ということだ。関白に申すよう命じた。帰って来て云ったことには、「関白の御報に云ったことには、『然るべき人を改めて定めるように』ということでした」と。権大納言〈行成。〉と民部卿〈(源)俊賢。〉に伝えるよう命じた。民部卿は、召使を介して申させるのは、便宜が無いのではないか。上達部ではないからである。「上表の時、荷前使の欠役を勤めるという文言が有った」と云うことだ。そこで惟経を遣わして、試みに事情を伝え示した。二合と停止の文を式部丞(源)則成に下した。今夜、内(後一条天皇)の御仏名始が行なわれる。夜に臨んで、外記惟経が申させて云ったことには、「権大納言と民部卿が、荷前使の役を勤めることになりました」ということだ。「今日、内府は、法興院に於いて、亡室(公任女)の周忌の法事を行なった」と云うことだ。

祇園社の当季の般若心経・御幣・当季の観音供七箇日〈念賢。〉・当季の聖天供〈三箇日。供師は阿闍梨延政。〉を、供養し奉った。秋冬二季の薬師経と請観音経〈念賢。〉。以上は、小女の通例の修善。

二十日、甲戌。　**随身に衣服を下給／御仏名会**

民部卿と権大納言が荷前使を勤めるという事を、外記惟経を介して、関白に申させた。すぐに報が有った。宰相が来た。随身に衣服を下給した〈府生に絹四疋と緑衫一疋、番長に絹三疋、近衛に絹二疋。〉。

二十一日、乙亥。　**加階の譲り**

遍救律師が来た。病悩を称して、逢わなかった。明日、参るということを伝えた。去る夕方、権中納言（藤原）長家を正二位に叙した。「大納言斉信が、坊官の時の加階を譲った」と云うことだ。或いは云ったことには、「行幸の行事大納言能信の加階は、右衛門督（藤原）実成に譲るであろう」と。姻戚であるからか。また、「関白の加階〈何の加階かは知らない。調べて記さなければならない。〉を左衛門督（藤原）兼隆に譲るらしい。そこで□□・□□の両人は、上首として、臨時に叙すものである」と云うことだ。末代の事は、これを以て□□□。宰相が来て云ったことには、「御堂に参り、次いで御仏名会に参ります。四位侍従経任が云ったことには、『新中納言（長家）の加階の慶賀は、昨夜、内裏（後一条天皇）・御□□□・関白に申しました』と」と。私はいささか、準備を行なわなければならない。そこで経任を介して、密々に問わせた。□暮、非常の慶びを来て告げた。疎遠の人（実資）は、如何であろう。禅室が教喩するであろうか。そうあるべきである、そうあるべきである。

二十二日、丙子。　荷前使の故障／私荷前／御仏名会の導師

早朝、外記惟経が申して云ったことには、「大蔵卿〈（藤原）通任。〉は、病悩が有って、荷前使を勤めることができません」ということだ。また、申して云ったことには、「民部卿と権大納言は、どの陵の使とすべきでしょうか。事情を承りたいと思います」ということだ。命じて云ったことには、「□□参入することはできない。当日の上卿に申して、申し行なうよう、先日、命じたところである。使々の故障、および民部卿と権大納言の使についても、同じく当日の上卿に申して行なうべきである」と。（橘）輔政朝臣の病悩は、実体が有る。荷前使を免じるよう、同じく命じた。すぐに惟経が来て云ったことには、「『権大納言は、御仏名会に参列して退出した後、風病が発動した。勤仕することができない』ということでした。申して云ったことには、『当日の上卿に申すよう、命じられました。これを如何しましょう』と。大納言が云ったことには、『やはり事情を申すように』ということでした。そこで申させるところです」ということだ。ただ、この故障の趣旨を当日の上卿に申すよう、重ねて命じておいた。今日、私も荷前使を奉献した。(石作)忠時宿禰。宰相が、□。昨夜の御仏名会は、方算を御導師に補された。後夜に命じられた。方算が来て、御導師に補されたということを言った。逢わなかった。

二十三日、丁丑。　陸奥守から進物

遍救律師が来て、北野行幸の賞について談った。宰相が来た。陸奥守(平)孝義が、檀紙十帖を送ってきた〈調物使に託した。〉。

夜に臨んで、按察が立ち寄った。長い時間、清談し、夜に入って、退出された。

二十四日、戊寅。　藤原章信を見舞う／呪詛との説

左中弁経頼が、宣旨一枚〈但馬国司(実経)が申請した、前例によられて検交替使を遣わすのを停め、故前司(橘)則隆が受領した官物の数を定数として、前司と同任の官人に分付させる事。〉を持って来た。前例を勘申させて、同じ弁に下した。夜に臨んで、右兵衛督が来た。地上に坐って、雑事を談説した。夜に入って、退出した。今日、(惟宗)貴重朝臣を遣わして、右中弁章信を見舞った。「煩っている所は、やはり未だ平復していません」と云うことだ。「この四、五日、病悩は軽くはありません」と云うことだ。行幸の行事である。

或いは云ったことには、「呪詛です」と云うことだ。「今日、心誉僧都が示顕させました」と云うことだ。

二十五日、己卯。 **定基の車宿、焼亡／美濃守罷申／障子絵を画かせる／外記政／教通、官奏の上卿を勤む／北野行幸召仰**

鶏鳴の頃、宰相が来て云ったことには、「北東の方角に火が見えます。法成寺に当たっています」ということだ。驚きながら見たところ、左近将監(藤原)助通が馳せて来て、云ったことには、「定基僧都の車宿でした」ということだ。すぐに(藤原)有信朝臣に命じて、見舞い遣わした。報じて云ったことには、「身は御堂に伺候していて、焼け終わった後に、火の所に到りました。一物も取り出せませんでした」ということだ。美濃守頼任が来て、明後日、任国に下向することを告げた。長い時間、清談した。有富に東対および東廊の布障子を画かせた。夜に臨んで、宰相が来て云ったことには、「今日、外記政が行なわれました。源中納言が着しました。美濃守が懇切に催促したことによるものです」と。また、云ったことには、「内府が官奏の上卿を勤められるとのことです」と云うことだ。夜に入って、大外記頼隆が来て云ったことには、「内府は官奏の上卿を勤められました」と。夜に入って、外記(中原)師任が申して云ったことには、「今日、明日の北野行幸の召仰が行なわれました。時剋は辰でした」ということだ。問うて云ったことには、「辰剋は、もしかしたら戒めた時剋か。実際の時剋は如何か」と。申して云ったことには、「巳・午剋です」ということだ。大納言能信が上卿を勤めた。行幸の行事の右中弁章信は、何日か悩み煩っている。早朝、問い遣わしたところ、報じて云ったことには、「今日は頗る宜しいです。明日は我慢して社頭に供奉します」ということだ。

二十六日、庚辰。　北野行幸／社司の勧賞／藤原長家、申文／小槻奉親、死去／千古の侍所を置く

今日、北野社に行幸する。扈従しなければならないので、諷誦を常住寺・東寺・清水寺に修した。内裏に参った〈宰相は車後に乗った。〉。時刻を問うたところ、「巳三剋」と。これより先、関白および二、三の上達部が参入していた。外記を召して、諸衛府や諸司が参っているかどうかを問うたところ、申して云ったことには、「或いは参入し、或いは参っていません」ということだ。申したところは、頗るいい加減である。督促するよう、命じておいた。左中弁経頼が、仰せを伝えて云ったことには、「出御の時刻はすでに至った。諸司は参入しているのか」ということだ。外記が申した趣旨を申させておいた。この頃、諸衛府の将や佐が参入した。左中弁が関白の御書状を伝えて云ったことには、「『社の饗饌は、行事の弁章信が精進を準備させた』と云うことだ。天皇の御膳については、先日から清食を供御している。そもそも饗饌について、もしかしたら覚えているところは有るか」ということだ。先年の行幸の饗饌は、確かに覚えていない。但し、事の道理を考えると、魚鳥を用いてはならないのではないか。僧官がいて、俗官はいない。前年の行事の上卿の中宮大夫斉信が、座にいた。事情を問うたところ、答えて云ったことには、「あの時の饗饌については、一切、覚えていません」と。やはり精進がもっとも宜しいであろう事を、大略、申し伝えておいた。右頭中将(源)顕基が仰せを伝えて云ったことには、「左将が、一人の他は参っていない。すでに御出の時刻に臨んでいる。右三位中将（源師房）もしくは顕基を左に移して、御輿を寄せるように」ということだ。この頃、左中将（藤原）兼綱が参入した。このことを奏上させた。すぐに天皇が紫宸殿に出御した。先ず反閇を奉った〈（安倍）吉平。〉。午二剋、御輿を寄せた〈葱花形。午二剋。〉。先ず左右将軍（教通・実資）が、御階の南東と南西に進み立った。諸卿が列立したことは、恒例のとおりであった。神事であったので、鈴奏や警蹕は行なわなかった。また、御綱を命じなかった。天皇の乗輿は、日華・宣陽・建春・陽明門から御出した。大宮大路から北行し、西に折れ、北辺大路から西行し、北に折れた。右近馬場から北行した。大幔の外に於いて、神祇官が御麻を献上した〈松尾行幸では、献じなかった。失儀である。〉。終わって、御在所〈内侍が伺候した。〉に到られた。諸卿は座に着した〈仮屋を新造した。〉。関白と内大臣は、御在所に伺候した。今日、関白は休廬を設備しなかった。行事の上卿である能信卿が、宣命の清書を奏上することを告げた。私が答えて云ったことには、「仰せ事を待って、奏上するように」と。右中弁章信が、勧盃を行ない、次いで宣命の事情を伝えた。しばらくして、勅を伝えて云ったことには、「宣命を奏上するように」ということだ。すぐに少内記兼行を召して、宣命を奉るよう命じた。すぐにこれを進上した。章信朝臣を介して、奏上させた。本来ならば、御所に進んで奏上させなければならない。ところが、馬に騎っていたので、進退は耐え難かった。そこで御所に進まなかった。すぐに宣命を返給された。次いで関白の御書状に云ったことには、「御所の辺りに於いて、相談しなければならない事が有る」ということだ。宣命を能信卿の許に差し遣わした。受け取った。私は座を起って、御所の辺りに参った。関白は佇立していた。すぐに謁談して云ったことには、「律師遍救は社司〈検校。〉である。無名法師〈別当。〉。遍救は、もしかしたら賞すべきか否か。もし賞するのならば、何の賞を加えるべきか。石清水宮の例によれば、位を給うべきであろう。それならば、法眼を給うべきであろうか。律師を去って法眼に叙すのは、かえって愁いが有るであろう。また、僧都に任じるのは、その先例は無い。また、別当を法橋に任じれば、検校を差し措いて下臈を賞するのは、便宜が無いであろう。この間、疑いを持っている。如何か」ということだ。私が答えて云ったことには、「あれこれ、天皇の叡慮にあるでしょう」と。関白は、「やはり懐うところを伝えるように」ということだ。私が云ったことには、「行幸の処には、勧賞される人が有ります。遍救は、すでにこれは名僧です。職は律師におります。序列が漸く至って、必ず転任が有るであろうものです。今、この時に遇って、少僧都に上げられるのは、事の非難は無いのではないでしょうか。遍救は、元々転任してはならないという定はありません。今、この時に勧賞の道理が有ります。ただ昇進から早期の間に、あるべき事です」と。また、関白が云ったことには、「それならば、誹難は無いであろうか、如何か」と。私が答えて云ったことには、「下官(実資)が申したところは、ただ事の趣旨です。ただ、諸人が申すところは、知り難いものです。特に誹難は無いのではないでしょうか。禅室が宣すところが有るでしょう」と。関白が云ったことには、「行幸の時、寺司を僧綱に任じた例は、如何か。調べて行なわなければならない。但し、宜しきに随って、定めて行なわれても、何事が有るであろう」と。長い時間、談話した次いでに、資平の兼官について申し付けた。和解の意向が有った。この頃、御禊が行なわれた。関白が云ったことには、「賞進については、行事の上卿の能信卿に伝えるように」ということだ。大略、僧都に任じることになるようである。私は座に復した。御禊が終わって、歌笛を発した。能信卿は舞人たちを率いて、宝前に参った。神宝は前にあった。東遊・大唐・高麗楽、各三曲が終わった。関白は諸卿を招き、御所に参り進んで、伺候した。御馬を馳せた。私は外記を召し、見参簿を奉るよう命じた。すぐに進上した。右頭中将顕基を介して、奏上させた。すぐに返給された。外記に給わった。行事所が禄を下給した。終わって、御輿を寄せた。初めて警蹕を称した。この頃、燎を執った。天皇は還御した。建春門の外に於いて、神祇官が御麻を献じた。御入した。鈴奏と名謁は、通常のとおりであった〈留守の参議（源）朝任が、最後に宜陽殿の前に於いて称するのが、通例である。〉。扈従した上達部は、左大臣〈関白。馬に騎って、御輿の御後ろに供奉した。〉、私・内大臣、大納言斉信・行成〈遅参した。〉・能信、中納言長家・実成・道方・朝経、参議資平・通任・（藤原）兼経、右三位中将師房、参議（藤原）広業・朝任。

「今日、辰剋、中納言長家は、加階の後、初めて宜陽殿に着した。陣座に於いて文書を申上させた」と云うことだ。神事の行幸の日に文書を申上させるのは、頗る強引なようである。後に聞いたことには、「行幸の行事の史貞行宿禰の父〈俗名（小槻）奉親。〉が死去した。子の貞行に告げていなかった。行幸が終わって、告げた」と云うことだ。

今日、新たに造作した東廊を小女の侍所とした。小食を準備し、通例の飯を置いた。兼成朝臣・弾正忠（中原）師重・橘為経を職事とした。

「権律師遍救を少僧都に任じられた」と云うことだ。

二十七日、辛巳。　**頼通邸読経結願／教通、備前守宅の材木を強奪**

夜に入って、宰相が来て云ったことには、「今日、関白の読経の結願に参りました。饗饌が有りました」と。明日、行幸の行事の勧賞が行なわれるのであろうか。また、人々が疑って云ったことには、「他の事も行なわれるのであろうか」と云うことだ。先日、内府は雑人を放って、備前守経相の宅の門を打ち開け、材木三百余の物を□□」と云うことだ。「経相は禅門に愁い申した。禅門は内府の為に、不快の様子が有った。すべて返させるよう、伝えられた」と云うことだ。

二十八日、壬午。　**大般若読経・法華経供養／陣覧内文／叙位／諸寺司定／東宮仏名会**

春日御社の去年の分として、大般若読経〈請僧六十口。〉と六部法華経供養〈内供（良円）の天台（延暦寺）の房に於いて、これを修した。これは通例の善根である。〉を行なった。紬一端を大僧正（深覚）の御許に奉献した。催促された御書状が有ったからである。褐衣を随身たちに下給した。左中弁経頼が来た。関白の御書状を伝えて云ったことには、「今日、定め申さなければならない事が有って、諸卿を催促させている。参入するように」ということだ。参入するということを報じた。もし内裏に帰り参ったならば、諸卿に催し告げる事を、外記に伝え仰すよう、左中弁に命じた。大外記頼隆を召し遣わした。また、他の外記を召し遣わした。ところが、遅引が有ってはならないので、すぐに命じたものである。外記がまた来てはならないということを伝え仰す事について、経頼に命じておいた。今日の議定について経頼に問うたところ、答えて云ったことには、「もしかしたら僧についての議定でしょうか」ということだ。僧綱召や諸寺司の議定か。また、経頼が云ったことには、「装束司貞行は、喪に遭いました。この間、他の史に節会の事を行なわせるべきでしょうか」ということだ。関白に申すよう、答えておいた。申の終剋の頃、内裏に参って、陣座に着した。参議広業が云ったことには、「中納言道方が、陣覧内文の上卿を勤めました。御所に参りました」ということだ。しばらくして、階下を経て、□□紫宸殿の南東の角に帰って来た。私は再三、目くばせした。そこで軒廊を進んで来た。□□また、目くばせした。そこで陣座〈南座。〉に着した。外記が内文を進上した。私が云ったことには、「□□」と。外記が上卿の意向を得て、持って来た。主鈴が印盤を置いた。少納言がこれを取って、覧たものである。道方が云ったことには、「近代の例です」と。傾いて怪しんだばかりである。道方卿は近衛府を召した。左近将監吉真は、小庭に跪いて坐った。□□□、称唯して退出した。長い時間、机を立てなかった。加えて催促した。少納言と近衛将監が印の辛櫃に就いて、印を出した際、机を立てた〈懈怠である。特に一人□□□人は、机を舁く者である。近代は、官□が便□があるのである。〉。道方卿は少納言に目くばせした。資高は膝突に進んだ。道方卿は官符を下給した。筥は座に留めた。印し終わって、退出した。上卿は外記を召して、筥を給わった。今日の作法は、前跡に違っていた。大納言行成・中納言兼隆・参議広業が、座にいた。下官は行成卿に伝えた。答えて云ったことには、「そうある事です」ということだ。私は奥座に着した。左中弁経頼を介して、参入したということを関白に伝えさせた。報じて云ったことには、「下﨟が未だ参らない前に、早く参られて、申されました」と。上達部が参っているかどうかを大外記頼隆に問うた。左中弁が宣旨二枚を下給した〈一枚は、但馬国が申請した、故前司則隆が造営し終わらなかった待賢門を造営する事。申請によった。左中弁に下した。一枚は、前例に因准して、検交替使を停めて、故前司則隆が受領した官物の数を定数として、前司と同任の官人に分付させる事。申請によった〔先日、下給して継がせた。〕。交替使について告げたので、更に南座に着して、左大弁に下した。〉。左頭中将公成が陣座に来て、私を召した。参上して、殿上間に伺候した。□□台盤所の方から出て、殿上間にいた。しばらく清談した。公成は□□前に出て、関白及び私を召した。関白は先に御前に参った。次いで下官が□座に□。関白の意向によって男たちを召し、硯を召した。蔵人（源）資通が□〈続紙を加えた。〉。関白は仰せを承って、伝え仰せて命じた。そこでこれを書いた。正二位兼隆〈左大臣の坊官の譲り。〉・実成〈中宮権大夫藤原朝臣（能信）の行幸行事の賞の譲り。〉、従三位広業〈行幸の行事。〉、従四位上章信〈行幸の行事。〉、従五位上（紀）宣明〈行幸の行事。〉、従五位下師任〈行幸の行事。〉。史貞行は喪に遭った。そこで賞は無かった。書き終わって、硯を撤去した。叙冊〈書き出した文。〉を柳筥に納め、笏を挿み、進んで奏上し、座に復した。御覧が終わり、私は進んで給わって、座に復した。元のように硯を柳筥に返し納め、叙冊を笏に取り副えて退下し、陣座に復した。内記業任を召して下給し、位記を作成するよう命じた。左頭中将が、諸寺司の文書四通〈少僧都永昭が法隆寺司を申請した。仁統が元興寺司か法隆寺司を申請した。法隆寺別当延幹が延任を申請した。西大寺別当憐因が重任を申請した。〉を下給した。「定め申すように」ということだ。諸卿が定め申して云ったことには、「延幹は、任中に成功が無かった。裁許することはできないであろう。憐因は、十二所を修造する事を申請した。『そのことの解文は、先日、奏聞した』ということだ。解文を下給することはできない。またこの文書は、ただ自らの解が有るだけである。所司や大衆の解文は無く、成功を知ることは難しい。裁許することはできないであろう。永昭は、身は僧綱であるが、未だ寺司に任じられていない。裁許が有るべきであろう。仁統は、特に宣旨を蒙って暦の事を勤仕し、すでに十一箇年に及んでいる。また、未だ寺司に任じられていない。裁許すべきであろう」と。四通の申文を頭中将に託した。詞で□□□□させ、永昭と仁統の申文を下給した。命じて云ったことには、「永昭が申請したところは、申請によれ。仁統は、元興寺司か法隆寺司を申請した。西大寺に任じるように」ということだ。□□申文を左中弁に下した。今日、東宮（敦良親王）の御仏名会が行なわれた。心身は宜しくなかった。そこで事情を春宮大夫頼宗卿に告げて、退出した〈時に□□剋。〉。今日、参入したのは、大納言行成・頼宗、中納言兼隆・道方、参議定頼・広業・朝任。兼隆と広業は、□加階したので、議定に預からなかった。私が宿所に帰った後、左衛門督が加階の慶賀を云い置き、逐電して退去した。今夜、通□□□。左衛門督が行事を勤めた。子の右馬頭兼房を介して続松を執り、送らせた。兼房は跪いて坐った。礼節は□□に過ぎた。謝させなければならない。男たちが云ったことには、「遍救僧都が内裏に参りました。□□。恩言が有ったということを伝えました」と云うことだ。

二十九日、癸未。当季大般若読経、結願／法華経講釈／元日節会室礼／奉幣・解除／追儺／障子絵、完成

当季大般若読経が結願した。五百弟子授記品を釈し奉った〈慶範。〉。早朝、資□を介して、左衛門督に謝させた。ところが早く退出した。そこで□□□を云い置いた。伊予宰相（広業）が来た。私は束帯を着し、出て会った。拝礼を行なった。私は答拝を行なった。しばらく清談した。「内裏に初参する日は、正□□□。その日以前の元日に参るのは、便宜が無いであろう。特に□□□が宜しくない。奔営するのは快くない」ということだ。左中弁経頼が□□、「出羽守時棟は、未だ赴任していない前に申請する□□の内、計歴について申請しました。ところが、あれこれの決定は無く、年を改めて赴□、能治の風聞□、計歴を許されました」ということだ。官□を給わなければならない。同じ弁に□しておいた。貞行宿禰は喪に遭った。「恒則に命じて室礼を行なわせるとのことを、昨日、関白が仰せ下された」ということだ。黄昏、永昭僧都が来た。立ったまま、退去した。「法隆寺司の□□□による。逢うことはできなかった」ということだ。

諸神に奉幣し、および解除したことは、通常のとおりであった。御魂を拝した。

子剋の頃、追儺を行なった。東対および東廊の□□□が終わった。有富に絹二疋を下給した。作絵した者に手作□□、丹調に一端。

万寿二年（一〇二五）

藤原実資六十九歳（正二位、右大臣・右大将） 後一条天皇十八歳 藤原道長六十歳 藤原頼通三十四歳 藤原彰子三十八歳 藤原威子二十七歳

○正月

一日。（『踏歌節会次第』による） **小朝拝／元日節会**

中納言（藤原）兼隆は、小朝拝に参列したとはいっても、節会の座に伺候しなかった。加階された後、未だ着陣していない。そこで早く退出した。ところが外記は見参簿に入れた。私が思慮して、これを除いた。

一日。（『白馬節会抄』による） **雨儀の作法**

雨儀であった。私は座を起った。兀子の南西の一、二歩に当たり、謝座して参上した。

三日。（『三条西家重書古文書』一・舎弟大納言取続松送関白退出事による） **皇太后宮拝礼**

淵酔の饗宴が行なわれた。次いで連れだって皇太后宮（藤原妍子）に参った。また酒事が有った。（藤原）行成卿は、早く退出した。両大納言〈（藤原）頼宗と（藤原）能信。〉以下が続松を執って、関白（藤原頼通）の退出を送った。

三日。（『古今著聞集』十八・飲食二十八による） **太皇太后宮拝礼**

関白以下は大后（藤原彰子）に参られて、盃酌を行なった。人々が酔った後、連れだって皇太后宮に参られたところ、また酒を勧められた。関白から始めて、皆、酔って歌舞に及んだ。殿下（頼通）が退出される際に、春宮大夫頼宗と大納言能信が、続松を執って送り奉られた。中納言（源）道方は、御車の簾を掲げられた。

七日。（『白馬奏』傍府奏無署時事による）　**白馬節会**

私は軒廊に立って、奏を取った。「朝臣」の二字を加えて返給した。次いで左奏を進上した。開いて見たところ、馬寮御監（藤原教通）の署が無かった。返給して、事情を問わせた。左馬助（源）章任が云ったことには、「事情を知りません。ただ供奉させました」ということだ。そこで左奏を召し取って、右奏を加えた。参上して、内侍に託した。

七日。（『白馬奏次第』による）

左大将（教通）が参らなかった。右大将〈実資。〉が、あらかじめこれを奏上した。左奏は御監の署が無かった。先ず子細を左馬助に尋ねた〈奏を取った。あの年は、このようであった。〉。遂にこれを奏上した。

○二月

一日、甲寅。　**新任者慶賀／藤原保昌、左馬寮破損により兼官を奪われる**

右兵衛督（藤原経通）が来て、語った。次いで慶賀の人々が来た。逢わなかった。ただ山城守（橘）内位と(藤原)保昌は、慶賀を申さなかった。皆、これは家人である。万人は山城を申請しなかった。ただ申請しなかったのか。保昌は左馬頭である。丹後に任じられた時、失態はなかった。ところが今般、兼任しなかった。もしかしたら、この恨みが有るのか。外国の吏の時は、やはり兼任する。どうしてましてや、畿内はなおさらである。一昨日、和州に任じられた際、関白(藤原頼通)がおっしゃって云ったことには、「松尾行幸の日、行幸路の次いでに、後一条天皇は左馬寮を叡覧した。破壊は特に甚しかった。勤めが無い者である。そこで兼任させてはならない」ということだ。おっしゃられたところは、最も道理である。

(藤原)資頼は刑部少輔に任じられた。そこで拝礼を行なった。内裏および禅室(藤原道長)・関白に参った。

二日、乙卯。　大原野祭／清原為成に衣服を下賜／除目下名／道長、大中納言を新任しないことを語る／道長、藤原定頼の懈怠を非難

大原野祭が行なわれた。そこで奉幣を行なった。宰相(藤原資平)が来た。同じく奉った。桑糸二疋と綿二屯を、雅楽頭(清原)為成真人の許に遣わした。去年から、或いは病み、或いは患い、或いは窮乏していて、今となっても出仕していない。「衣裳がありません」と云うことだ。そこで下給したものである。大外記(清原)頼隆が云ったことには、「今日、除目の下名を下給することになっています」ということだ。日没の頃、宰相と少納言(藤原資高)が内裏に参った。「除目の召名によって、太政官庁に着さなければなりません」ということだ。

(菅野)敦頼朝臣が云ったことには、「源中納言(道方)が密かに語って云ったことには、『除目の翌朝に、子(源経長)の慶事によって、禅閤(道長)に奉謁した。大中納言について問い申した。おっしゃられて云ったことには、「大納言は三人と定まっている。ところが二人を加えられて、すでに五人である。今、中納言は五人である。一人はすでに欠いているが、その欠は補なわれてはならない。また、只極めて便宜のない例である。加えられてはならない」ということであった』と。また、云ったことには、『左大弁(藤原定頼)は、外記政始および度々の政務に、未だ参っていない。勤めの無い者である』と。返す返す、怪しまれていました」ということだ。

三日、丙辰。　北廊に盗人／修法結願／源俊賢、源実基の春日祭使奉仕に難色

早朝、(三善)為時が申して云ったことには、「北廊の戸内の北壁が、切り破られました」ということだ。(中原)師重を介して、納物を点検させた。「盗まれた物は、手作布三十端です」ということだ。「前日、切り開いて(川瀬)師光の物を盗んだのと同処です」ということだ。今日、修法が結願した。阿闍梨興昭に大掛を施した。宰相が云ったことには、「昨日、源中納言が召名所に着しました〈太政官庁。先ず議所。二省に下給した。これは通例の事である。〉」と。民部卿(源俊賢)が、右近将監(高)扶宣を遣わして、書状に云ったことには、「右少将(源)実基が春日祭使を奉仕するよう、関白の仰せが有った。新任の右少将(藤原)行経が奉仕すべきである。ところがこの仰せが有ったのは、何としよう。除目の後、祭日は七箇日である。右京大夫（藤原師経）は、右少将に任じられた後、七箇日で奉仕した」ということだ。答えて云ったことには、「関白が定められたのである。今となっては、故障を申されてはならない。また、あの決定を破ることを申してはならない」と。宰相が云ったことには、「初め、内々に準備していました。ところが、新たに行経が右少将に任じられた後に、準備を止めました。『もし、やはり出立せよとの決定が有れば、代官を申請することとする』と云うことでした」ということだ。

四日、丁巳。　本命供／春日祭使、代官を申請／群盗、所々に入る／千古・生母、河臨祓

本命供を行なった。両宰相（経通・資平）が来た。一緒に禅林寺大僧正（深覚）の御許に参った。民部卿が大舎人頭（源）守隆を遣わして、書状に云ったことには、「春日祭使右少将実基は、病悩が有って、社頭に参ることができない。そこで左衛門佐（藤原）親国を代官に申請する」ということだ。右近将監扶宣を介して、頭中将（源）顕基に云い遣わした。奏聞を経て、宣下せよとのことである。黄昏、扶宣が申して云ったことには、「頭中将に尋ね会うことはできませんでした」ということだ。明朝、訪ねるよう、命じておいた。宰相が禅林寺から帰って来て、雑事を談じた。「昨夜、群盗が所々に入りました」と云うことだ。「二条大路の南辺り、室町小路の東辺りの宅。また右近少将（藤原）良頼の母（藤原景斉女）の宅」と云うことだ。

春日祭の日、読経と念誦を行なった。加えて読ませただけである。

小女（藤原千古）、および母は、河臨の祓を行なった。陰陽師（中原）恒盛が、これを行なった。両人は河頭に向かった。恒盛に大掛を下給した。

五日、戊午。　諷誦・読経／祈年穀使・仁王会定の上卿

今日から始めて二十箇日、東寺に於いて諷誦を修す。計都や熒惑の星厄を攘う為である。二曜の御為に、盛算阿闍梨を招請して、日数を限らず、金剛般若経を転読し奉らせる〈一曜に一巻。合わせて二巻。〉。形像は阿闍梨の房に安置する。そこであの房に於いて、転読し奉らせる。

頭中将は、内裏に於いて、密々に少将の代官について、大外記頼隆に伝えた。頼隆が来て、申した。すぐに仰せ下しておいた〈左衛門佐親国を代官とすることとなった。〉。そこで外記を介して伝えるよう、昨日、示し遣わしたものである。蔵人（源）資通朝臣が、仰せを伝えて云ったことには、「早く祈年穀および仁王会について、定め申すように」ということだ。承ったということを申させた。ただ、先ず祈年穀使を定め申し、その後、仁王会について定め申すこととする。大極殿に百高座を立てるべきであろうか。もしかしたら諸堂や門を装飾すべきであろうか。定め申す時に臨んで処分を経るよう、また伝え漏らせた。大外記頼隆は、この頃、伺候していた。前に召し、祈年穀使を奉仕することのできる諸大夫を問うた。大略は十日の頃に参入して、定め申すことになるということを伝えた。

六日、己未。　春日祭使発遣

大納言（藤原）能信卿が、春日祭に参った。

奉幣は通例のとおりであった。御幣は（藤原）永信朝臣に託した。摺袴を民部卿の許に送った。代官が出立する所を知らなかった。そこで送ったものである。右近衛府から、舞人と陪従が出立した。「饗と装束を送り遣わした」と云うことだ。「代官親国は、能信卿の供となった」と云うことだ。社頭に於いて、使節を勤めることになっているのではないか。宰相が云ったことには、「大学頭（大江）通直が云ったことには、『今日、能信卿の供として、文章博士二人がおります。（慶滋）為政は、宿直装束を着しています。（大江）挙周は、直衣と半靴を着しています。はなはだ軽々です』と云うことでした」と。

八日、辛酉。　調庸未進・麁悪の制格を勘進

左中弁（源）経頼が、度々の米の麁悪の官符を持って来た。私が命じて云ったことには、「大宰府の調庸の絹と綿の未進および麁悪の制格を注進するように。あの格に、綱領は決杖八十との文が有る。また、蔵司の勾当・監・典および使は見任を解却するという文が有る。あの格の文を勘進した後に、奏聞させるように」と。

九日、壬戌。　藤原行成、踏歌節会の藤原斉信の失錯を扇に記す。斉信、これを怨む／藤原能通を弔問

或いは云ったことには、「去月十六日、節会の日、三位中将（源）師房を差し措いて、大納言（藤原）斉信卿が警蹕を称した事を、権大納言（藤原）行成卿は、その失錯を扇に記して、臥内に置いた。ところが、子の右少将行経は、この扇を取って、内裏に参った。（源）隆国は、自らの扇と替えて、これを見てみると、斉卿（斉信）の失礼について記してあった。披露するに及んだ。斉信卿の怨恨は、極まり無かった」と云うことだ。行成卿が云ったことには、「暦に記す為に、先ず扇に記した。あの日の事を忘れない為である。ところが行経が、これを取って、内裏に参った。後にこのことを聞いた。極めて便宜のない事である」と云うことだ。元々、宜しくない仲である。もしかしたら知らない顔を作って、多聞に及ばせたのであろうか。斉信卿が述べたところは、もっとも当然である。ただし、失錯については、弁解するところは無いのではないか。

（藤原）経孝を介して、前備後守（藤原）能通を弔問した。能通の女は、去月、逝去した。左中将（藤原）兼綱の妻である。

十日、癸亥。　祈年穀奉幣使定／祈年穀使発遣の上卿を辞す

（但波）忠明宿禰を召し遣わした。雨を冒して、すぐに来た。手作布十端を下給した。従者の雨衣に充てるよう伝えた。

雨の隙を伺うと、まだ降りしきっていた。そこで雨の中を参入した。宰相が従った。私は南座に着した。外記に命じて、祈年穀使の定文を進上させた。また、硯を参議の座に置いた。資平に祈年穀使の定文を書かせた。書き終わって、これを進上した。左中弁経頼を召して、日時勘文について命じた。すぐに進上した〈十四日と十九日。〉。定文と日時勘文を筥に入れた。左中弁に命じて、先ず内覧を経て、奏聞させた。但し、十四日は釈奠である。十九日に出立されるべきであろうか。そもそも、左方の膝

は進退することができない。我慢して、大雨を凌いで参入した。いよいよ耐え難かった。使を発遣する日に、八省院に参入して行歩することは、穏かではないに違いない。他の上卿に命じられるべきである。また宣命の趣旨は、同じく承って行なう上卿に伝えられるべきである。このことを関白に伝えさせた。日没の頃、経頼が勅を伝えて云ったことには、「御覧が終わった。下給するように」と。次いで関白の御書状を伝えて云ったことには、「大雨の中、参入したことは承り申しました。十九日に使を出立される事は、他の上卿に行なわせることとする」ということだ。「大納言斉信か行成卿が行なうよう、定めて命じられる」ということだ。「斉信に命じて障りが有れば、行成に命じるように」ということだ。日時勘文を左中弁に下給した。束ね申した。十九日を伝えた。その後、外記に筥文と硯を撤去させた。内覧させていた頃、左大弁定頼が参入してきた。はなはだ懈怠である。内々に述べて云ったことには、「雨皮が焼亡していました。あれこれ急いで捜しているうちに、遅参しました」ということだ。私は申剋〈三剋。〉に参り、夜に臨んで退出した。この頃、雨脚は止んだ。陽明門の内、職曹司に至るまで、海のようであった。そこで南辺りに就いて参入した。

十一日、甲子。　源倫子、大宰相撲使を推挙／列見／敦儀親王室を見舞う／源懐信、実資家参入を忌避

右少将実基が来て、摺袴の悦びを云った。その次いでに、禅室の北方（源倫子）の書状を伝えて云ったことには、「右近番長（下毛野）光武は、そうあるべき者である。大宰相撲使に定めて遣わすように」ということだ。但し、書状があったということを伝えてはならない。先年、大宰使に遣わした。その間隔は、幾くもない。また光武は禅室に伺候して、朝夕の恪勤を行なっている者である。あの意向によって、定めて遣わすべきであろうか。大略、この趣旨を報答した。宰相に、禅門(道長)の意向を取らせなければならない。その後に決定するだけである。

宰相が来た。すぐに少納言資高と一緒に、列見に参った。新検非違使右衛門尉(平)時通が、慶賀を申した。

式部卿宮(敦儀親王)の室(藤原隆家女)は、去る七日から重く胸病を煩っている〈「父納言(隆家)は熊野に参っている」と云うことだ。〉。(石作)忠時を遣わして、これを見舞った。摂津守(源)懐信を、度々、召し遣わした。来るということを申したのに、或いは逐電して任国に向かい、或いはまた病悩を称した。今朝は近く、前帥(隆家)の家にいる。只今、参入することを申したが、来なかった。数年の家人である。はなはだ無礼である。未だその理由がわからない。

十二日、乙丑。　円融院御八講始

今日、円融寺御八講始が行なわれた。そこで参入した。宰相は車後に乗った。四位侍従(藤原)経任と少納言資高が従った。御室の饗饌は、通例のとおりであった。ところが、他の人がいなかったので、箸を下さず、早く鐘を打たせて堂に入った。前駆を堂童子とした。また行香は、前駆の五品を数に加えた。但し、皆、これは旧臣の子孫ばかりである。また、(藤原)兼成は、円融院判官代であった。この一人が旧臣であった。つまり僕（実資）の前駆であるだけである。

十三日、丙寅。　隆家室、敦儀親王室の為に修善を行なう／実資、料米を貸与／調庸麁悪制格

前帥の室（源兼資女）が、忠時宿禰に書状を伝えさせて云ったことには、「式部卿宮の内房（隆家女）は、去る七日から今日に至るまで、胸病を煩って、不覚です。そこで今日から修善を行なおうと思っているのですが、すでにその料がありません。密々に炊料の内の米二十石を借してください」ということだ。すぐに貸与しておいた。「前帥は熊野に参ってしまいました。この間、術計はありません」ということだ。前帥は、私（実資）の為に芳心が有る。彼の辺りの人たちが告げたところは、必ず聞き容れなければならない事である。

左中弁経頼が、調庸麁悪の格の官符、および估価の官符を持って来た。命じて云ったことには、「この格の官符を見ると、科責しなければならない。法の軽重は同じではない」と。定め下されるに随って官符に載せるべき事・これらの格の官符について内覧を経るべき事を、経頼に命じておいた。

十四日、丁卯。　亡父斉敏忌日／二条曹司に入った盗人の妻を逮捕／高田牧司・香椎宮司・大隅掾から進物

今日、諷誦を東北院に修した。阿闍梨盛算に斎食させた〈身代わり。〉。また、念賢が斎食し、法華経および般若心経を供養し奉った。念賢師に開白させた。袈裟を施した。関白は大外記頼隆を遣わして、大間書を送ることを乞われた。すぐにこれを奉った。

両宰相が清談した。夜に入って、各々、退出した。「昨年、二条曹司の釜と銅提が、窃盗の為に取られた。釜を置いた処を見付けだして、検非違使(藤原)顕輔に伝えた。すぐに女一人を捕えた。この女の夫の法師が持って来たもので、売却する為に、帯刀〈某。〉の宅に置いた。帯刀の男が、この女を捕えて連行した。顕輔が受け取り、持って獄所に参った。またまた勘問することになった」ということだ。「夫の法師は、近江国に罷り下った」ということだ。検非違使別当(経通)が清談の次いでに云ったことには、「勘問するよう、命じておきました」ということだ。(宗形)妙忠朝臣が、雑物〈綾四疋〔唐二疋と倭二疋。〕・上絹五十二疋〔八丈二疋と六丈五十疋。〕・縑二疋・鴨頭草の移二帖・屏幔六条・米五十石〔三十石は例進の年料の上分、二十石は先日の千僧供の船賃料。〕。草子や魚貝も数々有った。〉を進上してきた。香椎宮司 武行が唐綾一疋を進上してきた。大隅 掾 為頼が檳榔二百把を進上してきた。

十六日、己巳。　**諸国進米の麁悪についての罪科／道長、随身の大宰府相撲使を希望／道長から下給された馬を菅野敦頼に下賜**

左中弁経頼が関白の御書状を伝えて云ったことには、「悪米について、国司は違勅罪を科す。綱丁は決杖八十」ということだ。すぐに仰せ下した。私は禅閤の耳に入れたのか如何かを問うた。経頼が云ったことには、「決杖するという事は、未だ申していません。違勅の事については、前日に申しました」と。やはり事情を伝えて、もし返して謗難することが無かったならば、宣下するよう、同じく命じておいた。

宰相が云ったことには、「右近番長光武が大宰府相撲使を申請した事は、昨日、禅室に伝えました。おっしゃって云ったことには、『先年、事情を申した。また重ねて申請させるのは、憚るところが有る。もし定め遣わすことが有れば、悦びとするであろう』ということでした」と。

右頭中将顕基が宣旨一枚持って来た。すぐに大宰相撲使について命じた。馬一疋〈先日、禅室が志された馬。〉を、淡路守敦頼朝臣に与えた。着任はまだ先ではあっても、親昵の家人であるので、労飼させる為に、あらかじめ下給したのである。

十八日、辛未。　東宮殿上・蔵人／東宮妃藤原嬉子、懐妊／前美濃守、資平に上牛を貢上

（藤原）資房が云ったことには、「昨日、東宮昇殿を聴されました。また、人々が多く、聴されました。また、蔵人を補されました」と云うことだ。或いは云ったことには、「尚侍（藤原嬉子）が懐妊しました」と。

（藤原）頼任の巡方の帯を、皇太后宮史生（勝）良真を介して、返し遣わしてきた。つまり頼任の眼目を乞うただけである。

前美濃守頼任が、上牛を宰相に志してきた。憚るところが有ったので、下官（実資）に志さなかった。「宰相の許から伝え取るようにとの意向が有りました」と云うことだ。そこで他の牛を宰相に与えた。用いるよう、まずは伝えておいた。日次が宜しくない。二十一日に領知しなければならない。

十九日、壬申。　祈年穀奉幣使、出立

今日、祈年穀使が出立した〈大納言斉信卿が上卿を勤めた。〉。大外記頼隆が云ったことには、「使者たちは、間に合わせました。但し、大和使二人は、何とか勤めました」ということだ。「もう四人は、或いは障りを申し、或いは隠遁しました」と云うことだ。

二十日、癸酉。　頼通から下給された馬を伯耆守に下賜／道長、修二月会／経通女子、誕生

宰相が云ったことには、「賀茂使の役を勤める為、参入します」と。馬一疋を伯耆守(藤原)範永に下給した〈この馬は駿蹄である。関白が正月二日に志したものである。〉。下向は遠いとはいっても、先ずやはり下給したものである。宰相が云ったことには、「今日、禅室は法性寺に於いて、修二月の善事を行なわれました」と。また、云ったことには、「右兵衛督経通は、女子を産ませました」と。

二十一日、甲戌。　山井南町に火事／元命、宇佐宮に下向／隆家、熊野より帰京／能通宅、三度目の放火

午剋の頃、山井南町の小人の宅が、少々、焼亡した。随身の右近府生(高)扶武を遣わして、故(藤原)永頼三位の妻、および能通を見舞った〈三位の妻は、中西に住んでいる。能通の宅は、これに近い。〉。宰相が来て云ったことには、「『焼亡した宅は、院(小一条院)の南町である』と云うことでした。そこで参入します」と。法橋元命が云ったことには、「今日、鎮西に罷り下ります。宇佐宮の雑事が有ります。事情を告げる為、来たものです」と。前帥が伝え送って云ったことには、「去る夕方、熊野から帰京しました」ということだ。宰相が云ったことには、「院に参りました。上達部三、四人が参会しました。いささか酒食を給わりました。大宰帥親王（敦平親王）が、同じく預かり参りました」と。宰相が云ったことには、「院がおっしゃられて云ったことには、『能通の宅は、三箇度、放火されている。遂に火事が有ったのか。近く西隣にいて、懼れるところは、もっとも多い』ということでした。人々が云ったことには、『能通は内府（藤原教通）の家司として、行なった悪事は、雲のようである。愁いを抱いた者が行なったものか』と云うことでした」と。不善の事は、終始、宜しくないばかりである。

二十三日、丙子。　仁王会定・官奏の日程

明後日、仁王会について定め申さなければならない。また、二十七日、官奏の上卿を勤めなければならない。左中弁経頼を介して、事情を関白に伝えた。右大史（大宅）恒則が参って来た。まずは奏上しなければならない事を伝えた。あの日、先ず文書を申上させなければならない事を、同じく伝えた。但し、関白の御報に随って決定するということを伝えなければならないのである。権大納言行成卿が、宰相に伝えて、外記（源）成任の名簿を送ってきた。左中弁が関白の書状を伝えて云ったことには、「明後日の仁王会定と、二十七日の官奏については、これを承った。仁王会は早く行なわれなければならない事である。春季仁王会は、諸堂と諸門に於いて行なわれなければならない」ということだ。例文および日時勘文の事・行事の弁と史の事を命じた。弁が云ったことには、「弁と史の巡は、事情を問うて、詳細を申すことにします。弁は左少弁（源）為善が、巡に当たっているでしょうか」ということだ。左大弁が参入するよう、同じく命じたのである。弁が云ったことには、「悪米の科責につい

て、昨日、禅閤に申しました。おっしゃって云ったことには、『国司は違勅罪に処し、綱丁は決杖八十が、もっとも宜しいであろう』ということでした」と。官符を作成させる事を仰せ下した。

黄昏、史恒則が参って来た。仁王会定と官奏について命じた。

二十四日、丁丑。

早朝、史恒則が申させて云ったことには、「明日の仁王会定と二十七日の官奏について、左大弁が参入するよう、申させました」ということだ。「文書などを揃えて伺候させるように」ということだ。

二十五日、戊寅。　**仁王会定／仁王会阿闍梨三人、公請を辞す／公事未済で出家した国司の処分**

諷誦を祇園社に修した。尋空律師が来た。浄土寺の阿闍梨について定めた。

内裏に参った。宰相は車後に乗った。これより先に、左大弁定頼が内裏に参っていた。私は陣座に着した。左中弁経頼を呼んで、仁王会の文書、および日時勘文を召した。云ったことには、「文書は揃えていたのですが、陰陽寮が未だ参りません。重ねて召し遣わしておきました」ということだ。私は南座に着した。大弁が座に着した。史が文書と硯を進上して、大弁の座に据えた。大弁は、私が指示したので、これを書いた。綱所が勘申した、死去・隠居・他行の者の文書を、覧筥に納めた。晩方、僧名を書き終わった。検校の上卿と宰相〈権中納言(藤原)長家と参議定頼。〉、行事の弁と史〈左中弁経頼と右大史行高・右少史(小野)奉政。〉を書かせた。左中弁を召して、陰陽寮の勘文について問うた。申して云ったことには、「これを進上します」ということだ。奉るよう命じた。すぐに伝えて進上した〈勘申は、来月八日、庚寅。時は午二剋。結願は申二剋。〉。僧名・検校の定文と日時勘文を、一筥に加えた。内覧を経て奏上するよう、経頼に命じた。禅門と関白が、この頃、内裏に参った。秉燭の後、下給した。命じて云ったことには、「阿闍梨梵昭・蓮代・朝秀が、公請を辞してきた。他の人を改めて補すように。更に奏上することはない」ということだ。僧名・日時勘文・検校の定文・行事の定文を、経頼に下給した。一々、束ね申した〈行事の定文は奏上しなかった。検校の定文を加えて下給するのが通例である。〉。私が命じて云ったことには、「梵昭たち三人の替わりを、急に定めて補すことはできない。夜に入っているからである。然るべき僧を選んで、事情を申すように。随ってただ、定文を改めて入れさせるように」と。経頼が云ったことには、「書き出した僧は、処分を行なわなければなりません」と。史を召して、文書と硯を撤去させた。左頭中将（藤原）公成が勅を伝えて云ったことには、「今年、得替する国司である、上総介（藤原）為章・若狭守（藤原）遠理・淡路守（源）信成は、自分に官物を入れ、公事を弁済せずに出家した。ついに弁済することはなかった。財物で弁進させるように。もしもその弁済を行なわなければ、子孫に弁済させるように」ということだ。左中弁経頼に伝えておいた。

今日、未二剋に参入した。秉燭の頃、退出した。関白が、大外記頼隆を遣わして大間書を返された。

二十六日、己卯。　**仁王会阿闍梨・読師・講師・呪願、改補／公事未済で出家した国司の処分について頼通と意見交換**

左中弁が来て、梵昭・蓮代・朝秀の替わりの法師について申した。皆、これは阿闍梨である。今朝、先ず関白に申した。その命によって、伝え示したものである。早く改めるよう命じた。また、堪えられない者を省いて改められる事、堪えない者を読師とし、元の読師の才智の者を講師や呪願師に移した。旧い定文を改めてはならないので、元の定文を改めなかった。ところが今、新たな定によって、講師と呪願師を替えた。また、僧綱を改めた事が有った。今回の定を模範としなければならない。定文を磨り改めるよう命じた。昨日、仰せ下された三人の出家の吏の宣旨について、またまた承って定めるよう、今朝、左中弁に示し遣わした。中弁が云ったことには、「関白に申したところ、伝えられて云ったことには、『子孫に弁済させるという事は、この事は如何なものか。内々に右府(実資)に伝えるように』ということでした」と。私が答えて云ったことには、「昨日、財物で弁済させるようにとの宣旨が有りました。『もし、その弁済を行なわなければ、子孫に済進させるように』ということでした。ただ仰せ下されたことに随わなければなりません。ただ子孫に弁済し申させる事は、もっともそうあるべきです。出家は責めて命じる方策がありません。宅および所領の処や財物が有る場合には、弁済し申させるべきです。所領が無い者が財物を隠し置くことについては、何としましょう。責めが子孫に及ぶのならば、済進の気持が起こるのではないでしょうか。自分の懐に入れて犯用するのは、その罪は軽くありません。また、国に留める事は、暗に知り難いものです。新司の申請に随って、定め仰せられるべきでしょう。このような事は、確かに承って宣下すべきです」と。禅門に伝え、その命を待つよう、同じく指示しておいた。弁が云ったことには、「汝(実資)の伝えたところは、最も道理です。関白のおっしゃられたところを、初めは正理と思っていました。今、この案が有りました。拘わられるところが無いのならば、いよいよ弁済するところは無いのではないでしょうか。また、関白の意向は、禅門の定によるべきであるとのようです」ということだ。近日、事が甚だ難しい、甚だ難しい。愚頑の質の者(実資)は、いよいよ迷わなければならない。

二十七日、庚辰。　当季尊星王供・聖天供／智照に泥塔造立供養を行なわせる／陣申文／官奏／頼通、仁王会僧改補・出家した国司の処分について指示

当季尊星王供を行なった。当季聖天供を行なった。

泥塔は、今日から智照が供養を行なう。長年、師の妙仁が造立して供養してきた。ところが、その身は逝去した。そこでその忌を過ぎて、弟子の智照に造立して供養させる。晦日毎に供養し奉る。史奉政が、仁王会の僧名を進上した。

諷誦を東寺に修した。内裏に参った。宰相が同じく参った。左大弁は未だ参っていなかった。右大弁(藤原)重尹は、殿上間に伺候していた。呼び遣わして、申文と奏などについて命じた。左大弁が参っているかどうかを問うたところ、右大弁が云ったことには、「参入するということを承っています」と。私は南座に着した。この頃、左大弁定頼が参入した。呼んで着させ、申文と奏について伝えた。座を起った。しばらくして、座に着した。申して云ったことには、「申文」と。私は揖礼した。称唯して、史の方を見遣った。右大史基信が書杖を捧げ、小庭に控えていた。私は目くばせした。称唯し、走って来て、膝突《ひざつき》に着し、これを奉った。私は取って見た〈越後《えちご》・伊予《いよ》の匙文《さじぶみ》、外記〈藤原〉則正《のりまさ》の馬料の文書。〉。推し巻いて、板敷《いたじき》の端に置いた。基信はこれを給わって、一々、束ね申した。匙文を命じて云ったことには、「申し給え」と。馬料の文書は、ただ目くばせした。基信は文書を杖に加えて走り出た。次いで大弁が座を起った。しばらくして、大弁が座に着した。申して云ったことには、「奏」と。私は目くばせした。大弁は史の方を見た。右少史行高が奏杖《そうじょう》を捧げ、小庭に跪《ひざまず》いて控えていた。私は目くばせした。称唯して膝突に着し、これを奉った。結緒《ゆいお》を解き、一々、これを見た〈越後・出《いず》雲《も》・伊予の匙文。〉。元のとおりに片結びにし、板敷の端に置いた。基信がこれを給わり、文書一枚を開き、申して云ったことには、「文書三枚を揃えるように」と。巻き結んで、走り出た。左中弁経頼を召して、内覧と奏について命じた。時剋が推移して、帰って来た。関白の書状を伝えて云ったことには、「すぐにこれを奏上させ、揃っていることを見られた」と。経頼が云ったことには、「関白が云ったことには、『仁王会僧二口《く》〈某々。〉は、某を改めて補さなければならない』ということでした」と。改めて入れるよう、命じておいた。また、云ったことには、「出家の吏および後家《ごけ》が、共に弁済するよう、宣旨を給うのが、もっとも宜しいのではないか。指名しないとはいっても、子孫は後家の中にいる。妻が財貨を領し、子孫に知らせない者がいる。そこで後家と称す。妻子が共に弁済する中にあるべきである。これは禅門の決定である」ということだ。また、云ったことには、「宣旨が下った後に出家した者の事である。現在の三人を優遇するようなものである」ということだ。あれこれ、決定に随わなければならないだけである。

長い時間が経って、経頼が、喚していることを伝えてきた。参入した。射場に於いて、奏を執った。殿上間も、その儀は通常のとおりであった。退下して、書杖と文書を返給し、座に復した。大弁が座に着した。行高が奏文を返し奉った。先ず表紙を給わった。次いで一々、文書を給わった。文書を開いて、見せた。命じて云ったことには、「申したままに」ということだ。称唯して、給わった。文書一枚を開いた。申して云ったことには、「成文三枚」と。次いで元のように推し巻いて、伺候した。次いで結緒を取って、これを給わった。文書を杖に副えて、走り出た。今日、参入したのは、大納言能信、参議某（資平）・定頼。私は未二剋に参入し、酉一剋に退出した。

二十八日、辛巳。　頼通、皇太后宮にて遊宴を催す

宰相が云ったことには、「今日、関白は皇太后宮（藤原妍子）に於いて、小弓と蹴鞠の遊興を行なうことになりました。急に饗饌の準備が有ります。忌日ですので、参ることができません」ということだ。

「宮（妍子）が急に、懸物について準備させました」と云うことだ。

右少史行高が奏報を進上した。

二十九日、壬午。　夢想により諷誦／頼通男通房、五十日の儀／法華経釈経

今日から十箇日を限り、諷誦を東寺に修する。夢想による。宰相が云ったことには、「今日、関白の児（藤原通房）の五十日の儀が行なわれます。上達部が会合します。そこで参入します」ということだ。

頭中将顕基が来て、府生奏および相撲使について云った。法師品を釈させ奉った〈慶範。〉。

○三月

一日、癸未。　河臨解除／藤原通房五十日の儀の様子／嘉祥寺講師の欠を補す

早朝、河頭に出て〈宰相（藤原資平）は車後に乗った。〉、解除を行なった。宰相が云ったことには、「昨夜、関白（藤原頼通）の児（藤原通房）の五十日の餅は、太后（藤原彰子）が食べさせられました」と云うことだ〈戊剋。〉。「大納言（藤原）斉信・（藤原）行成・（藤原）頼宗の他、内大臣（藤原教通）及び諸卿が会合しました。民部卿（源俊賢）が伺候しました。内府（教通）と戸部（俊賢）は直衣を着し、その他は皆、宿直装束でした。私（資平）と（源）朝任は束帯でした。関白が咎められました」ということだ。「格別な興はありませんでした。盃巡は三度でした。後に馬を内府に志されました」ということだ。宣旨一枚を左中弁（源）経頼に下した。嘉祥寺の解文を同じ弁に託して、奏聞させた。「あの寺の講師観悟の死欠の替わりは、□□を補されたい」ということだ。もし裁許が有れば、検校の上卿に伝えられることを命じておいた。定文に改めて入れなければならないのである。

二日、甲申。　上野国・北陸道に疫病発生

大外記（清原）頼隆が云ったことには、「上野および北陸道に、疫病が発生しました。死亡した者が多いのです」と云うことだ。

三日、乙酉。　河臨祓／関白第射儀

申剋、一条大路末に出て、河臨の祓を行なった〈主計頭（安倍）吉平。大掛を下給した。〉。「上達部が関白の邸第に於いて射儀を行なった」と云うことだ。

四日、丙戌。　河内守、罷申を予告

河内守（慶滋）為政が、少納言（藤原）資高を介して伝え申させて云ったことには、「八日に赴任することにします。今日と明日を過ぎて、罷申を行なうことにします」ということだ。前日に馬の興が有った。駄馬とはいっても、志し与えることとするということを伝えさせておいた。「感悦の様子が有りました」と云うことだ。

五日、丁亥。　夢想紛紜／宇治良明、法華八講を修す

夢想が静かではなかった。諷誦を広隆寺・清水寺・祇園社に修した。「（宇治）良明宿禰が、八日にあの堂に於いて八講を修す」ということだ。信濃布百段を下給させた。

六日、戊子。　河内守罷申／直物の期日／桓武天皇国忌を忘失

「河内守為政は、明後日、赴任することになった」ということだ。馬を与えた。前日、申請させたからである。数年の家人であるので、告げてきたところは背き難い。若狭守（川瀬）師光にまた、馬を下給した。今月二十六日に赴任することになっている。ところが、その念願によって、あらかじめ下給したものである。夜に入って、宰相が来て云ったことには、「関白が云ったことには、『もし事の次いでが有れば、直物は何日頃か、事情を問うて告げ伝えるように』ということでした」と。十三・十五・十七日、この二、三日は、暦面に特に忌みは無い。明日、申すこととする。後日、年中行事を見ると、十七日は国忌であった。はなはだ愚頑であった。

七日、己丑。

直物は三箇日の間で、決定に従うということを、今日、宰相を介して申させておいた。河内守に昨日、馬を与えた。ところが、「道虚日であるので、今日、未だ取っていない」と云うことだ。

八日、庚寅。　**臨時仁王会を千古に拝させる／孔雀経転読／千古の母、等身薬師如来像を造顕／千古の為の調伏法／当季聖天供／頼通、病悩／頼通、直物の期日を指示**

小女(藤原千古)に八省院仁王会を拝させた。古時は必ず拝し奉っていた。

今日から七箇日、東寺に於いて寺別当長算を招請して、孔雀経を転読させ奉る。計都・熒惑星の厄を攘う為である。

小女の母が、等身の薬師如来像を造顕させ奉った。四十九歳の厄を恐れる為である〈仏師槾空・小仏師永朝。大仏師(槾空)に絹と浄衣、小仏師に手作布一端を下給した。〉。新たに等身の大威徳尊像を図絵し奉り、今日から七箇日、阿闍梨興昭を招請して、小女の為に調伏法を行なわせる。伴僧は四口。呪詛・悪念・邪気の為である。また、近日、時々頭痛がして、病悩の様子が有る。また慶真師を招請して、今日から七箇日を限り、孔雀経を転読し奉る。また、当季聖天供を行なった〈三箇日。阿闍梨延政。〉。宰相が云ったことには、「昨日、（源）頼清朝臣を介して、直物の日時について関白に申させました。おっしゃられて云ったことには、『十三・十五両日は早いであろう。十七日は宜しい頃である。但し、定めて、こちらから申すことにする』ということでした。風病が発動して、逢われませんでした」ということだ。今日、仁王会が行なわれた。両日、参入するのは、進退が堪え難い。特に、内（後一条天皇）および官の行香の勤めを行なう。両役は何としよう。そこで参入することはできない。障るということを、宰相に託して、蔵人頭に伝えさせた。

念誦所に於いて、運好・忠高師を招請して、仁王経を講じさせ奉った。今日の仁王会に善根を加える為に、講演したものである。信力を致す為である〈小供と布施を与えた。〉。十七日の国忌を思い誤って、直物の三箇日の内に申した。そこでこのことを関白に申すよう、宰相に伝えた。夜に臨んで、宰相が来て云ったことには、「関白は内裏に参られませんでした。そこで里第に参って、直物の日について申させました。おっしゃって云ったことには、『風病が重く発り、逢わない。直物は十三日で何事が有るであろう。その日に奉って行なうように』ということでした。内々に云ったことには、『十一日が宜しい日である。ところがあの日は、尚侍（藤原嬉子）が退出する。その準備が無いわけではない。十五日は禅室（藤原道長）の通例の念仏、十七日は国忌である』と云うことでした」と。

九日、辛卯。　林懐、上表／任符使の禄

扶公僧都が来て、談って云ったことには、「今朝、永昭僧都が云ったことには、『林懐大僧都が、僧都および興福寺別当を辞す状を、昨日、持って来ました。ところが未だ上奏していません』と。その理由は、必ず辞すのであれば、辞状を奏上させるでしょう。もしも今の地位にあるようでしたら、奏上するわけにはいきません」ということだ。

上総介（県犬養）為政宿禰が、任符使の禄を申請してきた。疋絹を下給させた。

十日、壬辰。　下野守の申請による宣旨／相撲使定

右頭中将（源）顕基が、宣旨を持って来た〈下野守（藤原）善政が申請した十箇条の文。〉。また、云ったことには、「今日、相撲使を定めては如何でしょう」ということだ。早く定めること、また随身近衛（葛井）秋堪を山陽道使に定めて遣わすことを答えておいた。

夜に入って、右近府生（長谷部）兼行が、相撲の定文を持って来た。深夜に臨んでいたので、細かく見ることができなかった。そこで返給しなかった。頭中将（顕基）が一人で定めた。

十一日、癸巳。　藤原嬉子、懐妊により一条院別納に退出

相撲の定文を下給した。

公卿給・二合・停任の三通を大外記頼隆に下給した。左中弁経頼が、絹布・米の麁悪の官符、諸国の吏が公事を弁済せずに出家したことについての宣旨を持って来た。入れなければならない事が有った。そこでそのことを伝えて返給した。

「今夜、尚侍は一条院別納に退出した。上達部や東宮（敦良親王）の殿上人に饗饌と禄が有った」と云うことだ。懐妊して退出された。その事を賞嘆されたので、禄が有ったのか。

十二日、甲午。　**祇園仁王経供養／大地震／頼通邸季読経始／公卿昇任についての風説／菅原為職宅、焼亡**

祇園社で仁王経を供養した。これは歳事である。七口の僧〈興昭・念賢・慶真・皇基・慶範・運好・忠高。〉を屈請して、般若心経百巻と仁王経十部を供養し奉った。またこれは恒例の修善である。請僧たちに、講中の間、小飯を供した。

午の終剋の頃、大地震があった。上下の者は驚懼した。「近来、未だ知らない」と云うことだ。

夜に入って、宰相が来て云ったことには、「関白の御書状に云ったことには、『風病は未だ癒えない。夜間、試してみて、やはり今のようであったら、明日の直物に参ることはできない。明朝、事情を申すに随って、処理するように』ということでした」と。宰相が云ったことには、「大略は定まらないのではないでしょうか。今日、関白の季読経始が行なわれました。源中納言（道方）が関白の邸第に於いて、語って云ったことには、『内府が云ったことには、「右兵衛督（藤原経通）や左大弁（藤原定頼）を中納言に任じることはないであろう。三位中将（源）師房を任じることになるであろう。宰相は、一人、任じられるであろう。大納言は任じられないであろう」ということであった』と。また、云ったことには、『源宰相（朝任）の説では、昨夕、太相府（藤原公季）が参られて、禅閤（道長）に拝謁した。右衛門督(藤原)実成や左頭中将(藤原)公成の昇進の事か』と」と。後に聞いたことには、「禅閤は別納に向かった。尚侍が渡御されることによる。この間、便宜が無かった。そこで太相(公季)は急に思い留まった。今夕、参られることになった」と云うことだ。

暁方、大炊頭(菅原)為職の宅が焼亡した〈「東洞院大路の東、土御門大路の北頭」と云うことだ。〉。宰相が云ったことには、「枇杷殿〈皇太后宮(藤原妍子)。〉の近々でしたので、馳せ参りました」と。

十三日、乙未。　直物、延引／諸国申請雑事の宣旨／府生奏について指示／皇后藤原娍子、病悩により藤原通任家に移御

早朝、大外記頼隆を召して、今日の直物の事情を関白に取った。もし参入されるとはいっても、私が大雨を冒し、参って行なうのは、便宜が無いであろう。また、堪え難いであろう。そこで先ず、彼が参るかどうかを聞き、参られないのならば、更にあれこれを申すことはない。参られるという仰せが有れば、私はこの何日か、風病が時々、発動し、今日はいよいよ発って、参入することができないということを漏らし伝えることとしたのである。すぐに帰って来て、その御報を伝えて云ったことには、「延行されても、何事が有るであろう」ということだ。左衛門権佐(藤原)定輔が云ったことには、「事情を伝えられたところは、極めて優でした」ということだ。頼隆は、大略は下官(実資)の障る身体を漏らしただけである。定輔は、その様子によって伝え談ったものか。関白が参入されるのは、今日は億劫であろうか。その意向を得て、下官は雨を冒す勤めを行なうわけにはいかない。右頭中将が、宣旨四枚〈国々が申請した解文である。〉を持って来た。その次いでに、府生について問うた。云ったことには、「関白に申しましたところ、おっしゃって云ったことには、『あれこれ、右府（実資）の心のままにするように』ということでした。（藤井）尚貞と（日下部）為行の他には、所望する輩はいません」と。事情を将たちに告げて、奏状を作成するよう、伝えておいた。但し、吉日を撰んで、奏の日に入れるのである。

宰相が云ったことには、「今夕、皇后宮（藤原娍子）が、大蔵卿（藤原）通任の陽明門家に渡御されます。悩まれているので、本宮を去られました」と云うことだ。「私（資平）は行啓に供奉します」ということだ。

十四日、丙申。　**公季、孫公成の昇進について道長に要請／林懐、病悩**

民部卿の書札に云ったことには、「先日、太相府は禅室に参られて、孫の左頭中将公成の昇進について申し定めた。また、中将を兼任する事が難しいのならば公卿に任じられるわけにはいかないということを申された」と云うことだ。

檳榔子を林懐僧都に送った。旧年から食さず、五体が腫れ悩んでいる。寸白の治療を加えた。檳榔子を求めることができないということを、一昨日、永真師が来て告げた。そこでこれを送り遣わした。

十五日、丁酉。　**府生請奏／源俊賢、公季に策を授け、公季、道長を説得／宰相が中将を兼ねるのは藤原師輔の子孫のみ**

左中弁経頼が、爵直の起請宣旨の草案を持って来た。一字を改めなければならないことを伝えて、返給したのである。その後、両殿（道長・頼通）に覧せるよう、伝えた。右近将曹（紀）正方が、府生の請奏を進上した（番長藤井尚貞は多重隆の替わり、番長日下部為行は、日下部清武を左近府生に任じた替わり。）。「朝臣」を加えて返給した。

公事を弁済せずに出家した諸国の吏の財物を没官するという宣旨は、改めなければならない事が有る。いささか短札に記して、左中弁の許に示し遣わした。申させて云ったことには、「参入して、これを承りたいと思います」と。宰相が云ったことには、「民部卿は先日、太相府に参って、頭中将公成の宰相について議定しました」と。「その後、太相府が禅閤に拝謁し、申されて云ったことには、『公成は兼任されますように。資平の子孫については、今生の今回だけ、申請すべきです。また、宰相が中将を兼任するのは、ただ九条殿（藤原師輔）の一家だけの事です。俊賢と（源）経房は、源氏と云うとはいっても、皆、これは九条殿の御女の所生です』と。禅閤は心にしっかりと留めたのです」ということだ。密々に（藤原）頼任が談ったところである。民部卿の謀略は、もっとも高い。左中将公成の昇進の替わりに、右中将顕基を遷任し、左少将（源）隆国を中将に任じることになった。顕基と隆国は、戸部の子である。そもそも、源延光は中将を兼任していた。九条相府（師輔）の種胤ではないのは、如何であるか。九条相府以前に宰相中将であった者は数多くいた。謀略の舌を用いて、規範とするのは、何たることか。

十六日、戊戌。　資平、兼官の望み無きを嘆く

宰相が来た。しばらくして、内裏に参った。晩方、重ねて来て云ったことには、「関白の邸第に参って謁談した次いでに、兼官について申しました。恩気が有ったとはいっても、まったく益は無いことでしょう」と。また、云ったことには、「『先日、太相府は禅閤に拝謁し、懇切に公成の所望について申された。子細・委細が有る』と云うことでした。禅閤は許容したのでしょうか」ということだ。宰相が云ったことには、「ついでに妨害が有りました。どのような術を施したのでしょうか」ということだ。私は、去年の十月に禅閤に謁談し、兼官について申請した。すでに口約束が有った。重ねて申請するわけにはいかなかった。事に臨んで、変改した。運が至らなかったのか。嘆息してはならない。この趣旨を伝えた。

十七日、己亥。　夢想紛紜／花山院女王殺害犯を逮捕／伯耆の不与解由状を改める／教通家童闘鶏

夢想が紛紜した。そこで金鼓を打たせて、諷誦を五箇寺〈広隆寺・東寺・清水寺・祇園社・北野社。〉に修した。検非違使別当〈経通〉の書状に云ったことには、「女王を殺害した者を捕えて遣わしました。検非違使の官人たちは、その勤めが有りました」ということだ。禄を下給すべきであろう。絹四疋を送った。有るに随って、先ず二疋を遣わした。

「昨日、右衛門尉〈平〉時通が、女王を殺した盗人を捕えた。盗人が指し申したのに従って、追捕を行なった。同類は逃れ脱した」と云うことだ。伯耆の不与状を大外記頼隆真人に仰せ付けた。〈巨勢〉

文任朝臣が受け取って、持って来た。不動穀の条に、頗る疑いが有った。そこで不動穀の条について、私の指示に随って改め直した。内府は童の闘鶏を覧た。新中納言〈（藤原）長家。〉・左大弁〈定頼。〉・三位中将〈師房。〉・源宰相〈朝任。〉が会合した。殿上人たちも到った。「また、勝負楽が行なわれた」と云うことだ。府生の請奏に署して、正方が持って来た。頭中将に託すよう命じて、返給した。

十八日、庚子。　出雲国司申請の宣旨／頼通邸書亭始作文会／藤原城子、重態／源倫子の念仏、延引

公事を弁済していない国司の出家の起請宣旨の状を、改め直させた。蔵人（源）資通朝臣が、宣旨一枚〈出雲国司が条々を申請した文書だけである。〉を持って来た。

昨日は国忌の日であった。ところが、内府に於いて音楽を挙げたのは、如何なものか。また、「関白の書亭に儒士を会させて、作文を行なった」ということだ。「あの書亭始は、何事が有るであろう」と云うことだ。また、如何なものか、如何なものか。大外記頼隆が云ったことには、「皇后宮は不覚に悩まれている」と云うことだ〈後に聞いたことには、「邪霊の為に取り入れられた。時剋が移って、蘇生された」と云うことだ。〉。夜に入って、宰相が来て云ったことには、「今日、禅閤の室家（源倫子）の念仏が行なわれました。ところが、行事の（藤原）惟貞が、堪えられないということを申しました。晦日に饗宴について勤仕した者です。そこで延引となりました」と。また、云ったことには、「『二十七日に、九体阿弥陀仏を新造の西堂に移し奉ろうと思う』と云うことでした。ところが、重日であったので、移し奉られてはならないということを、禅閤がおっしゃられました。人々が云ったことには、『その二十七日には、直物が行なわれるのであろうか』と。民部卿の説も同じでした。参議を任じられるようです。但し、大中納言については定まっていません」と云うことだ。近代の事は、変改を通例とする。信じ難い、信じ難い。

十九日、辛丑。　府生奏／出雲・石見相撲使を土佐使に改替／土佐使を粮使に改替

正方が申して云ったことには、「府生奏は、頭中将が児の病に関わっていたので、蔵人（平）以康を介して奏聞させました。すぐに宣旨が下りました」ということだ。

出雲・石見相撲使の近衛惟宗為武の申文は、宰相中将（藤原兼経）が宰相に伝えて、送ってきた。「土佐に遣わす使に改められました」ということだ。為武は、賭射三度で五を射た。誠に褒賞しなければならない。正方を介して、頭中将の許に仰せ遣わした。その返報の趣旨を云い遣わすべきである。或いは云ったことには、「宰相中将の口哨は苦しい」と云うことだ。頭中将が報じて云ったことには、「定め仰せたことに随って、改め遣わすことにします」ということだ。改替するよう、伝えておいた。「土佐使の近衛錦　正吉は、粮使の勤めを致す者である」と云うことだ。「右近将監（高）扶宣の従者の舎人である」と云うことだ。「労って熟国の粮使として遣わす」と云うことだ。勤公の者と称してはならないのではないか。難国の粮使を抽出して遣わすべきものである。

二十日、壬寅。　藤原彰子、仏経供養／千古の母、不動息災法

諷誦を賀茂下神宮寺に修した。未剋の頃、太皇太后宮（彰子）に参った〈宰相は車後に乗った。〉。今日、上東門宮(土御門院)に於いて、八講のような御読経を修された。寝殿に於いて、この法会が行なわれた。御仏を舁き据えて、行香の机を立てた頃、禅閤や関白以下が行事を行なった。禅閤は、源宰相を介して、御仏を拝み奉るよう伝えられた。そこで参り進んだ。雑事を談られた。金・銀・瑠璃で御堂を荘厳された。その内に、白檀の阿弥陀仏・観音・勢至菩薩仏を安置した。銀で作った飯や餅を供した。前机・経机・礼盤・燈台、その飾りは異例であった。多く金や銀を用いていた。法華経一部・開結経・双観無量寿経二巻・般若心経一巻〈この経の紙は、故一条院の御書に、香を染めて書写した。法華経は大納言行成が書いた。双観無量寿経は左大弁頼定が書いた。また、別に法華経十部は、通例の紙に書き、請僧の前机に置いた。〉。請僧は、証誠三人〈僧正院源、権僧正慶命、権大僧都心誉。〉、講師十人〈少僧都懐寿・実誓・明尊・定基・永昭、法橋教円、桓舜・摂源・真範。〉。皆、法服が有った〈「僧綱は綾」と云うことだ。〉。螺鈿の衣筥に納めた。念珠を加え、また螺鈿の筥に納め、物を枝に付した〈僧綱は銀枝か。〉。御室礼が終わって、上達部は饗の座に着した〈西対の南廂。殿上人の座は同じ対の南広廂。皆、机を用いた。〉。しばらくして、鐘を打った。関白以下は、堂前の座に着した。次いで僧侶が参上した。堂童子は、殿上人の五位を用いた。説経や論義は恒例のとおりであった〈二講の御願文は、文章博士為政が作成し、権大納言(行成)が書いた。〉。子剋の頃、法会が終わった。参入した人々は、左大臣〈関白。〉、内大臣、大納言斉信・頼宗・(藤原)能信、中納言(藤原)兼隆・道方・(藤原)公信、参議経通・資平・定頼、右三位中将師房、参議朝任。権大納言行成卿は、御経や願文の書写の役を務めていて、参入しなかったのか。後に聞いたことには、

「息子（藤原）行経に煩う所が有った」と云うことだ。「中納言実成は、孫児が煩っていたので、参らなかった。参議通任は、皇后が重く悩まれていたので、参らなかった。参議兼経は、口哨して参らなかった」と云うことだ。

小女の母は、四十九歳の厄を慎しまなければならない。そこで一乗寺に於いて、阿闍梨延政を招請して、今日から不動息災法を行なわせる。伴僧は四口。晩方、一乗寺に向かった。男たちに送らせて、また宿直させた。

二十一日、癸卯。伯耆守、前任者資頼に白紙解由状を送る

諷誦を賀茂下御社神宮寺に修した。

太后宮（彰子）に参った。宰相は車後に乗った。四位侍従（藤原）経任が従った。饗饌は昨日と同じであった。禅閤がいらっしゃられるのを待って、講演を始めた〈申の初剋。〉。戌剋の頃、法会が終わった。参入した卿相は、左大臣、内大臣、大納言行成・頼宗・能信、中納言長家・兼隆・道方・公信・（藤原）朝経、参議経通、右三位中将師房、参議朝任。

（藤原）資頼が申し送って云ったことには、「新司（藤原）範永が、文任朝臣に託して、白紙の解由状を送ってきました」ということだ。白紙の解由状については、極めて無用の事である。不与状が決定した後、太政官の解由を出すべきである。新司が懇志を表わす為に、未だ着任しない前に、白紙の解由状を□したのか。与不が決定した後に、解由状を与えるよう、早く白紙の解由状を返さなければなら

ない。この趣旨を示し遣わしたのである。

二十二日、甲辰。　石清水臨時祭試楽、延引

伝え聞いたことには、「今日、臨時祭試楽が行なわれることになっていた。ところが、雨によって延引となった。明日、行なわれることになった」と云うことだ。

二十三日、乙巳。　新任府生、申慶／若狭守・出雲守・伯耆守、罷申／石清水臨時祭試楽／資頼が白紙解由状を返却しないことを容認／藤原信家、昇殿／資頼宅の近辺、火事／源顕基の子、夭亡

新任の右近府生尚貞と為行に、慶賀を申させた。

若狭守師光が、任地に下向するということを申してきた〈東門から入った。この他は皆、閉じただけである。〉。

出雲守（橘）孝親が、門外に於いて、赴任するということを申させた。日が未だ入らない頃、資頼が内裏から退出して云ったことには、「只今、試楽が終わりました」と。また、云ったことには、「解由は未だ返し遣わしていません。早く出して与えられた解由状を返し遣わすのは、如何なものでしょう」と。答えて云ったことには、「憚りが有って返し遣わすのは、ただ着すのに何事が有るであろう」と。私は返すよう命じていた。ところが、憚るところが有ったので、返し遣わしていなかった。但し、下官に知らせていないということを伝えてきた。返し遣わさなくても、また何事が有るであろう。また、云ったことには、「今日、内府の息童（藤原信家）が昇殿を聴されました。関白と内府が一緒に随身し、率いて参られました。酉の終剋の頃、南方に火が有りました。驚きながら、雑人を馳せ遣わしました。また、（中原）師重を遣わしました。私（資頼）の宅の近々だからです。師重が帰って来て云ったことには、『汝（資頼）の宅の北町の小宅でした』と」と。地摺袴を奉った。小舎人を督促して託した。但し、出納の男を副えた。

左少将（藤原）資房が、酉剋の頃、来て云ったことには、「試楽が終わりました。小舎人を随身すべきでしょうか、どうでしょうか」ということだ。「古時はそうではありません。近代は随身します」ということだ。近代の例によるよう命じた。伯耆守範永が、門外に於いて、明後日、赴任するということを申させた。また、与不は早いであろう事を言わせた。夜に入って、宰相が来て云ったことには、「内裏に参りました。試楽が終わって、太后宮に参りました。法会が終わって、退出しました。昨日の永昭僧都の釈経は、神であり、妙でした」ということだ。また、云ったことには、「直物の次いでが有れば、大納言などを任じられることになりました」ということだ。明日は参ることができないという事を伝えた。左頭中将に伝えさせる為である。「右頭中将の児が夭亡した」と云うことだ。「二十一日であった」と云うことだ。

二十四日、丙午。石清水臨時祭／越中守・越後守・阿波守・甲斐守、罷申／東国に疫病／皇后藤原娍子、危篤

今日、臨時祭が行なわれた。これに参入しなかった。障るということを、昨日の夕方、宰相に伝えておいた。越中守(橘)輔政が、明日、赴任することを申させた。簾の前に呼んで、柳色の綾の掛を被けた。本来ならば大掛を与えなければならない。ところが身は四品である。時々、来ていた。また、家人であるからである。夜に入って、越後守(藤原)隆佐が来て、赴任することを言った。大掛を与えた。阿波守(藤原)義忠が来て、赴任することを言った。逢わなかった。大掛を与えた。大臣家の通例の禄であるだけである。甲斐守(藤原)公業が云ったことには、「明日、任国に下向することにします。そのことを告げる為に来たものです」と。また、云ったことには、「『東国に疫病が発っている』と云うことです。『特に上野国では郡司七人が死去した。また、佐渡国では百余人が死亡した』と云うことです。甲斐は未だ普く病んでおりません。且つは祈願の為、且つは勧農の為、下向するものです」ということだ。夜に入って、宰相が来て云ったことには、「皇后宮の御病悩の詳細を大蔵卿に問うたところ、云ったことには、『生きておられることはできそうもない。その時を待たれているようなものである』ということでした。次いで内裏に参りました。臨時祭の舞が終わりました〈未三剋。〉。関白、内大臣、大納言頼宗・能信、中納言長家・兼隆・道方・公信・朝経、参議経通・定頼、右三位中将師房、参議朝任が参入しました。諸卿は見物しました。朝経だけは従いませんでした」と云うことだ。私は参らない事を関白に申しておいた。

二十五日、丁未。　下野守罷申／彰子仏経供養、結願／道長、発熱

諷誦を六角堂に修した。下野守善政が、今日、赴任することを申してきた。大掛を下給した。太后宮に参った。宰相は車後に乗った。今日、結願した。昨日は臨時祭であったので、釈経は行なわれず、ただ御読経が行なわれた。上達部が参ることができないからであろうか。今日は発願の日のとおりであった。饗饌もまた、同じであった。発願の日は、堂童子には殿上人の五位を用いた。今日は殿上人の四品を用いた。五位がいなかったからである。行香の後、賜禄の儀が有った。大納言以下が執った。ただ包絹は蔵人頭以下が取った。数に等差が有った。その後、禅閤に禄が有った。白い絹の掛と袴であった。禅閤は熱を発して、聴聞されなかった。参入した諸卿は、左大臣、内大臣、大納言斉信・行成・頼宗・能信、中納言長家・兼隆・道方・公信・朝経、参議経通・定頼、右三位中将師房、参議朝任。大破子三荷を一乗寺に遣わした〈この中の一荷は檜破子。破子は特に調備させたものである。もう二荷は大膳大夫(菅野)敦頼と明経博士(中原)貞清が弁備したのである。〉。

二十六日、戊申。　皇后藤原娍子、崩御／直物、延引／元興寺司定、延引／常陸相撲人殺害について宣旨を下す

「昨夜、小一条皇后(娍子)が崩御した」と云うことだ〈春秋、五十四歳。〉。

明日の直物について、大外記頼隆真人を介して、事情を関白の邸第に取った。すぐに帰って来て云ったことには、「直物は明日、行なうことはできません」ということだ。元興寺司の議定が行なわれるので、諸卿を督促させていた。参入することができないということを、頼隆に伝えておいた。左中弁経頼が、関白の書状を伝えて云ったことには、「左方の常陸の相撲人公侯有恒は、去年、殺害された。国司(平)維衡が言上して云ったことには、『相撲人公侯恒木の為に殺されました』と。恒木が参上し、申して云ったことには、『国司(維衡)の為に殺されました』と。あれこれしていて、真偽を決し難い。右近衛府に、申すところが有る。当任の国司(藤原)信通に、確かに真偽を調べて言上するよう、宣旨を下給しなければならない。宣旨は相撲使に託して遣わすこととした。本来ならば官符を下給しなければならない。ところが、相撲使は首途して、近江国に逗留している。そこで宣旨を作成させ、馳せ遣わすように」ということだ。すぐに同じ弁に仰せ下しておいた。

二十七日、己酉。　**賀茂祭の有無／所充申文、延引**

昨日、二度、民部卿が伝え送って云ったことには、「賀茂祭について、淳和の大后(正子内親王)が三月に崩御して、賀茂祭は停止となった。如何か」ということだ。私が答えて云ったことには、「祭を停止する事は、たとえ前例が有るとはいっても、急にあれこれを報じ難い。仰せ下されるのを待つだけである」と。この事は、考えている事が有るのである。祭を停止する定は、先例では恐れが有る。先公(藤原実頼)の御記の中に、この戒めが有るばかりである。淳和の后は、その信望は重かった。准じられることは難しいのではないか。史(小槻)貞行宿禰を召し遣わして、今日の所充の文は申させることができないということを命じておいた。皇后が崩御した事によって、直物は停止となった。そこで参って行なうことはできない。また大外記頼隆が参って来た。皇后の崩御による祭の有無の例について申した。また、云ったことには、「淳和の后の例は、叶いません」と。宰相が二度、来て語った。

小女の母が、一乗寺から帰った。修善の布施を師重に託して、遣わした。阿闍梨に五疋、伴僧に二疋。

右馬頭（藤原）兼房が来て云ったことには、「薬袋十二を貸していただこうと思います」と。また、云ったことには、「随身府生（高）扶武の具を給わろうと思います」と。両事を許容した。薬袋を取り出し、見させて、これを与えた。

二十八日、庚戌。　賀茂祭・旬平座の有無／平座は行なう

早朝、大外記頼隆が来て、祭を停止するかどうか、および朔日の平座について申した。先ず関白に伝え、その決定を聴くよう、命じておいた。しばらくして来て、関白の御書状を伝えたことには、「明後日、旬の平座は、もしかしたら行なうべきか、如何か」と。私が報じて云ったことには、「天暦三年九月二十九日、陽成院が崩御しました〈十月二日に葬送を行なった。〉。十月朔日の平座の儀は、通例のとおりでした。あの例に准じて、行なわれるのが宜しいでしょう」と。太上皇と皇后の儀は、異なる。ところが、太上天皇の尊号は、最も貴い。廃朝は皇后と同じである。但し、本服によって、有るべき日数は、親疎が有ると称さなければならない。そもそも、関白が定められたものを承らなければならない。これはただ、愚慮である。頼隆が来て云ったことには、「関白がおっしゃって云ったことには、『右府が定め申したところに随って、宜陽殿の平座を、申し行なうように』ということでした」と。また、頼隆が云ったことには、「今日、皇太后宮大夫〈道方。〉が、内裏に参りました。清談の次いでに

云ったことには、『朔日の平座の儀は、きっと行なわれなければならない。どうして停止することが有ろうか』ということでした」と。

二十九日、辛亥。　平恒、来向／法華経釈経

今日から始めて三十箇日、諷誦を清水寺に修す。息災の為である。大威儀師安奝が平恒聖を随身して、来向した。この聖は田原に住している。「汝(実資)の為に、毎月、泥塔百基を造立しています。明朝、寺に帰ることにします」ということだ。帰りの粮を施し与えた。慶範師を屈請して、見宝塔品を釈させ奉った。

○四月

三日。(『三条西家重書古文書』一・依皇后崩御神事可停止哉否事による)　**賀茂祭停不勘文**

大外記(清原)頼隆が、賀茂祭の停止、および准じることのできる例の勘文を持って来た。見終わって、返給した。勘申してはならない例が有った。そこでそのことを指示しておいた。すでに承諾した。関白(藤原頼通)に奉らなければならない勘文である。頼隆が云ったことには、「書き除いて、奉ることにします」ということだ。頼隆が関白の御書状を伝えて云ったことには、「□皇后の崩御によって神事を停止□の例は、淳和の太后(正子内親王)の元慶三年の例が、日記に見える。もしかしたらその例に准じて、停止すべきであろうか。ところが近代は、□間の四十九日の間に、臨時奉幣が行なわれる。

また、或いは薨奏以前は、恒例の神事を停止しない。但し、賀茂祭を留めるのならば、明日の広瀬・竜田祭は停止すべきであろうか。本宮の奏が無いので、未だわからない間□□□。四条太后（藤原遵子）が崩御した時の、丹生・貴布禰使の例を給うべきであろうか、如何か」ということだ、云々〈要点を取った〉。あの勘文に云ったことには、

「凶事が有った時に、諸祭を停止するか否かの例を勘申する。

停止した例

元慶三年三月二十三日、淳和の大后が崩御した。宮臣は秘して喪を発さず、翌日、遺命を奏上した。

同二十五日、葬送の後、今日から廃朝五日。

同四月中、諸祭は皆、停止とした。

天暦六年八月十五日、朱雀院が崩御した。同九月十一日、伊勢の例幣は延引となった〈『ひたすら停止ということは無かった。穢によって日を改め、延引した』ということだ。〉。

長保元年十二月一日、三条太后（昌子内親王）が崩御した。同五日、葬送が行なわれた。今日から廃朝五日。

同十一日、月次・神今食祭を停止とした。

寛仁元年六月一日、四条太后が崩御した。同五日、葬送が行なわれた。同十一日、月次・神

今食祭を停止とした。

停止せず、また臨時の神事の例

天暦三年九月二十九日、陽成院が崩御した。同十月三日、葬送が行なわれた。今日から廃朝五箇日。同十一月三日、□云ったことには、『春日祭使の右近衛府使は、陽成院の穢によって、改替した』ということだ。同九日、春日祭である〈崩御の後、三十日である〔元の定。〕。〉。寛仁元年六月一日、四条太后が崩御した。同五日、葬送が行なわれた。同七月五日、丹生・貴布禰使を出立させた〈崩御の後、三十五日。〉。同十一日、二十一社の臨時奉幣が有った。

薨奏以前の神事の例

弘仁十四年六月十日、夫人従三位多治比氏（真宗）が薨去した。桓武天皇の妃である。親王六人を生み、遂に寵を蒙って栄を抜き、夫人となった。同月十一日、月次・神今食祭は、通例のとおりであった〈天皇（淳和天皇）は祭場に臨幸した。〉。同十三日、薨奏が行なわれた。夫人の喪司を任命したことは、四位二人・五位五人・六位以下十一人。貞観十三年七月二十八日、勝子内親王が薨去し〈文徳天皇の第四内親王（濃子内親王）の姉である。〉。日の忌みが有ったので、久しく薨奏は行なわれなかった。ここに右大臣（藤原氏宗）が大外記善淵愛成に命じて云ったことには、『太政官は、忌みを避けて、奏上しない。そこで釈奠祭は、もっぱら有司に任せる。ところが神祇官は、御贖物を越奏している』ということだ。諸卿が申されて云ったことには、『「停止するか否かについては、その議定を行なうように」ということです。ところが、祭事については、停止してはなりません。宴飲は停止しなければなりません』ということだ。

右、文簿に記すところは、このとおりである。そこで勘申する。

万寿二年四月三日　大外記兼主税権助・助教・伊予権介清原真人頼隆」と。

二十二日。（『三条西家重書古文書』一・依皇后崩御神事可停止哉否事による）**賀茂祭**

昨日は雨であった。陽明門大路以北は大雨であった。特に賀茂御社は大雨であった。御禊祭の前日に雨が降ると、当日は天が晴れる。「后（藤原娍子）が崩御したとはいっても、やはり祭を行なわれる」と云うことだ。

○五月

十六日。（『三条西家重書古文書』一・関寺牛事による）**頼通、関寺に参詣し霊牛を見る**

関白（藤原頼通）は関寺に参られた。近日、上下の者が参詣している。その由緒を尋ねると、「あの寺の材木を引く牛は、大津に住む者の夢に、『この牛は迦葉仏である』と云うことだ」と。

二十三日。（『三条西家重書古文書』一・関寺牛事による）**実資、関寺に参詣し霊牛を見る**

関寺に参り、諷誦を修した。次いで牛の許に向かった。繋がれずに、閑かに立っていた。様子は柔弱であった。心底に祈念して、退帰した。

○六月

一日。（『三条西家重書古文書』一・関寺牛事による）　**霊牛、病悩**

関寺の牛は、その病がはなはだ重い。入滅の時期は近いのではないか。その在所から出て、漸く御堂の前に歩んで登った。御堂を廻ったことは二匝。道俗の者は涕泣した。その後、仏前に臥した。僧たちが念仏を行なった。また、更に牛を扶持して、また一匝し、元の所に帰った。誠に化身と申すべきである。「入滅は、もしかしたら今夜か」と云うことだ。

四日。（『三条西家重書古文書』一・関寺牛事による）　**霊牛、埋葬**

或いは云ったことには、「関寺の牛は、すぐに掘って埋めた。また、その像を画いて、堂中に懸けた。この牛を見ていない上達部は、大納言（藤原）行成・参議（藤原）広業〈病後、灸治している。〉・（源）朝任〈妻の産穢。〉」と。

○七月

一日、辛巳。　**当季十斎日大般若読経始／石塔造立供養**

当季十斎日大般若読経始〈尹覚・念賢。〉を行なった。石塔供養を行なった。

二日、壬午。　藤原頼宗、初めて外記政に従事／東宮還啓の馬を献上／千古、受戒／道長の法興院法華八講、結願／加階位記

扶公僧都が談話した。探題は不快であるとの意向が有った。もっとも当然のことである。土佐の相撲人二人が参って来た〈（中臣）為男と秋延。〉。「（八木）頼高たちも、同じく参上しました」ということだ。少納言（藤原）資高が云ったことには、「今日、大納言（藤原）頼宗が、初めて外記政を勤めた」と。

夜に入って、春宮大進（源）懐信朝臣が云ったことには、「明日の戌剋、行啓を行ないます。また、帯刀の分の馬を奉献してください」ということだ。

早朝、小女（藤原千古）が祇園社に参って、奉幣した〈通例の紙の幣。更に色紙の幣を加えた。〉。諷誦を修した〈手作布三段。導師の禄は疋絹。〉。禅林寺の禅覚仙の許に於いて、受戒させた。布施は桑糸五疋。

今日、法興院の八講が終わった。そこで参り向かった。宰相（藤原資平）は車後に乗った。禅室（藤原道長）は、斎食の後、客亭に出居を行なった。雑事を談られた。行香が終わって、拙宅に帰った。会合した卿相は、内府（藤原教通）、大納言（藤原）行成・（藤原）能信、中納言（藤原）実成・（藤原）公信、参議（藤原）経通・資平・（源）朝任。

（藤原）頼明〈北野社を造営した功。〉と（小槻）貞行〈行幸の行事の賞。〉の加階の位記について、少内記兼行に命じた。去月二十七日の位記として作成するよう命じた。

三日、癸未。　懐寿、薬の礼を謝す／東宮、内裏還御

懐寿僧都が来た。その病悩の際、薬を与えた悦びを謝した。昨日、来た。ところが法興院に参っていたので、空しく帰り退いた。悦びの詞は、もっとも多かった。「忘却していませんので、この悦びに報いる為に、懇切に小女の祈禱を行なうことにします。三宝を証としてください」と云うことだ。

諷誦を賀茂下御社神宮寺に修した。

今日、東宮(敦良親王)が還御される日である。そこで日が入って、未だ燭を秉らない頃に、参入した〈宰相は車に乗った。〉。殿上間に伺候した。饗饌が有った。内大臣(教通)以下は、同じく座に着した。「還御される時剋は、戌剋もしくは子剋」ということだ。春宮大夫頼宗卿が云ったことには、「子剋に還御されるのでしょうか」と。時剋を待っていると、苦熱の候、堪えられそうになかった。亥二剋、尚侍(藤原嬉子)の御在所〈東対。〉に渡御され、還御する際の御装束を着された。子一剋、御在所に還御された。上達部以下の供奉人に禄を下給された。太皇太后(藤原彰子)が下給したものである。この頃、漸く子二剋に及んでいるということを、(賀茂)守道朝臣が申させた。そこで御車を中門の西廊の西戸に寄せて、筵道を敷いた。守道は同じ廊に於いて、反閇を奉仕した。内大臣が云ったことには、「初めのように御車後に供奉してください」ということだ。供奉することはできないという詞を発した。ところが、再三、供奉するよう伝えてきた。そこで馬副を返し遣わして、御車に乗った。未だ御車を懸けずに、陣外に引き出した。西門に於いて、御車後に供奉した。行啓の路は、初めと同じであった。私は陽明門の外に於いて、御車から下りて、御車の前を行歩した。御車を建春門の外に留めて、下りられた。その儀は、初めと同じであった。東宮傅（実資）と宮司たちが前行したことは、通常のとおりであった。今日、参入したのは、内大臣、大納言行成・能信、中納言（藤原）長家・（源）道方・公信、参議経通・資平、右三位中将（源）師房。

「尚侍の御在所に渡御された際、御贈物が有った」と云うことだ。持って渡った際、ほのかに見たところは、二包が有った。内府に問うたところ、「模本と書です」と云うことだ。「大納言能信と中納言長家が執った。内府が問うた」ということだ。

五日、乙酉。　祈雨使発遣の議

「何日か、国々には頗る旱魃の愁いが有る」と云うことだ。「そこで来たる九日、請雨使を発遣されることになった」と云うことだ〈二社。〉。そこで左中弁（源）経頼を呼んで、大安寺の知識について伝えた。これは木工寮が申請した、土佐の大粮官符を止められる事である。土佐を免じて、越前の官符を請け取るよう、命じておいた。

六日、丙戌。　清涼寺施米／大般若経外題を行成に鑑定させる／弘法大師の手跡か

栖霞寺が申請した愛宕山（清涼寺）の施米について、大夫史貞行宿禰に命じておいた。

（平）維時が請い奉った大般若経を、今朝、右近将監（高階）為善を介して権大納言（行成）に見せた。伝え送って云ったことには、「弘法大師（空海）の手跡と称するのは、何とも申し難いです。但し、あの頃は、能書の人はいませんでした。やはりあの大師の外題と称すべきでしょうか。まったく凡筆ではありません。深く感嘆しました。謂うところの、脛無くして到るというのは、もしかしたらこのようなものでしょうか。尊重しなければなりません、随喜しなければなりません」ということだ。

七日、丁亥。　供家司の人事／『清慎公記』、公任に切り継がれ、脱漏あり

扶公僧都が云ったことには、「明朝、寺に帰ることにします」と。また、供家について談じた。その後、永昭僧都が来た。同じく供家について述べた。永昭が云ったことには、「探題の人が、供家の司に任じられます」ということだ。扶公僧都が云ったことには、「寺司が探題の宣旨を蒙り、また供家の司に任じられるのは、前例を調べて勘申されたところ、勧学院は未だ勘出していません。また、拠って勘申することのできる文書はありません」と云うことだ。「直接、禅室に申したところ、頗る許す意向が有りました」と。ところが、未だ決定していない。永昭が云ったことには、「禅室が云ったことには、『探題の人が供家の宣旨を蒙るのは、その道理は、もっとも当たっている。但し前例によらなければならない』ということでした。必ず事の問いが有るでしょう。故殿(藤原実頼)の御記に、きっと見えるところが有るでしょうか。もし顧問が有るのならば、事の道理を申されてください」ということだ。私が答えて云ったことには、「故殿の御日記は、四条大納言(藤原公任)が切り継いでいるうちに、多く脱漏している。必ずしもその事は無いのではないか」と。

八日、戊子。　伯耆不与状に署させる

伯耆の不与状を、大外記(清原)頼隆に持たせて、(藤原)能通朝臣の許に遣わした。新司(藤原)範永の署を、能通が書いた。姻戚の関係であったので、託したのか。巻封は、同じく一字を書いた。また、前司（藤原）資頼の一字を、とりあえず頼隆に書かせた。その後、資頼が来た。あらかじめ不与状の奥の差帳に署を書くよう、命じておいた。

九日、己丑。　祈雨使、発遣／小一条院女御藤原寛子、死去

今日、祈雨使を発遣された〈丹生・貴布禰社。〉。「中納言公信が上卿を勤めた」と云うことだ。院（小一条院）の御息所（藤原寛子）が死亡した〈「寅剋」と云うことだ。〉。禅門（道長）の高松（源明子）腹〈大娘。〉。衰日であったので、参らなかった。宰相は、「院や禅門に参ります」ということなので、身が忌日に当たって参らない事を、禅門の辺りに披露するよう伝えた。帰って来て云ったことには、「（藤原）為政朝臣に伝えました。すぐに洩らし申しました。おっしゃって云ったことには、『まったく訪れられるには及ばない。また謁見することはできない』ということでした」と。

十日、庚寅。　般若寺に安置していた大般若経を自邸に移す／般若寺僧に施与

大般若経二部を、般若寺に安置していた。今日、一部を請い奉った〈五十五帙。交染の紙。〉。長年、我が家に於いて転読し奉ってきた経が破損した。そこで請い奉ったものである。「徒らに蔵底の塵に委ねている。また、人の為に盗まれるであろう」と云うことだ。

般若寺の三昧僧が、飢饉であることを申させた。小米を与えた。また、常住の弘恵師に施した。大膳大夫（菅野）敦頼が云ったことには、「去月の晦日、遠江国は大雨でした。諸国は旱魃を愁いています」

と云うことだ。「特に和泉と淡路は、その愁いがもっとも重いものです」と云うことだ。備前守(源)経相が云ったことには、「四日、播磨国明石郡に留まりました。午剋から日没に至るまで、雨沢が快く降りました。これは夕立だったのでしょうか。国内に及ばなかったのですか」と。

十一日、辛卯。　**亡女忌日諷誦／藤原寛子、葬送／相撲節の停不の議／藤原能信の雑人、丹生使に濫行／天下の地は道長家領**

諷誦を天安寺に修した。「今夜、院の御息所を火葬した」と云うことだ。「宰相が、二度、来た」と云うことだ。相撲については、未だ決定がない。今朝、左頭中将(藤原公成)の許に問い遣わしたところ、報じて云ったことには、「昨日、停止するとの意向が有りました。ところが、未だ仰せ下されません」ということだ。大外記頼隆が云ったことには、「人々が申して云ったことには、『停止されるべきである』と云うことでした」と。

「去る九日、丹生使の蔵人検非違使(平)棟仲が、大納言能信卿の山城国の荘園の雑人によって、小舎人の頭を打ち破られた。濫行は極まり無かった。そこで検非違使の官人を差し遣わした」と云うことだ。天下の地は、すべて一家の領である。公領は立錐の地も無いのか。悲しまなければならない世である。

十二日、壬辰。　**相撲節、停止**

相撲の有無について、事情を内府に取った。(平)重義朝臣が、その書状を伝えて云ったことには、「去る夕方、停止するということを定められました。宜しい日に仰せ下されることになっています」ということだ。夜に入って、山陽道相撲使の随身近衛葛井秋堪が参って来た。

十三日、癸巳。　実資亡室婉子女王周忌法事／筑前守罷申／土佐守から貢物

諷誦を禅林寺に修した。故女御（婉子女王）の忌日である。筑前守（高階）成順が、明日、赴任するということを申してきた。厩の馬一疋を与えた。綱を執って、拝した。宰相が雑事を談った。維時に笏を下給した。申請させたからである。夜に入って、土佐守（小野）文義が、糸三十五絇・鴨頭草の移五帖・櫛二十五束を志してきた。「明朝、密々に国に向かいます」ということだ。

十四日、甲午。　信濃国に内裏築垣を命ず／山陽道相撲使、牛を貢進／盆供

大夫史貞行宿禰を召して、信濃国の築垣について命じた。相撲使随身秋堪が、牛一頭を貢進してきた。頗る小さいとはいっても、才が若いので、主税允（川瀬）師光に預けて、労飼させた。盆供を拝し、通例のように寺に頒ち送っておいた。維時朝臣が、加階の後、今日、初めて来た。

十五日、乙未。　法成寺念仏

両宰相（経通・資平）が来た。すぐに御堂（道長）の念仏に参った。月に乗じて、宰相が帰って来て云ったことには、「禅閤（道長）は簾の前に出ませんでした。また、饗饌はありませんでした。『院の御息所の事による』と云うことでした。関白（藤原頼通）・内府及び卿相が参会しました。内府は関白の児（藤原通房）を抱いて、客亭に出ました」と。

十六日、丙申。　藤原定頼・小一条院を弔問／高階重規に餞別／相撲停止宣旨／祈雨御読経について勅問

書状で左大弁(藤原定頼)の児が死んだ事を弔った。

辰剋の頃、禅室に参った〈宰相は車後に乗った。〉。定基僧都を介して、事情を伝えさせた。御返事は、事が多かった。詳しく記すことはできない。続いて院に参った。立ったまま、中宮権大夫〈能信卿。〉に逢った。中宮権大夫が云ったことには、「事情を申してください」ということだ。退出した後に見参を申されるよう伝え、退出した。

胡簶一腰を(高階)重規朝臣に下給した。また、高田牧の駒十疋を下賜するという下文について、(中原)師重に命じた。重規は筑前守成順の兄である。そこで筑州に下向する。

蔵人左少将(藤原)資房が云ったことには、「今日、相撲停止の宣旨を下されることになりました」ということだ。晩方、大外記頼隆が云ったことには、「中納言道方が、相撲停止について仰せ下しました。私(頼隆)がこれを承りました」ということだ。「その事によって、停止するということを伝えませんでした」と云うことだ。仰せ下す事は、外記と次将たちの間で、考えることが有るであろう。召仰の後、その時期に臨んで停止する時は、次将に伝える。参る時期の後、召仰以前は、未だその例を勘えることができない。やはり次将に伝えるべきであろうか。宜しく外記に伝えるべきであろうか。考えなければならない事である。参る時期以前は、官符を下給するだけである。

左中弁経頼が、勅命を伝えて云ったことには、「『何日も、雨沢が降らない。諸国は愁い苦しんでいる』と云うことだ。七大寺の僧たちが、東大寺大仏殿に於いて御読経を修する事、また竜穴社の御読経については、はなはだ堪え難い。これを如何しよう」と。弁が云ったことには、「関白が云ったことには、『里第に於いて勘申し申させるのが宜しいであろう』ということでした」と。日時を勘申させるよう、同じ弁に命じた。弁が云ったことには、「竜穴社の御読経は、前例を調べて行なうことにします」ということだ。今日はすでに暮れている。明朝、奏上させるべきである。明日は坎日である。勘文の日は、今日を記すよう、加えて命じた。本寺の供を用いるべきであろうか。同じく調べるよう、命じた。大安寺の知識の解文を見せた。この中に、神祇官の解文が有った。神祇官は仏事に預かることはできない。この解文は、宣旨が有るということを申している。下官〈実資〉が未だ承らない前の宣旨であろうか、如何か。弁が云ったことには、「最初の宣旨によって、加えて進上したのです」ということだ。命じて云ったことには、「前例を調べ、承って行なうように」と。また、諸司や諸衛府の解文を進上した。一度に奏聞を経なければならない。

十七日、丁酉。　東大寺御読経日時勘文・竜穴社御読経宣旨案を奏聞

早朝、左中弁が、陰陽寮が勘申した東大寺御読経の日時勘文〈二十一日辛丑、□剋。二十二日壬寅、□剋。〉、および室生寺の竜穴社御読経〈仁王経。〉の宣旨の草案を持って来た。すぐに奏聞させた。今日は坎日である。宣旨を下すには便宜が無いであろうとのことを、伝えておいた。

十八日、戊戌。　御読経について頼通の指示／軽犯者の原免を頼通に進言／但馬国修築の南面の大垣の規格／和泉国の田

左中弁経頼が関白の書状を伝えて云ったことには、「竜穴社御読経は、山階(興福寺)別当僧都扶公が勤修すべきである。通例によって、十口の僧を率いるように。前例では、仁王経を転読した。また、東大寺大仏殿の御読経は、或いは僧数を定め、或いは定めない。算段して行なうように」ということだ。先日、尚書(経頼)に伝えた天暦二年の例〈故殿の御記。〉では、寺々の僧の数は、同じではない〈専寺は首を挙げて参り、他の寺は、或いは百口、或いは五十口。〉。天暦の頃、寺々の住僧は定数が有った。近代は、そうではない。興福寺の他は、住僧は幾くもいない。専寺の僧は、首を挙げて参らなければならない。他寺の僧は、数を指定してはならない。住僧の多少によらなければならない。これらの事を、すぐに同じ弁に仰せ下した。但し旱魃の時は、軽犯の者を原免される。「近日、東西の獄には、囚徒が多い」と云うことだ。勘免されては如何であろう。もし便宜が有れば、漏らし伝えるよう、密々に命じておいた。「但馬国が修築した南面の大垣は、甚だ短い」と云うことだ。「また、上部の造りは、極めて異様である。上古の垣のようではない」と云うことだ。そこで行事の権左中弁(藤原)章信を呼んで、これを伝えた。大外記頼隆が云ったことには、「昨日、また大納言行成卿が、但馬の目代に命じて、あの家に罷り向かい、検分されたところです」ということだ。章信が云ったことには、「和泉国の作田は三千余町です。ところが、焼け遺ったものは、今、ただ八百町だけです」と云うことだ。

十九日、己亥。　夢想紛紜／伊予相撲人、参上

夢想が静かではなかったので、諷誦を東寺に修した。早朝、六波羅蜜寺の命増師を呼んで、明日から百寺で金鼓を打つよう、云い付けた。毎日、十寺である。少供料の麦と塩を施与した。また、小食させた。伊予の相撲人(他戸)秀高が参って来た。前に召して、これを見た。「(越智)富永たちも、追って参入しますということだ。

二十日、庚子。　山陰道相撲人、参上／湖江殿司を闘乱によって獄に下す

山陰道相撲使の右近府生(身人部)保重が、相撲人を随身して参って来た。すぐに召して見た。すでに宜しい白丁はいなかった。見目が尩弱である。

湖江殿司二人〈茨田為利と大神是信。〉を検非違使左衛門尉(藤原)顕輔に引き渡して、獄に下した。同殿司の慶範法師とこの為利たちとは、闘乱して互いに疵を被った。慶範はすでに法師である。そこで獄に下さず、我が家の政所に拘禁させた。共に将来を懲らしめる為である。

二十一日、辛丑。　祈雨御読経／相撲人殺害の解文・勘問日記／頼通、軽犯者赦免に同意／大般若経転読

今日、祈雨を行なった。東大寺大仏殿の御読経および室生寺の竜穴社御読経である。皆、仁王経である。子細は十八日の記に見える。

左中弁が、扶公僧都の室生の竜穴社御読経の辞書〈病による。〉と常陸国の解文および日記〈去年、公侯有恒を殺害した事は、去る三月に尋問した。実正を言上するよう、宣旨を国司(藤原)信通に下給しておいた。有恒の妻と(公侯)恒木を勘問した日記に云ったことには、「前司(平)維衡が殺したものです。恒木の為に殺されたということを申した文は、維衡が有恒の妻を無理に責め、取って進上した圧状です」ということだ。〉を持って来た。弁が云ったことには、「使が申して云ったことには、『扶公が出立した頃、前日、病んでいた瘡が更に発りました。そこで急に留まったものです。但し、十口の僧については、まずは差し遣わしておきました』ということでした」と。私が答えて云ったことには、「今日の御読経は、欠怠は無いのか。早く事情を奏上して、宣旨を律師経理の所に遣わすのが宜しいであろう。もし勅許が有れば、ただ早く宣旨を遣わすように。更に来て告げることはない」と。また、常陸の返解文と勘問日記は、見終わって、奏聞させた。この宣旨は、相撲使左府生(日下部)清武に託して、まずは遣わしたものである。「清武が参上して、伝えて進上した」ということだ。また、弁が云ったことには、「軽犯者を免される事は、先日、事の次いでに関白に申しました。答えて云ったことには、『そうあるべき事である』と」と。子剋の頃、右頭中将(源)顕基が来た。勅命を伝えて云ったことには、「明日から五十箇日、五口の僧を招請して、承香殿に於いて、大般若経を転読させるように。請僧の夾名を下給した〈権律師融碩、長保・桓舜・以円・円空。〉。供料は、太政官の厨家の物を用いるように」ということだ。もしかしたら御祈願は、物を召して行なうのか。発願の時剋を問うたところ、「承っていません」ということだ。

内々に云ったことには、「明日は吉日である。そこで先ず、命じられたものである。時刻については、明日、命じられるのであろうか」ということだ。夜、深夜に臨んでいたので、書状で左中弁経頼に仰せ遣わした。請僧の夾名を加え遣わして、宣下するよう命じた。但し発願の時剋は、明日、頭中将（顕基）に問うて、始め行なうよう、同じく示し遣わした。すぐに報書が有った。

二十二日、壬寅。　夏季尊星王供・聖天供／欠官所史生の過状／教通の二条第に四茎の蓮が生じる怪異／備中相撲人、参上／御読経僧、改替／大炊寮、焼亡

夏季尊星王供を行なった。また、同季聖天供を行なった。大外記頼隆真人が、欠官の所の史生たちの過状を持って来た。将来を戒めて免されるよう伝えて、返給しておいた。直物の日に、欠官を召して欠不を見させたところ、多く鉤点を懸けていた。尋ね問うたところ、「思い誤って、鉤点を懸けました」ということだ。そこでそのことを勘当し、過状を進上させた。

内府が造営している二条第に、昨日、四茎の蓮が生じた〈新しい築垣の堀の所。また云ったことには、「壁土を取った所は、水湿の様子は無かった」と云うことだ。〉。怪異とする。（安倍）吉平・守道・（中原）恒盛が占ったところ、皆、不吉であった。これは恒盛が申したところである。吉平と守道が占って云ったことには、「病事」と。恒盛の占いも、同じである。但し、加えて占ったことには、「火事」ということだ。「用と伝が、共に凶です」ということだ〈「怪異を見た時は、昨日の未剋」と云うことだ。〉。

備中の相撲人が参って来た。召して見た。

右少弁（藤原）家経が、図書寮の金泥大般若経の見損の勘文を持って来た。すぐに奏聞させた。夜に入って、左中弁が来て云ったことには、「今日、御読経僧長保が、辞書を進上しました。関白がおっしゃって云ったことには、『救命をその替わりに補すように』ということでした」と。長保の辞書を進上した。見ずに返給した。また、逢わなかった。苦熱の上に、夜に入っていたからである。子剋の頃、大炊寮の庁舎が焼亡した。随身（秦）吉正を厩の馬に騎せて馳せ遣わし、見させたものである。

二十三日、癸卯。　湖江殿司を出獄させる／最手、参上

湖江殿司は、獄所に拘禁させていた。ところが、父母が病を受けて辛苦しているとの申文を進上した。そこで顕輔に命じて候□させた。

最手の（真上）勝岡と（宇治）元高が、参って来た。召して見た。夜に臨んで、出納〈某。〉が申して云ったことには、「明日、御読経の結願が行なわれます。参入されますように。これは右頭中将が伝えた趣旨です」ということだ。

二十四日、甲辰。　大隅から進物／不断法華経御読経結願／太元御修法所、顚倒した舎倉の修築を申請

早朝、頭中将が、右近将曹（紀）正方を介して、国々の相撲人について申した。大隅に住む延嘉朝臣が、絹十疋〈八丈を五疋、六丈を五疋。〉を進上してきた。為頼が、十五疋と牛の鞦の色革二十枚〈このうち、小手革が八枚。〉を進上してきた。相撲人（秦）吉高に託して、進上したものである。今日、不断法華経御読経が結願した。未剋の頃、内裏に参った。両宰相が従った。権大納言が、陽明門に参会した。一緒に参入した。陣座に着さず、直ちに参上した。これより先、源藤両中納言（道方・朝経）が、殿上間に伺候していた。結願の時剋について、行事の弁経頼に問うた。云ったことには、「特に剋限はありません」と。事情を取るよう命じた。帰って来て云ったことには、「只今、御装束を着されています」ということだ〈直衣の御衣か。〉。しばらくして、鐘を打った。出居が座に着した。僧侶が参上した。当番僧が読経に伺候した。次いで私が御前の座に着した。次々の者が座に着した。資平は着さなかった。私が御前に伺候していたからである。行香に臨んで、座に着した。法会が終わって、行香が行なわれた〈左中弁経頼と右頭中将顕基が加わった。〉。次いで僧侶が退下した。次いで上達部、次いで出居。酉一剋、退出した。参入した上達部は、大納言行成、中納言道方・朝経、参議経通・資平。今日、右頭中将が殿上間に於いて、宣旨一枚を下した。すぐに左中弁に下した〈「太元帥御修法所が申請した、太元像および雑具を他所に移されること。この像と雑具を納めていた舎が、去る二十二日に顚倒した。先ず損色を記させて、造営する国を定め申すように」ということだ。損色使を遣わすよう命じた。また、築垣を命じられていない国で、勤造することのできる国を注進するよう、命じておいた。〉。

二十五日、乙巳。　大宰府・伊予相撲人、参上／花山院女王殺害犯人を拷訊／藤原嬉子御産料

早朝、大宰府の相撲人（葛井）重頼・（県）為永が参って来た。召して見なかった。その後、時剋を経て、伊予の相撲人富永・（越智）惟永・白丁二人が参って来た。前に召して、これを見た。今日、大宰相撲使(下毛野)光武が申させて云ったことには、「途中に於いて、本病が発動しました。参上することができません」と。

検非違使左衛門尉顕輔が云ったことには、「検非違使(平)時通が、花山院の女王を殺した法師隆範を捕えて進上しました。今日、拷訊しました。この事件について白状しました。左三位中将(藤原)道雅が殺させたものです」ということだ。勘問日記は、検非違使別当(経通)が関白の御許に持って参った。虚実は知り難い。どの様に処置されればよいのであろうか。やはりあの一家の余殃か。悲しまなければならない、悲しまなければならない。「今日、東宮は、尚侍の御産のための御帳および屏風や几帳を遣わされた」と云うことだ。

二十六日、丙午。　隆範の勘問日記／大宰府・備後相撲人、参上／藤原泰通、瘭疽を病む

早朝、検非違使別当右兵衛督(経通)が、昨日の勘問日記を送ってきた。大略は顕輔が談ったとおりであった。見終わって、すぐに返し遣わした。「昨日の夕方、両殿(道長・頼通)に持って参り、御覧を経ました。驚嘆されていました」ということだ。大宰と備後の相撲人たちが参入した。召して見なかった。随身所に於いて、熟瓜を下賜した。「何日か、播磨守(藤原)泰通が、左手の親指を腫らせている。治療を加え、また蛭喰を行なったが、未だ平癒していない」と云うことだ。今日、侍医(和気)相成が云ったことには、「昨日、罷り向かいました。何日も、(但波)忠明の灸治は、まったくその効験はありません。灸しなければならない所に灸していないのです。今、灸することにします」ということだ

〈「瘭疽」と云うことだ。〉。黄昏に臨んで、宰相が来て、語って云ったことには、「禅閤が尚侍の御産の日を占われました。勘申して云ったことには、『来月朔日』ということでした」と。

二十七日、丁未。　藤原経任、赤斑瘡を病む／赤斑瘡、京洛に遍満／諸国司、旱魃の愁いを道長に申さず／大炊寮焼亡により、大祓を行なう／大外記清原頼隆に牛を下給

四位侍従〈藤原〉経任が、赤斑瘡を煩っている。すでに二、三日を経ている。そのことを聞かなかった。宰相が他の事の使に伝えて、まずはこの事を告げた。そこで驚きながら、これを問い遣わした。「殿上の侍臣で年少の輩が、多く煩っている」と云うことだ。この疾病は、京洛に遍満している。誠にこれは、凶年と称さなければならない。国々の司は、尚侍の御産によって、参上している。旱損の愁いは心胸に満ちているとはいっても、旬雨が快く降って豊稔であるとのことを、禅閤の問いに備えている。天道を何と称せばよいのであろう。大外記頼隆真人が云ったことには、「先夜、大炊寮の庁舎が焼亡しました。既に供御所です。大祓を行なわなければならないでしょうか。先年、兵庫寮の戎具倉と左兵衛府の家舎が焼亡した時、皆、大祓を行ないました。このことを、関白に洩らし申させました。すぐに前例を勘申するよう、仰せが有りました。そこで勘申して進上しました。吉日を勘申させて、申し行なうこととします」ということだ。牛一頭〈先日、憲親朝臣が貢上してきた。〉を頼隆真人に下給した。公事を勤役する者である。

延覚師を呼び、東方の仏前に於いて、拾遺〈経任〉を加持させた。胸病が発る気配によって、今日からしばらく、我が家に住まわせることとした。

二十八日、戊申。　花山院女王殺害犯人、自首／飛騨国司、検交替使を申請／二条の北辺り、焼亡

右大弁（藤原）重尹が来た。関白の書状を伝えて云ったことには、「延珍は、興福寺司ではないのに探題の宣旨を蒙った。供家については、彼が行なうものか、それとも寺家司が行なうのか。前例を調べさせたが、勘出することができなかった。故太相府（実頼）の御記に、きっと見えるところが有るであろう。詳細を伝えるように」ということだ。報じて云ったことには、「この事は、先日、扶公と永昭が共に来て、申すことが有りました。あの時、文書を披見しましたところ、他事は有ったのですが、この事はありませんでした」と。雑事を談じて、退出した。検非違使別当の書状に云ったことには、「強盗の首領が来て、自首しました。つまりこれは、花山院の女王を殺した者です。拷訊すべきでしょうか、如何でしょう」と。私が報じて云ったことには、「降人を拷訊することは、未だ知らない事である」と。また、云ったことには、「免すべきでしょうか、もしくは明法道の官人に勘申させるべきでしょうか」と。私が報じて云ったことには、「まったく免してはならない。ただ拷訊してはならないのではないか。明法道の志に勘申させるのが、もっとも佳い事である。中でも死罪を犯した者は、検非違使庁は処置し難いのではないか」と。

蔵人（源）経任が、宣旨一枚〈飛騨国司が申請した交替使。〉を持って来た。

夜半の頃、南町の小人の宅が焼亡した〈二条大路の北辺りが、すべて焼亡した。冷泉院小路には及ばなかった。〉。火勢は猛烈であった。人々が多く来た。前帥(藤原隆家)が見舞いに来た。清談は暁方に及んだ。左衛門督(藤原兼隆)からは、子の右馬頭(藤原)兼房を介して、書状が有った。宰相が先ず来た。

二十九日、己酉。　近火見舞い／藤原嬉子、赤斑瘡を病む

春宮大夫〈頼宗。〉が左衛門尉顕輔を遣わして、夜分、火事が近かった事を見舞った。藤宰相(藤原)広業が来て、昨夜、来なかった事を謝した。また、云ったことには、「昨日から尚侍は、赤斑瘡の序病となりました。今日、瘡が出ました。そこで修法を止めて、加持を行ないました」と。(中原)義光朝臣が云ったことには、「尚侍は瘡が出ました。すぐに熱気は散じました。そこで今日、修法を止めて、加持を行なわれました」ということだ。陪従の女房が戯れて笑ったことは、極まり無かった。今、思慮すると、加持は早々であろうか。

○八月

一日、庚戌。　石塔造立供養／藤原嬉子、重病

石塔供養は、通常のとおりであった。尚侍(藤原嬉子)は、昨夜、重く悩んだということについて、寛穏が談ったところである。もしかしたら昨日の加持は、瑞応が無かった事であった。

二日、辛亥。　嬉子、平産の噂

戌剋の頃、宰相(藤原資平)が告げ送って云ったことには、「尚侍は平産しました。男女を聞いていません」と。

三日、壬子。　嬉子、重態／藤原威子、赤斑瘡を病む／嬉子、王子親仁を産む

「尚侍の御産については、大いに実事が無い」と云うことだ。民部卿（源俊賢）に問い遣わしたところ、民部卿は上東門院（土御門院）に伺候していた。つまりこれは、尚侍の住処である。報じて云ったことには、「夜分から御産の気配が有りました。ところが、未だ遂げられません。汝（実資）の書状が有ったということは、禅門（藤原道長）に伝えておきます」ということだ。宰相が来て云ったことには、「夜分、（中原）義光の許から告げ送ってきたものです。義光は、尚侍の許に伺候している者です」と。午剋の頃、大外記（清原）頼隆が云ったことには、「早朝、上東門院に参りました。禅閤（道長）・関白（藤原頼通）・内府（藤原教通）以下が会集し、只今、分散しました〈午剋の頃。〉。はなはだ寂然としています。気配は無いようです。関白と内府は、吉服を着していました〈妹（藤原寛子）の服喪。ところが御産であるからか。〉」と。義光朝臣が尚侍の御許から来て、云ったことには、「今日、二、三度、御産の気配が有りました。上下の者は準備しました。禅室（道長）は、馬と牛を奉献して神社で誦経を行なわせました。すでに難産のようです。人々は嘆息しました。禅閤の尊堂（源倫子）が涕泣したことは、雨のようでした」と云うことだ。義光朝臣を遣わして、（藤原）泰通を見舞った。「中宮（藤原威子）は、赤斑瘡を悩まれています」と云うことだ。

申の終剋の頃、左衛門尉（宮道）式光が馳せて来て、云ったことには、「尚侍は男児（王子親仁）を産みました。後産についてはまだ遂げられていません」と。これより先、書状で民部卿に問うた。報書に云ったことは、式光の言ったとおりであった。但し、後産については、難渋しているということを伝えてこなかった。ここに両事を遂げたことを知った。宰相が来た。親族の服喪によって、随身しなかった。日没の頃、産所〈上東門院の東対。〉に参り向かった。立ったまま、民部卿に相対し、禅閤に伝えた。満足しているとの報が有った。その後、退帰した。途中、続松を秉った。民部卿が云ったことには、「(安倍)吉平と(賀茂)守道が、御産の時剋を占った。吉平が占って云ったことには、『午剋』と。守道が云ったことには、『辰剋』と。女房が陰陽師(中原)恒盛を召し、占って勘申させたところ、云ったことには、『酉剋』ということであった。酉の初剋、産まれた。恒盛の占いは、二人に勝っている。そこで禄を下給した」と。或いは云ったことには、「東宮(敦良親王)は、春宮権亮(藤原)公成を介して、御釼を遣わされた」と。

四日、癸丑。　花山院皇子深観、灌頂／千古の赤斑瘡を祈禱／嬉子の御産について問う

早朝、七条袈裟二条を禅林寺大僧正(深覚)の御許に奉献した。「今日、御弟子〈花山院の御子(深観)。〉が、灌頂を受ける分」と云うことだ。

已講智真が来た。小女(藤原千古)の赤斑瘡について、春日御社に祈り申すよう、伝えておいた。法橋元命が来た。世間の穢を忌んでいるので、座に着さなかった。宰相を介して、詳細を伝えさせた。「昨日の尚侍の御産の時の事を、恒盛に問いました。申して云ったことには、『卯・辰剋、もしくは申・

酉剋、平安に遂げられました』と。また、男女を問われましたが、男であることを占い申しました。御祓に奉仕している間に、遂げられました」ということだ。「疋絹を下賜されました。昨日から吉平と守道が伺候しています。今日、恒盛が河臨の祓を奉仕しました。召しによって、参入しました」ということだ。「吉平の禄は三疋、守道は二疋」ということだ。

検非違使別当(藤原経通)が来て、検非違使庁について談った。多くはこれは、正光朝臣を大和国から召し上げた事であった。寛穏が来た。召して祈念を行なわせた。尚侍の産穢が触れて来た疑いによるものである。

五日、甲寅。　触穢による釈奠の処置／道長、嬉子を加持／嬉子、薨去

宰相が来た。大外記頼隆が云ったことには、「諸卿は、すべて穢に触れました。釈奠祭は如何しましょう」と。私が答えて云ったことには、「触穢の人が廟像を納め、着して行なった例は有るのか」と。頼隆が云ったことには、「軽服の人の例です」ということだ。故殿(藤原実頼)の御記を引見すると、天慶八年、触穢であった。また、着して行なった。「外記日記によって、行なわれたもの」と云うことだ。頼隆が云ったことには、「外記局日記を引見してみます」ということだ。すぐに退出した。黄昏、随身近衛(身人部)信武が、北野御会から来て云ったことには、「尚侍は不覚です。誦経を北野社で修されています。その使は、右兵衛尉資孝です」と。また、烏帽子を着していない下人が、絹四疋を懐いて走っていた。事情を問うたところ、申して云ったことには、「所々の御誦経使です」と。

その後、秉燭の頃、関白の権随身右近府生（身人部）保重が馳せて来て、云ったことには、「尚侍は不覚です。そこで手を分けて諷誦を修しています。諸僧は加持を行なっています。また、観世□を二、三度、行なわれていました。只今は聞こえません。非常でいらっしゃるのでしょうか」ということだ。この頃、宰相が来て云ったことには、「権大納言（藤原行成）の許から、この事を告げ送ってきました。大納言（行成）と私（資平）は、軽服の者です。ところが、門外に進んで、事実かどうかを申し聞かなければなりません。先ず大納言の許に向かい、同車して参ることにします」ということだ。退去した。その後、前帥（藤原隆家）の許から、この事を告げ送ってきた。事がもしも事実であれば、状況に随って、明日、見舞いに参らなければならない。最も哀嘆されなければならない事である。宰相が帰って来て云ったことには、「未剋の頃から、鬼籍に入ったようです。遂に入滅しました。諸僧は分散しました」と云うことだ。毎月、この事が有るのは、如何なものか。

「尚侍が赤斑瘡を煩っていた間に、産気が有った。加持を行なうべきか否かについて、疑いを持った」と云うことだ。「そこで占われることが有った。吉平が云ったことには、『宜しくない』と。後に聞いたことには、『吉平は、加持されるべきであることを申した』と云うことだ。守道が云ったことには、『吉である』と。禅閤は加持するという気持ちがあって、吉平を勘当された。ところが、諸僧は加持することができなかった。『邪気を怖れたからである』と云うことだ。禅閤が先ず加持を行ない、その後、諸僧が加持を行なって、邪気を調伏した。禅閤は詞を放った」と云うことだ。加持は不快の事である。ひとえに神明に祈って、平産を期すべきだったであろうか。数日、数壇の修法を行なった〈孔雀経と不動法」と云うことだ。〉。阿闍梨は、前大僧正済信・権僧正慶命・大僧都心誉・前大僧都文慶・権律師成典。

尚侍は上東門院に住んでいた。太后(藤原彰子)は寝殿にいらっしゃった。

六日、乙卯。　道長一家、悲泣／嬉子の遺骸を法興院に移す／釈奠の行事人

早朝、上東門院に参り向かった。立ったまま、源宰相朝任に相対した。退帰した。禅閤・北方(倫子)・関白・内府は、同処に於いて悲泣していた。書状を通じなかった。便宜が無いからである。或いは云ったことには、「今日、棺を造るのは、忌みが有る。そこで(大江)清通法師と(藤原)永道法師が、造って準備していた棺を召した。皆、奉るということを申した。そこで清通の棺を用いた」と云うことだ。世に云ったことには、「二棺を召すのは、忌みが有るであろう事である」と云うことだ。「この間、不吉の事が多かった」と云うことだ。それは人魂が幽かに去った。妖言は、「大事が有るであろう」ということだ。大外記頼隆が云ったことには、「天慶八年の釈奠日記を見ると、上達部の身は丙穢です。内裏が乙穢だからです。そこで触穢とはいっても、更に着した処は、穢れることはありません。この定が有りました。廟像を納めて、着して行なうべきでしょう」ということだ。日記を進上するよう、命じておいた。また、云ったことには、「釈奠を延引するかどうかについて、関白に申させることはできません。あの近習の人に告げます。只今、申すことはできません」ということだ。私が命じて云ったことには、「蔵人頭に告げて、彼から申し通すか」と。頼隆は承諾した。左頭中将公成の許に向かった。扶公僧都が立ち寄った。しばらく語った次いでに云ったことには、「故尚侍は、今日の夕方、法興院に移します」と。或いは云ったことには、「上東門院の南門から御出します。この門は、神璽や宝剱を迎え奉る門です。凶礼に用いるわけにはいきません。もしも吉方に当たるのならば、門の傍らの垣を壊すべきでしょうか。不吉と称さなければならない事でしょうか」と。夜分に臨んで、蔵人(源)経任が仰せを伝えて云ったことには、「釈奠祭は、中旬の丁の日を用いるように。軽服の人が着して行なった例が有るということを、頼隆が申させた。そこで権大納言行成・右兵衛督経通・皇太后宮権大夫資平が行なうよう、戒め仰すように」ということだ。まずは大外記頼隆に仰せ遣わしておいた。明朝、参って来て、子細を承るよう、仰せ遣わしておいた。「上達部は、すべて尚侍の穢に触れたからである」と云うことだ。

七日、丙辰。　**触穢による釈奠停止の例／道長・頼通以下、法興院で嬉子の遺骸に添う／嬉子の魂呼／真衣野・柏前牧御馬逗留解文／高田牧の年貢、および牧司の貢物**

釈奠は中旬の丁の日を用いるという事を、今朝、直接、大外記頼隆に伝えた。また、右衛門督(藤原実成)は、未だこの穢に触れていない。院(小一条院)の穢は、あの家に到った。その穢が終わった後、この穢に触れてはならないということを、外記を遣わして、伝え示さなければならない。また、軽服の権大納言・右兵衛督・皇太后宮権大夫が参るよう、同じく伝えさせた。皇太后宮権大夫は穢に触れたのではないか。只今、来て、このことを述べた。「天下はまた、穢れていない人はいません」と云うことだ。僧俗は皆、甲穢や乙穢となり、来て座に着した。ところが、あれこれを伝えなかった。一同であるからである。「左大弁(藤原定頼)は、未だ禅門に於いて座に着していない」と云うことだ。また、同じく釈奠に参るよう、伝え仰させた。宰相が云ったことには、「あの夜、権大納言と右兵衛督は、上東門院に参って、簀子敷にいました」ということだ。

釈奠祭が穢によって停止となった例を、頼隆に問うた。申して云ったことには、「延長や天慶に、その例は多くあります」と。某年々を申した。ところが、思い忘れて、記し付けなかった〈追って暦の紙背に記し付けた。〉。

宰相が来て云ったことには、「昨夜、尚侍を法興院に移しました。禅閤や関白以下が送りました。まだあの寺に留まっておられます」と云うことだ。恋慕に堪えないのか。ところが、忌諱を避けられるべきであろう。無官や白丁の者でも、歩行で兄弟の葬送に従うことは、古今、聞いたことがない。どうしてましてや、大臣はなおさらである。ひとえにただ、禅閤の御供に供奉されたのか。宰相は法興院に参った。日暮、帰って来て云ったことには、「女房の哭泣の声は、間隙がありませんでした。上達部が会合していました。禅閤の悲嘆は、極まりありませんでした。卿相が云ったことには、『関白は藁履を着して歩行した。往古から先例は無いのではないか。内大臣(教通)や兄弟の大中納言(藤原頼宗・藤原能信・藤原長家)が従った。この他は、中納言(藤原)兼隆・(藤原)朝経、参議(藤原)広業・朝任』

と云うことでした。山座主僧正院源が、藁履を着し、弟子を率いて従われました。万人は感心しませんでした」と云うことだ。志は、これを可とするであろうか。

「昨夜、風雨の頃、陰陽師恒盛と右衛門尉(三善)惟孝が、東対の上〈尚侍の住所。〉に昇って、魂呼を行ないました。近代では聞いたことのない事です。あの院は、太后の御座所です。もっとも忌諱が有るでしょう。頻りに不祥雲が有りました。また、尚侍を法興院に移した夕方も、同じくこの雲が有りました」と云うことだ。左少弁(源)為善が、左馬寮の申請した真衣野牧と柏前牧の御馬逗留の解文を持って来た。奏上するよう命じた。

高田牧が、年貢の絹五十疋と米七十石を貢進してきた。牧司(宗形)妙忠が、長絹五疋・綿布百両・白米十石・青瑠璃瓶二口・茶碗壺三口・贄を進上してきた。随身に衣服の絹十九疋を下給した〈府生に四疋、番長に三疋、近衛に各二疋。〉。

八日、丁巳。　本命供／道長、三宝を恨む／道長家、顕光・娍子・延子の霊の詞を怖畏／藤原資高の赤斑瘡の症状

本命供を行なった。浄所の物を供料に充てた〈内供(良円)の房の物を用いた。今日を過ぎて、返すよう、(中原)師重に命じた。〉。尚侍の穢が、すべて遍満しているからである。

伯耆守(藤原)範永が云ったことには、「昨日、入京しました」ということだ。国内および与不について問うた。亡弊していないということを述べた。他の事も多かった。詳しく記さない。関白は昨日、法興院から高陽院に帰った。範永が談ったところである。夜分、宰相が云ったことには、「源中納言(道方)が云ったことには、『先日、禅閤が云ったことには、「吉平の言に随って加持させたので、致したものである」と』と」と。前日、宰相が云ったことには、「守道が占って云ったことには、『加持は吉い』と。吉平は不快であることを述べました」と云うことだ。先日の説と源納言(道方)の説とは、すでに相違している。「前日の説は、或る説でした」と云うことだ。「加持について、禅閤は深く悔いる様子が有りました」と云うことだ。「また、禅閤は三宝を恨み申されています」と云うことだ。「民部卿は道理で極諫しました」と云うことだ。憂悲を休め慰めたのか。

人々が云ったことには、「故堀河左府(藤原顕光)および院の母(藤原娍子)や院の御息所(藤原延子)の霊が吐いた詞は、禅閤の一家には、もっとも怖畏が有る」と云うことだ。「種々、述べたところは、皆、道理が有る」と云うことだ。

(藤原)資高の赤斑瘡は、今日で七箇日に当たる。「瘡気は、漸く消えた」と云うことだ。「心神は減じることは無い。飲食は受けない。痢病の発動も、また起こっている」と云うことだ。諸人も同じである。「この病は、胸と鼻から出血し、及び赤・白の痢が加わる」と云うことだ。先年もこのようであった。

九日、戊午。　藤原経任を見舞う／藤原威子、平癒／道長、嬉子蘇生の夢想／王子親仁、病悩

四位侍従(藤原)経任が何日か煩っていた赤斑瘡が、平癒した。「あの痢病が重く発った」と云うことだ。今日、両度、問い遣わした。「今夕は宜しくございます」ということだ。

宰相が云ったことには、「法興院に参りました。上達部が会合しました。あれこれが談って云ったことには、『禅閤が云ったことには、「法成寺に還って住むのは、思い出す事が有るであろう。やはり近辺にいることはできない。北山の辺りに隠居することとする。長谷（解脱寺）・石蔵（大雲寺）・普門寺のどれかか」と。また、云ったことには、「只今、我が心に任せて述べたところである」と』と」と。実はそうではないのではないか。諸人がその御心を推量して言ったものであろうか。また、云ったことには、「中宮は、何日か、赤斑瘡を悩まれていました。すでに平復されました」と。また、云ったことには、「故尚侍が降誕した児（親仁）は、今日から身が熱く、病悩の様子が有ります。また、乳母は、この瘡を煩って、退出しました。禅閤が云ったことには、『児は七箇日を過ぎず、この疾病を受け取った。極めて悲しい事である』と云うことでした。義光朝臣が云ったことには、『尚侍の旧居の留守に遣わされ、伺候しています。昨夜、「尚侍が蘇生するであろう」と。これは禅門の夢想です。種々の祭を行なわれています。僧俗の男女は、首を挙げて法興院に向かっています』と云うことでした」と。今日、児の湯殿を止められた。もしかしたら病悩の様子が有るのか。宰相の言ったことに合っている。

十日、己未。　親仁、赤斑瘡を煩う／源倫子、法興院に渡る／鬼気祭・火災祭

宰相が来た。すぐに退去した。夜に臨んで、また来て云ったことには、「東宮の小宮（親仁）〈故尚侍が誕んだ児。〉は、一昨日から赤斑瘡を煩っています。一昨日は、事情を知らずに、沐浴しました」と。春宮大進（源）懐信を呼んだ。この頃、参入していない事を、洩らし啓上するよう、伝えた。懐信の身は、すでに穢に触れている。参入することはできない。そうとはいっても、陣外に参って、伺候している人を介して啓上させることとした。下官（実資）は穢に触れていないとはいっても、僧俗で禅門に伺候した者は、事情を伝えずに座に着している。「他の所も同じである」と云うことだ。内裏に参るには、憚りが有る。これは密々に生じた事である。「この穢は遍満して、浄所は無いであろう」と云うことだ。宰相が云ったことには、「今夕、禅閤の北方は、法興院の尚侍を移した処に向かわれました。中間に渡られたのは、不吉の事です」と云うことだ。

夜に入って、蔵人経任が宣旨二枚を持って来た。急速の御祭の宣旨である〈鬼気祭と火災祭。〉。経任が云ったことには、「右中弁（藤原経輔）が内裏に伺候しています」ということだ。まずは経任に託して、右中弁に遣わした。

十一日、庚申。　伯耆守交替不動穀勘文／大学寮触穢

伯耆守範永が、交替の不動穀の勘文を持って来た。前吏（藤原資頼）に問わなければならない。大外記頼隆が申して云ったことには、「大学頭（大江）通直が申して云ったことには、『尚侍の穢が、大学寮に来て交じりました。たとえ中旬の丁の日を用いるとはいっても、やはり穢の期間内にあります』ということでした」と。関白に申すよう、頼隆に命じておいた。

十二日、辛酉。　後一条天皇、赤斑瘡を悩む／藤原長家・源師房、赤斑瘡を悩む／道長、豊楽殿の鴟尾を取らせる

宰相が両度、来た。右兵衛督が来た。両人は清談した。「夜分に臨んで、主上（後一条天皇）は赤斑瘡を悩まれています」と云うことだ。未だ披露に及んでいない。御傍親の卿相は、皆、穢に触れている。独りで馳せ参るのは、あれこれ憚りが有る。また、展転の触穢の疑いが有る。思慮することは多端であった。「新中納言長家と右三位中将（源）師房も、重くこの病を煩っている」と云うことだ。「禅閤は、左衛門志（豊原）為長を遣わして、豊楽殿の鴟尾を取らせた。豊楽殿を守護している衛士が云ったことには、『格別な宣旨は有るのか』と。取ってはならないという詞を述べた。為長は衛士を打擲し、遂に鴟尾を取り下ろした。先ず一つの鴟尾を取り、木の鴟尾を造って置かれることになった」と云うことだ。昨日、修理進（伊香）豊高が申したものである。宰相が密談した。「この鴟尾は鉛で鋳造している。鉛を法成寺の瓦に充てる為である」と云うことだ。万代の皇居は、一人（道長）の自由となるのか。悲しいことよ、悲しいことよ。

十三日、壬戌。　悲田院に施入／釈奠停止について頼通に諮問

白米・和布・干魚・熟瓜を、悲田院に下給した。先ず人数を問わせたところ、三十余人であった。申させて云ったことには、「物を下給する時は、多く米を加えることが有ります」ということだ。そこでその量を計って、加えさせて下給した。堂の預得命師を使とした。左中弁（源）経頼の書状に云ったことには、「主上は、昨日から赤斑瘡を悩まれています。瘡は所々に出られました。御病悩の様子は、重くはありません」ということだ。世間の触穢が、交じって来た。乙穢か丙穢か、未だ決定していない。大略は乙穢か。そこで内裏に参ることはできなかった。披露するよう、示し遣わしておいた。大学寮が、触穢について申してきた。今のようであれば、釈奠祭は定まらないのであろうか。事情を関白に申すよう、大外記頼隆に伝えておいた。その次いでに、穢気が引き来たったということを、伝えておいた。関白に伝える為である。資頼の与不は、すでに終わった。ところが、新司(範永)が未だ参上していないので、出仕することができない。「天皇の御病悩の間、殿上人たちは病によって参っていません。参るようにとの仰せが有りました。そこで今日、参入します」ということだ。また新司が参上するのは、謗難は無いであろう。

十四日、癸亥。　駒牽・釈奠の有無につき頼通と協議／駒牽は行ない、釈奠は停止／斉信、頬を切る

早朝、資頼が内裏から退出して云ったことには、「去る夕方、候宿しました。天皇の御赤斑瘡は、多く出られました。御病悩は軽くはありません」と。触穢によって、参入することはできない。大外記頼隆が云ったことには、「十六日は駒牽が行なわれます。穢に触れていない公卿は、右衛門督だけです。また、宰相は皆、穢に触れています。また、左次将や馬寮の頭と助も、穢に触れています。これを如何しましょう」と。関白に申すよう命じた。また、云ったことには、「延長二年二月八日、内裏に穢が有りました。そこで釈奠は停止となりました」と。また、云ったことには、「承平三年八月三日、大学寮に穢が有りました。そこで中旬の丁の日を用いました」ということだ。すぐに来て、関白の書状を伝えて云ったことには、「駒牽は、左近衛府の将や馬寮の助がいないであろう。皆、触穢を申している。もしかしたら代官を用いるのは如何であろう。大学寮が穢であることを申している。釈奠は如何であろう」ということだ。報じて云ったことには、「駒を分け執る事は、左右が互いに挑んで駿蹄を撰び取ります。どうして代官を用いることがありましょうか。前例は覚えていません。但し、大庭に於いて、触穢の人に執らせても、穢れるわけではありません。前例は知りませんが、現在、考えたところです。床子の座に着してはなりません。立ったまま、召しに応じて御馬を取るだけならば、何事が有るでしょうか。また、釈奠については、大学寮が触穢を申しているのですから、行なわれるのは難しいでしょう。また、行なわれなかった先例は有ります。たとえ前例が無いとはいっても、寮が触穢なのですから、行なわれるわけにはいきません。また、月を改める例は無いでしょう」と。しばらくして、帰って来て云ったことには、「両事は、汝（実資）が定め申したことに従うということを、おっしゃられました」ということだ。大膳大夫（菅野）敦頼が云ったことには、「昨日、（橘）則光が法興院に於いて云ったことには、『中宮大夫〈（藤原）斉信卿。〉は、昨日〈一昨日を謂う。〉、鴨枝が落ちて、右方の頬を打ち切りました。禅閤は、両度、見舞われました』と」と。先年、私が慮外に面の疵が有った。「あの時、盛んに悦んだらしい」と云うことだ。また、祈禱を行なっていた〈百箇日。護摩。〉。直心の人（実資）の為に、不善の祈禱を行なうのは、宜しくない事であろう。天が自ずから答えたのであろう。「左頭中将公成は、近頃、赤斑瘡を煩っている」と云うことだ。大虚言か。「近日、重く赤瘡を煩っている」と云うことだ。

十五日、甲子。　石清水放生会／嬉子、葬送／諸寺に念仏僧を催促させる

早朝、沐浴した。河原に出て、解除を行なった。穢であったので、幣を奉献させなかった。放生会が行なわれた〈宰相は車後に乗って、同じく解除を行なった。〉。

今夜、尚侍の葬送が行なわれた〈「石陰」と云うことだ。〉。禅閤と内府が供奉した。徒歩であった。他の上達部は、確かに見なかった。見物人たちが申したところは、「作法ははなはだ猛々しかった。車の前に続松を乗った。朝大夫は当色を着した。四十人ほどであった」と云うことだ。「未だ聞いたことのない事である。忌諱が有るであろう」と云うことだ〈導師と呪願師は山座主僧正院源と権僧正慶命であった。「天台座主は、未だ凶礼に預かったことはない」と云うことだ。「綱所は宜しくない。諸寺に命じて、念仏僧を催促させた。未だこの例はなかった。公事のようであった」と云うことだ。「宜しくない事である」と云うことだ。〉。諸宮の大夫は参らなかった。そこで皇太后宮権大夫資平は、本宮に伺候した。

十六日、乙丑。　後一条天皇、平癒／嬉子葬送の参列者

資頼が云ったことには、「主上の御病悩は、平復されました。赤斑瘡は、ただ五箇日ほど悩まれました」ということだ。宰相が来て云ったことには、「(藤原)資房の熱気は、未だ散じません。また、女子や小児たち三人が煩っています。二人は瘡が出ました」ということだ。

また、云ったことには、「或いは云ったことには、『昨夜、内大臣、権大納言・春宮大夫頼宗・中宮権大夫能信、中納言兼隆、参議定頼・広業・朝任が、徒歩で葬送を送りました。諸宮司は送ってはならないとの、禅閤の命が有りました。但し、春宮大夫と中宮権大夫能信は、骨肉の間で、忌むことはなく、供奉しました』と云うことでした。『太皇太后宮(彰子)と皇太后(妍子)の宮司は、供奉しませんでした』と云うことです。皆、これは禅閤の決定です」と云うことだ。権大納言行成が藁履を着して歩行するのは、頗る拠るところが無いということを、上下の者が云々している。彼もまた、考えるところが有るのか。但し、古跡を忘れたようなものである。また、何事が有るであろうか。

或いは云ったことには、「尚侍の骸骨は、(藤原)範基朝臣が頸に懸けました。範基は尚侍の乳母子です。また、僧都定基が付き添いました。『ところが両人は、途中で馬に騎って、木幡に向かいました』と云うことです。奇怪です」ということだ。「あの夜、前行して続松を執った者は、安芸守(藤原)頼宣ですが、他の道に赴きました。傍らの人が指示しました。そこで造路に改めて向かいました。怪異でしょうか」と云うことだ。

十七日、丙寅。　駒牽／故障無き上達部、嬉子葬送に参列するは怪異

大外記頼隆が云ったことには、「昨日の駒牽については、中納言実成と参議(藤原)通任が、左衛門陣に着して行ないました。大庭に於いて、分け取りました。『左近中将(藤原)兼綱と左馬頭(藤原)保昌は、穢に触れた。そこで床子に着さず、立ったまま、召しに応じて御馬を取った』と云うことです。前日、定め下したことによって、行なったものです」ということだ。また、云ったことには、「実成・通任卿は、先日、駒牽を行なうよう戒められました。そこで一昨日の尚侍の葬所に到りませんでした。上達部で故障が無い者は、すべて尚侍の凶事に向かいました。年齢が三十歳に及ばない上達部は、赤斑瘡を煩って、あの処に到りませんでした」と云うことだ。「格別な障りの無い上達部は、首を挙げて凶礼の場に向かい、藁履を着して歩行しました。未だ曾てなかったことです」と云うことだ。「万人が密かに語りました」と云うことだ。怪異か。

十八日、丁卯。　資平子女、すべて赤斑瘡を悩む／観真・藤原定頼に呵梨勒を分与

宰相が云ったことには、「資房の瘡は、頗る宜しいのですが、未だ全く平癒していないのです。女子・小児、合わせて三人が、すべて悩んでいます」と。東大寺別当観真律師が来た。格別な事は無かったので、逢わなかった。宰相を介して、通達させたのである。扶公僧都の供家について、禅門に恩が有った。道理に帰されたのか。また、云ったことには、「明日、寺に帰ることにします」と。また、云ったことには、「或いは云ったことには、『来たる二十四日、院の御息所の七々日法事が行なわれます。請用されるでしょうか』ということでした。事がもしも事実であれば、その日を過ぎて、寺に帰るでしょう」と。また、云ったことには、「呵梨勒を五箇日、服用する分を分け与えてください」と。すぐに志し与えておいた〈散薬。〉。今朝、左大弁が、呵梨勒と檳榔子を乞うた。使に託して、これを遣わした。

十九日、戊辰。　災異、収まらずとの易文

宰相が来て云ったことには、「少将〈資房〉が悩んでいる所は、未だ減じません」と。晩方、問い遣わしたところ、報じて云ったことには、「熱気は、まだ盛んです。乗用の牛を奉献して、誦経を行ないます〈祇園社。〉」ということだ。大外記頼隆が、易文を勘申した。密々に見せてきた。天下の災禍は、留まることはないという事である。倹約を行なわれなければ、何時、停留するというのか。「憚るところが有るので、奏達することはできません」ということだ。

二十日、己巳。　資房、重態

早朝、宰相が来て云ったことには、「昨日、資房は不覚に煩いました。そこで牛を奉献して、祇園社で誦経を行ないました。その後は、頗る宜しかったです。今日、罷り向かって、見ることにします」ということだ。資房の熱は散じて、漸く尋常を得たということを、宰相が伝え送ってきた。

二十一日、庚午。　資房、痢病／道長家念仏／内裏触穢／資房に韮を服用させるか否か

宰相が伝え送って云ったことには、「資房は、夜分から重く痢病を煩いました。すでに為す術はありません。（和気）相成朝臣を召し遣わして、馳せてください」ということだ。すぐに召し遣わした。宰相が云ったことには、「念仏堂に上達部の座を敷きました。禅閤は出居を行なわれました。尋常のように念仏を行ないました。関白以下が群居しました」と。

昨日、史（丹生）挙光が云ったことには、「内裏に穢が有ります」と云うことだ。今朝、蔵人経任の許に問い遣わしたところ、返事に云ったことには、「昨日、太后宮（彰子）の下女が、禁中の座に参り着しました。そこで穢となりました」ということだ。宰相が来て云ったことには、「資房の腹病は、極まりありません。昨夜の痢は、二十余度でした」と。黄昏に臨んで、宰相が(藤原)兼成朝臣を介して言い送って云ったことには、「資房の腹病は、休まりません。韮を服用させようと思います。今日は坎日です。明日の服薬は宜しくありません。これを如何しましょう」と。答えて云ったことには、「昨日、熱気が散じ、今日、韮を服用するのは、もしかしたら早計ではないのか。二、三人の陰陽師に問い、占うに随って服用するように。多くはこれは、疫病が致したところである。しばらく慎しんで過ごしては如何か」と。

二十二日、辛未。　上野国申請雑事の裁許／頼通、嬉子の贈位・薨奏を諮問／道長、病悩

上野国司(藤原家業)が申請した三箇条について、二箇条を裁許した。官符を下給するよう、すぐに権左中弁(藤原)章信に命じておいた。ところが、三箇条とも裁許するという官符が有った。この国の封を進済するところは、弁済所から官符の草案を進上した。驚き怪しんだことは少なくなかった。弁朝臣(章信)の所に仰せ遣わした。ところが今朝、任国〈泉州。〉に発向した。そこで大夫史(小槻)貞行を召し遣わし、まずは事情を伝えておいた〈官符を改めて作成するという事である。〉。また、弁済所に伝えておいた。すでに承知した。また、藤宰相(広業)の許に示し遣わしておいた。同じく承諾した。

大外記頼隆が云ったことには、「尚侍の贈位と薨奏について、関白が云ったことには、『今日、右府(実資)に伝え示す。詳細を申し定めて、明朝、申すように』ということでした」と。私が答えて云ったことには、「今日は復日です。また、衰日です。あれこれ、申すわけにはいきません。明朝、これを申させることにします」と。頼隆が云ったことには、「もっともそうあるべき事です」と。黄昏、宰相が来て云ったことには、「資房は、未だ平復しません」と。また、云ったことには、「禅閤は、病悩の様子がおありです」と云うことだ。

二十三日、壬申。　頼通に嬉子の贈位・薨奏について回答／小一条院・済信、腫物を患う／資房、韮を服用

早朝、頼隆が来た。故尚侍の贈位について、関白に伝えさせた。その趣旨は、二十八・九日の間に行なわれるべきであろうか。天皇の御衰日や母后（彰子）の御衰日を避けられなければならない。他は、必ずしも考慮されなくてもよい。二十八日は禅閤の衰日、二十九日は降誕した宮（親仁）の衰日である。この両日は、忌避されてはならないのではないか。但しこれについては、御定のとおりにすべきである。応和二年の尚侍（藤原）貴子の例が合っているか〈貞信公（藤原忠平）の第一女。十月十八日に薨去し、三十日甲寅に薨奏と贈位が行なわれた。別に穀倉院の絹百疋と調布二百端を下給された。（藤原）淑子や（藤原）満子の例である。新たに位記の状を起草した。勅使は参議（橘）好古朝臣。民部卿（藤原）在衡が上卿を勧めた。〉。この事は、詳しく『村上御記』に見える。また、外記日記にある。晩に向かい、頼隆が来て云ったことには、「事情を申しました。おっしゃって云ったことには、『両日の間に行なわれることとする』」と。すぐに禅閤に参られて、相談され、決定が有ったようです」ということだ。

相成が云ったことには、「院の御肩と頸の間に、腫物が有ります。御身が熱し、震えられています。

御心地は不覚です」ということだ。「腫物の状態ではないでしょうか」ということだ。また、云ったことには、「前大僧正済信は、左の肱に腫物が出ました。もっとも慎しまなければならないようです。生死は、今日・明日のようです」ということだ。近頃、世間は静かではない。怖畏は極まり無い。宰相が云ったことには、「資房の痢は、頗る宜しくなりました。腹を痛めることは間隙がありません。韮を食させては如何でしょう」と。答えて云ったことには、「急病の時は、善悪の日を択んではならない。特に韮は、これは責めさせる薬ではないのである。何事が有るであろう」と。宰相が云ったことには、「資房は、今日、韮を服用しました。効験が有ったようなものです。病悩は頗る減じました」ということだ。

二十四日、癸酉。　藤原寛子七々日法事／藤原定頼、四条宮に転居

今日、院の御息所の七々日法事が、小一条院に於いて行なわれた。僧の食膳一前を調備し〈高坏十二本［折敷を加えた。］・机二十前・大破子四荷・手作布三十端・饍物の机を、政所に於いて調備させたものである。〉、これを奉献した。晩方、按察(藤原公任)が立ち寄って談話した際、時剋が多く廻った。「左大弁は、本処を去って、四条宮に住むこととなった。焼亡した後、然るべき屋が無い。ただ三間廊が有る。この廊に住むこととなった」ということだ。但し妻子を連れてくるわけにはいかない。(源)済政が左大弁の為に不義が多いことを述べた。また、面目の無い事が有った。制止することはできない。述べたところは道理が有る。諸人が普く聞いていることが有るであろうか。誹謗は無いであろう。

二十五日、甲戌。　小槻貞行、近江に向かう

早朝、大夫史貞行宿禰が申させて云ったことには、「ちょっとの間、近江国に罷り向かい、晦日に帰り参ることにします。もしもそうあるべき事が有れば、仰せに随うことにします」ということだ。聞いたということを伝えておいた。

二十七日、丙子。　嬉子薨奏・贈位の上卿／藤原長家妻、藤原誠信の霊に取り入れられ、不覚／藤原頼宗室、邪気に悩む

大外記頼隆が云ったことには、「明日の故尚侍の薨奏と贈位については、権大納言行成卿が上卿を勤めることになりました。左大弁定頼と伊予守広業を督促させました」ということだ。（藤原）兼資朝臣が云ったことには、「妻の喪の後、今日、初めて禅門に参りました」と。また、云ったことには、「新中納言の妻である、大納言斉信の女は、故左衛門督（藤原誠信）の霊の為に、連日、取り入れられて、不覚です。特に赤斑瘡を煩っています。そこで加持することができません」と云うことだ。これは禅門に於いて、人々が談ったところである。また、春宮大夫頼宗の室は、産期に及んで邪気に悩まされ、堀河院から出た。

二十八日、丁丑。　道長の衰日により、嬉子薨奏・贈位を延引／藤原長家妻、早産・危篤／藤原公信・尋光、腫物を患う／藤原寛子七々日法事

早朝、大外記頼隆が云ったことには、「今日の故尚侍の薨奏について、今朝、関白が云ったことには、

『禅門の御衰日に当たっている。勅使があの御寺に到ることは、思慮すると便宜が無いであろう。明日、行なうように。源藤両納言〈道方・朝任。〉のどちらかが上卿を勤めよ。宰相は源宰相〈朝任。〉』ということでした。また、云ったことには、『「明日は降誕の宮の衰日である」と云うことである。ところが、忌まれてはならないのではないか』と」と。愚案では、朝廷は人々の忌みを調べて避けられてはならないものである。

また、云ったことには、「昨夜、新中納言〈長家。〉の妻〈大納言斉信の女。〉は、平産しました〈『七箇月』と云うことです。〉。ところが、児は死亡しました。母は不覚です。邪気の為に取り入れられました。産婦の母(斉信室)は、急に尼となりました。その後、産婦は何とか蘇生しました。まだ頼みとすることはできません。父母は悲泣しています」ということだ。侍従経任が、大納言の許から来て云ったことには、「昨夜、丑剋に産みました。幾くもなく、児は死にました。すぐに産婦の母は、すでに種々の大願を立てました。父大納言が誓って云ったことには、『一生の間、魚鳥を食さない』と。また、母は尼となりました。この頃、蘇生しました。何日か、赤斑瘡を煩っていて、飲食を受けていませんでした。痢病が発動し、今に休まりません。産後の無力は、もっとも甚しいものです。生きていることは難しいようです。侍医(但波)忠明宿禰が云ったことには、『医療は術が無い。仏神に祈り申すように』ということでした」と。また、云ったことには、「左兵衛督(藤原)公信の肱は、熱腫が有ります。法住寺僧都尋光の背には、腫物が有ります。忠明が云ったことには、『共に冷やすように。特に尋光僧都は、頗る重い』ということでした。大納言が云ったことには、『すべて病人である。二人に病が有るのは、極めて辛い事である』ということでした」と。

宰相が云ったことには、「今日、院の御息所の七々日法事が行なわれます。院の召しが有りました。そこで参入します」ということだ。夜に入って、伝え送って云ったことには、「院に参った次いでに、左右金吾（兼隆・実成）と一緒に、大納言を見舞いました。立ったまま、談話して云ったことには、『頼みとすることはできない』ということでした。簾中から急速に招き呼んでいました。大体は不覚でしょうか」と云うことだ。

二十九日、戊寅。　斉信・長家を見舞う／斉信、大納言を辞せんとし、道長の意を伺う／頼通、贈位の勅使・副使について諮問／長家室、死去

四位侍従経任を呼んで、大納言斉信と新中納言長家を見舞った。大納言が報じて云ったことには、「中納言の室家は、重く赤斑瘡を煩っています。僅かに平癒しました。幾日を経ずに、未だ御産の時期に及ばず〈七箇月。〉、産みました。赤瘡疾に臥して以来、水漿は通じませんでした。日夜、邪気の為に取り入れられました。敢えて生きていることはできません。悲嘆していた頃、今、この書状が有りました」ということだ。経任が云ったことには、「痢病は止みません。万死一生です。昨日、阿闍梨平登は、修法を行なうという約束が有りました。ところが、危急の様子を見て、病を称して退去しました。今朝、心誉僧都と念覚律師が、立ったまま、加持を行ないました。一分の効験もありませんでした。大納言は、急に大納言を辞す状を作成しながら、左兵衛督公信を介して、先ず禅門に申させました。奇怪な事です。邪気の言によって辞退するものです」と云うことだ。右頭中将(源)顕基が、関白の書状を持って、来て云ったことには、「今日、故尚侍嬉子の贈位が行なわれます。そこで勅使の参議、もしくは副使が有るべきでしょうか。応和二年の貴子の例は、『村上御記』に云ったことには、『使は参議好古等』ということです。『等』の字が有ります。やはり副使が有るべきでしょうか。誰を遣わせばよいでしょうか。四位と五位の間では、如何でしょう。見えるところは無いとはいっても、時に当たって推量し、伝えてください」ということだ。私が報じて云ったことには、「副使については、外記が確かに調べて勘申するであろうか。又々、問われるように。また、延喜の淑子や承平の満子の先例は、きっと見えるところが有るであろう。外記を介して勘申させられれば、詳しく見えるところが有るであろう。愚慮を廻らせると、山陵使が参議であれば、次官は五位を用いるのが、合うであろう。納言が使の時は、次官は或いは四位を用いる。そもそも位記の状は、異例の状であろう。新たに作成するということは、見えるところが有る。奉って行なう上卿が、自ら奏し行なうのか」と。僕(実資)が驚き伝えたところは、関白に覚悟させる為であるだけである。夜に入って、宰相が関白の御許から来て云ったことには、「今日の尚侍の贈位については、権中納言朝経が上卿を勤めます。勅使は参議広業、次官は四位と五位の間で、淑子や満子の例によるよう、頭中将(顕基)を介して上卿に伝えられました」ということだ。下官が申したところである。秉燭の後、人々が云ったことには、

「新中納言の室が死亡した」と云うことだ。宰相は、随身信武を遣わして、四位侍従の宅に見舞わせた。帰って来て云ったことには、「侍従は大納言の許に向かいました。侍従の従者が云ったことには、『事はすでに事実です。あの大納言の家から、只今、罷り帰りました』ということでした」と。

三十日、己卯。　嬉子の贈位／大炊寮焼亡の大祓／藤原頼宗室、危篤／法華経釈経

早朝、頼隆が云ったことには、「昨日の戌の終剋の頃、尚侍嬉子の贈位の事を行なわれました。上卿は権中納言朝経、勅使は参議広業と刑部卿佐親王」ということだ。度々の日記に云ったことには、「王の四位を次官とする。もしいない時は、諸大夫の四位を用いる。詳しく応和二年十月三十日の日記に見える」ということだ。「また、宣命の文と位記の状は、新たに作成した」と云うことだ。今日、大炊寮の庁舎が焼亡した大祓〈去月、焼亡した。〉が行なわれた。宰相が来て云ったことには、「春宮大夫の室の赤痢は、算がありません。甚だ危急です。また、産月に当たります。最も生きていることは難しいでしょう」と云うことだ。如来寿量品を釈し奉った。慶範。

付録

用語解説（五十音順）

白馬節会（あおうまのせちえ）　正月七日に天皇が紫宸殿に出御して群臣に賜宴し、左右馬寮の引く白馬を見る儀式。外任の奏、御弓奏があり、次に左右馬寮から庭上を渡る馬の毛並みを奏上する白馬奏があった。

阿闍梨（あじゃり）　単に闍梨ともいう。伝法灌頂を受けた者、また灌頂の導師その人。一種の職官となった。

位記（いき）　位階を授ける時に発給する公文。勅授の位記は中務省の内記が作成し、中務卿および太政大臣・式部卿（武官は兵部卿）等が加署した後、内印を捺して発給した。

一上（いちのかみ）　筆頭の公卿の意で、通常は左大臣がこれにあたる。摂関が大政総攬の職であるのに対し、一上は公事執行の筆頭大臣である。

位禄（いろく）　官人が位階に応じて受ける禄物。官職禄と封禄の二種があったが、普通、位禄という場合は封禄をさす。封禄は五位以上に賜わる身分禄で、従三位以上は食封制、四位・五位は位禄制で年一回、十一月支給となっていた。

石清水八幡宮（いわしみずはちまんぐう）　山城国綴喜郡の男山に鎮座。豊前国宇佐八幡宮から八幡神を勧請して鎮護国家の神とし、皇室の祖神と称す。三月の午の日に臨時祭、八月十五日に放生会が行なわれた。

雨儀（うぎ）　晴天の際の晴儀に対し、雨雪の時に行なう儀礼。その次第を簡略にし、それに伴う室礼が行なわれた。

袿（うちき）　単（ひとえ）と表着（うわぎ）との間に着けた袷の衣で、「内着の衣」の意。「衵」とも。禄や被物用に大ぶりに仕立てたものを大袿と称した。

延暦寺（えんりゃくじ）　比叡山にある寺院。天台宗の総本山。東塔・西塔・横川の三塔からなる。天台密教の総本山として朝廷や貴族の崇敬を集めた他、源信が浄土信仰を説いて民衆化の基礎をつくった。

大祓（おおはらえ）　毎年六月・十二月の晦日、また大嘗会や凶事に際して臨時に行なわれる祭儀。罪・穢を除き、心身を清らかにし、その更生を図る。中臣は祓麻、東西文部は祓刀を奉り、百官男女を祓所の朱雀門に集め、中臣は祓詞を宣り、卜部は解除を行なう。

大原野社(おおはらののしゃ)　長岡京遷都の時、あるいは藤原冬嗣の請により、王城守護のために春日社を山城国乙訓郡に勧請した神社。

小野宮(おののみや)　平安京の名第。大炊御門南、烏丸西の方一町。元は文徳第一皇子惟喬親王の第宅。藤原実頼、実資と伝領され、その家系は小野宮流と称された。西・北・東門があり、南に池と山を配し、寝殿を中心に、西・東・北対を持つ典型的な寝殿造で、南東の池畔に念誦堂が建てられた。実資以後は、女の千古、その女と女系で伝領された。

小野宮流(おののみやりゅう)　藤原実頼に始まる小野宮家に伝わる有職の流派。またその門流を指すこともある。藤原忠平一男の実頼は、二男師輔(その流派が九条流)とともに父の儀式についての「教命」を受け継ぎ、それぞれの儀式作法を確立した。その内、実頼に始まる儀式作法を小野宮流という。実頼自身は儀式作法についてまとめようとして果たさず、その養子実資によって完成された『小野宮年中行事』によって知られる。

女叙位(おんなじょい)　皇親の女子以下宮人等に至る女子に五位以上の位を賜わる儀式。隔年を原則とした。

女装束(おんなしょうぞく)　宮中における命婦以上の女性の朝服の総称。女房装束とも。単・掛・裳・唐衣・袴からなる。俗に「十二単衣」とも称する。

過状(かじょう)　「怠状」ともいう。犯罪や怠務・失態を犯した者が上庁に対し自分の非を認め、許しを乞うために提出する書状。

春日社(かすがしゃ)　和銅三年に藤原不比等が藤原氏の氏神である鹿島神(武甕槌命)を春日の御蓋山に遷して祀り、春日神と称したのに始まる。初めて一条天皇によって春日行幸が行なわれた。

春日祭(かすがのまつり)　二月・十一月の上の申の日に行なわれた奈良春日社の祭。近衛府使を摂関家の中将・少将が勤めた。

社頭の儀のみならず、途中の儀も重視された。

被物（かずけもの）　禄の一種で、上位者が下位者の功労等を賞して直接相手の肩にかつがせてやる衣装の類。

方忌（かたいみ）　陰陽道の禁忌のうち、方角についての禁忌。年単位の大将軍・金神・八卦、月単位の王相神、日単位の太白神・土公・天一神等がある。

結政（かたなし）　太政官の政務執行上の一過程。官結政と外記結政の二種があり、ともに官政、外記政の準備段階的なもの。聴政の前に内外諸司からの申文を類別してそれぞれ結び束ねておき、結政当日、大弁以下の弁官が一応これを一々披見し、史が再び文書をひろげて読み上げ、これを元の形に戻す儀。官結政は外記庁の南に連なる結政所のうちの弁官の結政所で、また外記結政はその西に隣接する外記の結政所で行なわれた。

賀茂社（かもしゃ）　賀茂別雷神社（上賀茂神社、略称上社）と賀茂御祖神社（下鴨神社、略称下社）の総称。平安遷都以後は皇城鎮護の神として朝廷から篤い尊崇を受けた。四月の中の酉の日を祭日とする賀茂祭、十一月の下の酉の日を祭日とする臨時祭が行なわれた。

元日節会（がんじつせちえ）　元日に天皇が群臣に紫宸殿で宴を賜う儀式。暦の献上、氷様奏、腹赤奏、吉野国栖の歌舞、御酒勅使、立楽等が行なわれた。

勘申（かんじん）　儀式等に必要な先例や典故を調べたり、行事の日時等を占い定めて報告すること。

官奏（かんそう）　太政官が諸国の国政に関する重要文書を天皇に奏上し、その勅裁をうける政務。奏上する文書は不堪佃田奏、不動倉開用奏等、諸国から申請された地方行政上重要と認められるものが多かった。摂政が置かれている時は摂政が直盧等で覧じ、関白がある時はその内覧を経て奏上された。

官符（かんぷ）　太政官から被管の諸司諸国へ発給される下達文書。弁官が作成する。謄詔勅ないし騰勅の官符と、太政官における議定事項を下達する場合、及び弁官のみで作成する事務的内容からなる場合とがある。

祈年穀奉幣（きねんこくほうべい）　年穀の豊穣を祈って神社に幣帛を奉じる朝廷臨時の神事。祈雨とともに臨時奉幣制の基本となり、十一世紀には二十二社奉幣制へと発展する。

季御読経（きのみどきょう）　春二月と秋八月の二季に、毎日百僧を宮中に請じて『大般若経』を転読させ、天皇の安寧と国家の安泰を祈る仏事。

行幸（ぎょうこう）　天皇が皇居を出て他所に行くこと。王臣の私第に天皇を迎える際には、しばしば家人らに叙位・賜禄が行なわれた。

行事（ぎょうじ）　朝廷の公事、儀式等において主としてその事を掌った役。

公卿（くぎょう）　大臣・納言・参議および三位以上の上級官人の称。大臣・納言・参議を見任公卿と称し、議定に参加する。これに対し、三位以上の公卿でまだ参議にならぬ者、一度参議になった前参議の者を非参議と称した。

競馬（くらべうま）　馬の走行速度を争う競技の一。単なる競走ではなく、先行する儲馬と後発の追馬の二騎一番で、いかに相手の騎手や馬を邪魔して先着するかが審査の対象となった。

蔵人（くろうど）　令外官の一。本官以外の兼官で、五位蔵人三名、六位蔵人四、五名、非蔵人三ないし六名の職階になる。代替わり毎に新任される。職掌は文書の保管、詔勅の伝宣、殿上の事務から、天皇の私生活に関することにまで拡大した。院・女院・東宮・摂関家・大臣家にも置かれた。

蔵人頭（くろうどのとう）　蔵人所の長官。定員二人。天皇の宣旨によって補された。一人は弁官、一人は近衛中将が兼補され、それぞれ頭弁、頭中将と呼ばれた。殿上に陪侍し、機密の文書や諸訴を掌った。参議には多く頭から昇進したが、有能で信任の厚い実資や行成は、なかなか参議に昇進できなかった。

慶賀（けいが）　「よろこびもうし」とも。任官・叙位や立后のお礼の挨拶を、天皇や摂関、中文の申請者に行なうこと。

外記政（げきせい）　令制太政官における政務の一形態。公卿が諸司の申す政を内裏建春門の東にある外記庁(太政官候庁)において聴取裁定すること。外記政の次第は、まず外記庁の南舎に弁・少納言・外記・史が参着して結政を行ない、次いで上卿以下公卿が庁座に着き、弁以下が列座し、弁が史をして諸司の申文を読ませ、上卿が裁決する。次いで請印し、終わって上卿以下が退出する。一同が外記庁から南所(侍従所)に移って申文の事があり、終わって酒饌を供することもある。

解除（げじょ）　罪穢を除去すること。祓とも。人形・解縄・切麻を用いて中臣祓を読む所作が一般的。神祇官の祓の他、陰陽道や仏教に伝わった祓もあった。

欠請（けっしょう）　請僧の欠員。すなわち、法会に参列する僧に生じた空席。空席を補充する必要があった。

解文（げぶみ）　八省以下の内外諸司のみならず、官人個人あるいは諸院家・寺社・荘家・住人が、太政官および所管の官司に上申する文書。

見参（げんざん）　節会・宴会等に出席すること。また、出席者の名を名簿に書き連ねて提出すること。

元服（げんぷく）　男子が成人したことを示す髪型や服装を初めてする儀式。十一歳から十五歳までの例が多い。髪を束ねて元結で結い、末の部分を切って後頭部に結い上げる理髪の儀と、次いで冠をかぶらせる加冠の儀が中心となる。元服すると実名が定められ、叙位がある。

興福寺（こうふくじ）　奈良に所在する法相宗大本山。藤原氏の氏寺。春日社との神仏習合を進め、摂関家と興福寺・春日社との緊密な関係が成立した。

国忌（こき）　特定の皇祖・先皇・母后等の国家的忌日。政務を休み、歌舞音楽を慎しんで追善の法要を行なった。元々は天皇忌日のみを指していたが、天皇の父母・后妃にも拡大した。

御禊（ごけい）　水で身を清める行事。主に鴨川の三条河原で行なわれた。天皇は即位後、大嘗会の前月の十月下旬に、伊勢斎宮や賀茂斎院は卜定後に行なう。

御斎会（ごさいえ）　正月八～十四日に宮中において、『金光明最勝王経』を講説して国家安穏、五穀豊饒を祈る法会。大極殿(後には清涼殿、御物忌の時は紫宸殿)に、衆僧を召し、盧遮那仏を本尊として読経供養した。

五節舞姫（ごせちのまいひめ）　新嘗祭・大嘗会・豊明節会に出演する舞姫。九月あるいは儀礼の数日前に、公卿の女二人、受領の女二人が舞姫に決定された。十一月の中の丑の日が帳台試、寅の日が御前試、卯の日が童女御覧、辰の日が豊明節会で、この日、舞の本番が行なわれた。

小朝拝（こちょうはい）　元日朝賀の後、大臣以下が天皇を拝する儀。はじめは朝賀とともに並び行なわれたが、後には、朝賀のある年には行なわれず、朝賀と交互にする場合もあった。清涼殿東庭に殿上人以上が参列する私的な礼。一条天皇以後は朝賀が絶え、小朝拝のみが行なわれた。

駒牽（こまひき）　信濃・上野・武蔵・甲斐四国の御牧(勅旨牧)から貢上された馬を、宮中で天皇が御覧じ、貴族たちに馬が分給されて牽く儀式。毎年八月に行なわれる。

定文（さだめぶみ）　公卿が陣定等の議定を行なった際、終わって上卿が参議(大弁の兼任が原則)に命じて、出席者各自の意見をまとめて作成させた文書。上卿はこれを天皇に奏覧し、その裁決を仰いだ。

参議（さんぎ）　太政官の議定に参与する、大臣・納言に次ぐ官。唐名は宰相・相公。定員は八名。大臣・納言と違って詔勅や大事の決定事項を弁官に宣して太政官符や官宣旨を作成させるような権限はなかった。補任されるためには、大弁・近衛中将・蔵人頭・左中弁・式部大輔の内の一つを経ていること、五箇国以上の国守を歴任していること、位階が三位以上であること等、七つの道があった。

試楽（しがく）　行幸や年中行事等、舞楽を伴う儀式に際して行なわれる楽の予行演習。賀茂・石清水臨時祭の社頭の儀に先立って行なわれるものをいう場合が多い。

直廬（じきろ）　皇太后、女御、東宮、親王、内親王、摂関、大臣、大納言等が、休息・宿泊・会合等に用いるために宮廷内に与えられる個室。摂関の場合は、ここで政務を執ることもあった。

室礼（しつらい）　屋内の一部を障子・几帳・屛風等で隔て、帳台・畳・茵を置き、厨子・二階棚・衣架、その他、身辺の調度類を設け整えたり飾りつけたりすること。

除目（じもく）　官職任命の政務的儀式。外官除目は春に三夜にわたって行なわれ、京官除目は秋から冬にかけて、二夜または一夜で行なわれた。執筆の大臣が前日に勅を奉って外記に召仰を命じ、当夜は諸卿が清涼殿東孫廂の御前の座に着して議し、執筆は任官決定者を大間書に記入していく。執筆は大間書を清書上卿に授け、参議に召名（勅任・奏任に分けて任官者を列記したもの）・下名（文官・武官に分けて四位以下の任官者名を列記したもの）を書かせる。

射礼 毎年正月十七日、建礼門前において親王以下五位以上および左右近衛・左右兵衛・左右衛門府の官人等が弓を射る儀式。まず手結という練習を行なう。翌十八日には賭弓を行ない、勝負を争う。

叙位 位階を授ける儀式で、勤務評定に基く定例的な叙位と、臨時の叙位がある。正月七日の定例の叙位は五位以上のみとなった。五日または六日に行なわれる叙位議で叙位者が決定された。

請印 位記や文書に内印（天皇御璽）を捺すことを請う儀。内印は少納言が上奏して、勅許によって少納言または主鈴が捺した。外印（太政官印）等を捺す手続きにもいう。

上官 政官（太政官官人）のことで、太政官官人（弁・少納言・外記・史・史生・官掌・召使・使部）全般を指す場合と、特に外記・史のみを指す場合とがある。

上卿 公卿の総称の場合と、個々の朝儀・公事を奉行する公卿の上首を指す場合とがある。後者の場合、摂政・関白・太政大臣および参議は上卿を勤めない。

上表 天皇に奉る書のことであるが、特に辞官表、致仕を請う表、封戸随身を辞す表、立后・立太子・天皇元服・朔旦冬至等の慶事に際しての賀表等が多い。実際に辞任が認められる場合でも、天皇は二度は辞表を返却するのが例であった。

触穢 穢とは一切の不浄をいうが、穢に触れることを触穢といい、一定の期間は神事・参内等ができなかった。人死穢は三十日間、産穢は七日、六畜死穢は五日、六畜産穢は三日の忌が必要とされた。穢は甲から乙へ、更に丙へと二転三転する。

諸国申請雑事定 諸国から解文によって太政官に申請された行政事項を、陣定の議題として議定すること。申請の内容は、地方行政の全般にわたる。

諸大夫(しょたいふ)　参議以上の公卿を除く四位、五位の者の総称。

陣座(じんのざ)　左右近衛陣における公卿の座。仗座ともいう。本来は近衛府の武官の詰所であったが、平安時代になると、節会や神事、議定等、宮中の諸行事の多くがここで執行された。

陣定(じんのさだめ)　陣座(仗座)を国政審議の場とした公卿議定。天皇の命を受けた上卿が、事前に外記に命じて見任公卿を招集し、当日は席次の低い者から順に所見を述べ、発言内容を参議が書き留めて定文を作成し、蔵人頭に付して上奏し、天皇の最終的な判断を仰いだ。

随身(ずいじん)　太上天皇や摂政・関白、左右近衛の大・中・少将等の身辺警護にあたる武官。

相撲節会(すまいのせちえ)　毎年七月に諸国から相撲人を召し集めて行なう相撲を天皇が観覧する儀式。七月中旬に召仰と称し、相撲節を行なうことを命じ、次いで御前の内取と府の内取という稽古に入る。節会の当日は天皇が出御し、南庭で行なわれる相撲を観覧する。これを相撲の召合という。翌日には抜出、追相撲が行なわれる。

受領(ずりょう)　任地に赴く国司。十世紀に入ると、受領国司による租税の請負化が進展した。長官(守)が中央の要職を兼帯している国や、上総・常陸・上野といった親王任国では、介が代わって受領となった。

受領功過定(ずりょうこうかさだめ)　任期が終わる受領の業績を判定する政務。特に所定の貢進の完納、公文の遺漏無き提出と正確な記載について審査された。除目と関連して、陣定において議定された。

釈奠(せきてん)　孔子やその弟子(十哲)を祀る大陸渡来の儒教儀礼。春秋二回、二月と八月の上丁日に主として大学寮で行なわれた。

宣旨(せんじ)　勅旨または上宣(上卿の命令)を外記、または弁官を経て伝宣する下達文書。奉勅宣旨・外記宣旨・弁官宣旨・官宣旨・上宣宣旨等がある。簡易な手続きで迅速に発行されるため、従来の詔・勅や太政官符・太政官牒に代わって用いられるようになった。

宣命(せんみょう)　天皇の命令を宣する下達公文書の一。詔のうちの国文体のもの。神前で読み上げ、群臣に宣り聞かせる古風で荘重な文体をとっている。

僧綱（そうごう） 僧正・僧都・律師より構成される僧位。それぞれ大少の別や権位がもうけられ、一条朝には、公卿の員数と同じ二十人に達した。

大饗（だいきょう） 大きな饗宴。二宮大饗と大臣大饗とがある。二宮大饗とは中宮と東宮の二つの宮の大饗をいい、正月二日に行なわれる。大臣大饗は正月と大臣任官時に行なわれる。

大嘗会（だいじょうえ） 天皇即位の後、初めて新穀を天照大神はじめ天神地祇に奉る儀式。夕と朝の二度にわたって神膳が供されたうえ、天皇が食し、天皇としての霊格を得る儀。大嘗宮は大極殿前庭竜尾壇下に設けられ、東に悠紀殿、西に主基殿の他、天皇の斎戒沐浴する廻立殿、神膳を調備する膳屋等より成る。

着座（ちゃくざ）・**着陣**（ちゃくじん） 公卿が新任・昇任、または昇叙されると、吉日を択んで宜陽殿の公卿座に着した後、さらに陣座に着すこと。

着裳（ちゃくも） 「裳着」とも。貴族の女性の成人儀礼で、成人の装束の象徴である裳を初めて着ける儀式。十二歳から十五歳ごろまでに行なう。高貴の人が裳の大腰の紐を結び、髪を元結で束ね、髪上げを行なう。

中宮（ちゅうぐう） 本来は皇后ないし皇太后・太皇太后の称であったが、二皇后並立以後は、原則として新立の皇后を中宮と称するようになった。ただし、正式の身位の称は皇后であった。

重陽節会（ちょうようのせちえ） 陽数の極である九が重なる九月九日に、宮中で催された観菊の宴。杯に菊花を浮かべた酒を酌みかわし、長寿を祝い、群臣に詩をつくらせた。

勅授帯剣（ちょくじゅたいけん） 通常、帯剣が聴されたのは武官および中務省・大宰府・三関国の官人等に限られていたが、天皇の命により帯剣が聴される場合を勅授帯剣という。

衝重（ついがさね） 飲食物を載せる膳の一種。檜材を薄くはいだ片木板を折り曲げて脚にし、衝き重ねたもの。饗宴の席に折敷・高坏等とともに用いられた。

手結（てつがい） 射礼・賭射や相撲等の勝負事で、競技者を左右に分けて二人ずつ組み合わせること、またその取組。

特に射礼・賭射・騎射等、射術を競う儀式の前に行なう武芸演習。

殿上人(てんじょうびと)　四位・五位の廷臣のうち、内裏清涼殿の殿上間に昇ること(昇殿)を許された者の称。天皇の側近として殿上間に詰めて天皇身辺の雑事に奉仕し、輪番制で宿直や供膳に従事した。院・東宮・女院にも昇殿制があった。

纏頭(てんとう)　歌舞・演芸をした者に、褒美として衣類等の品物を与えること。また、その品物。衣類を受けた時、頭にまとったところからいう。

豊明節会(とよのあかりのせちえ)　新嘗祭・大嘗会の翌日、豊楽院で行なわれる宴。新嘗祭翌日の辰日(大嘗会の時は午日)に天皇が出御し、その年の新穀を天神地祇に奉り、自ら新穀の御膳を食し、群臣に賜わった。

内弁(ないべん)　節会等、宮廷内における重要儀式に際し、内裏承明門内(大極殿で行なわれる場合は会昌門内)において、式の進行を主導する官人。

内覧(ないらん)　関白に准じる朝廷の重職。奏上および宣下の文書を内見する職。関白が万機を総攬するのに対し、内覧は太政官文書を内見することが多い。

直物・小除目(なおしもの・こじもく)　除目の行なわれた後に日を改めて、人名その他の書き誤りを訂正する行事が直物で、その際に小除目(臨時除目)を伴うこともあった。

丹生・貴布禰社(にう・きぶねしゃ)　大和国吉野郡の丹生川上神社と山城国愛宕郡の貴布禰神社。祈雨・止雨を祈る奉幣奉馬が行なわれた。

日記(にっき)　日々の儀式や政務を記録した日記の他に、特に検非違使が事件の経過を記録した文書をいう。盗難・傷害等の事件に際して、検非違使がその経過や被害状況、当事者の言い分を、事件発生直後に和文で直写した文書で、訴訟等の証拠にもなった。

女官(にょうかん)　朝廷および院宮に仕える女性の官人の総称。上臈・中臈・下臈に区別され、上臈には典侍・掌侍・命婦、中臈には女史・女蔵人・女孺、下臈には樋洗女・長女・刀自・雑仕等があった。

仁王会(にんのうえ)　護国経典の『仁王般若経』を講じて、鎮護国家を祈念する法会。天皇の即位毎に行なわれる一代一度仁王会、一年に春秋各一回行なわれる定季仁王会、臨時仁王会に類別される。

年中行事御障子（ねんじゅうぎょうじのみしょうじ） 宮廷の年中行事を列記して清涼殿に立てた衝立障子。藤原基経が光孝天皇に献上したもので、『年中行事御障子文』の成立は、長和年間とみられる。

荷前（のさき） 毎年十二月に行なわれる朝廷の奉幣型の山陵祭祀。この奉幣の使者が荷前使。荷前の対象陵墓には変遷があり、流動的であった。また、私的に父祖の墓に奉幣する荷前もあった。

拝舞（はいぶ） 儀式で祝意、謝意等を表わす礼の形式。まず再拝し、立ったまま上体を前屈して左右を見、袖に手をそえて左右に振り、次にひざまずいて左右を見て一揖、さらに立って再拝する。

拝礼（はいらい） 元日、院や摂関家等に年賀の礼をすること。

八省院（はっしょういん） 大内裏の正庁で、本来は朝堂院と称した。八省とも。その正殿が大極殿である。

疋絹（ひっけん） 「ひきぎぬ」「ひけん」とも。一疋、つまり二反ずつ巻いてある絹。被物に用いられた。

平座（ひらざ） 二孟旬、元日・重陽・豊明等の節会の日に、天皇が紫宸殿に出御しない場合、勅命により、公卿以下侍臣が宜陽殿西廂に設けられた平座に着いて行なった宴のこと。

不堪佃田奏（ふかんでんでんそう） 諸国から年荒、すなわちその年に作付けが行なわれなかった田地を報告してきた申文を奏上する儀。不堪佃田に関わる政務は、大臣への申文（不堪佃田申文）、奏聞（荒奏）、諸卿による議定（不堪佃田定）、再度の奏聞（和奏）等から構成されていた。

諷誦（ふじゅ） 諷詠暗誦の意で、経典・偈頌等を節をつけ、声をあげて読むこと。また、諷誦文は各種の祈願や追善供養のために施物を記入して、僧に経の諷誦を請う文。

仏名会（ぶつみょうえ） 宮中ならびに諸国において、毎年十二月に三日三晩にわたって行なわれた仏事。三日間に過去・現在・未来の三世の諸仏の名号を唱えれば、六根の罪障が消滅するといわれていた。

弁官（べんかん）　律令国家の庶務中枢としての役割を果たした機関。左右大弁・左右中弁・左右少弁は各省の庶務を受け付け、また太政官の判官としての役割を担った。その下部に主典として左右大史・左右少史があり、雑任の左右史生・左右官掌・左右使部が配置されていた。

法成寺（ほうじょうじ）　藤原道長が晩年に造営した方二町の寺院。九体阿弥陀堂を中心とした伽藍を備えた、平安遷都以来最初の寺院であった。

法華八講・法華三十講（ほっけはっこう・ほっけさんじっこう）　『法華経』八巻を、一日を朝・夕の二座に分け、一度に一巻ずつ修し、四日間で講じる法会が法華八講、『法華経』二十八品とその開経である『無量義経』と結経の『観普賢経』とを合わせた三十巻を三十日間に講じたり、また朝夕に各一巻ずつ十五日間で結了したりする法会が法華三十講。

御修法（みしほ）　国家または個人のために、僧を呼んで密教の修法を行なう法会。

夢想（むそう）　夢の中でおもうこと。また夢に見ること。夢想の内容によっては物忌となる。『小右記』には一四七回の夢記事が記録されているが、宗教的な夢に加えて自らの昇進や、王権や道長に関わる夢を記している。

召仰（めしおおせ）　上位者が下位者を呼び寄せて、特定の任務につくことを命じること。特に、除目や行幸・相撲等の朝廷の行事の役職の任命のために行なわれるものをいうことが多い。

物忌（ものいみ）　「物忌」と書いた簡を用いる謹慎行為。大部分は怪異・悪夢の際、陰陽師の六壬式占で占申される物忌期をいい、怪日を剋する五行の日、十日毎の甲乙両日が特徴。当日は閉門して外来者を禁じ、必要な者は夜前に参籠させる。軽い場合は門外で会ったり、邸内に入れて着座させずに会ったりする場合もある。

弓場始（ゆばはじめ）　射場始（いばはじめ）とも。天皇が弓場殿に出御し、公卿以下殿上人の賭射を見る儀式。通常十月五日を式日とするが、十一月や十二月に行なわれることもあった。

人物注（五十音順）

敦良（あつなが）親王　一〇〇九～四五　在位一〇三六～四五年。一条天皇第三皇子。母は道長女の彰子。兄の後一条天皇の後を承けて長元九年、二十八歳で即位し、後朱雀天皇となる。先帝より厳格であり、天皇の責を果たすのに努めた。道長女の嬉子が妃として入宮して後の後冷泉天皇を産み、三条天皇皇女禎子内親王が皇后となって後の後三条天皇を産んだ。

安倍吉平（あべのよしひら）　九五四～一〇二六　陰陽家。晴明男。賀茂光栄と並んで陰陽道の大家の一人。陰陽博士、陰陽助、主計頭等を歴任。道長をはじめ、天皇・貴紳の信任を得て、祓や祭を行なった。

小一条院（こいちじょういん）　九九四～一〇五一　諱は敦明（あつあきら）親王。三条天皇第一皇子。母は藤原済時女の娍子。長和五年、後一条天皇即位と同時に東宮となったが、三条院崩御後の寛仁元年に東宮を辞し、小一条院の号を授けられた。

後一条（ごいちじょう）天皇　一〇〇八～三六　諱は敦成（あつひら）親王。在位一〇一六～三六年。一条天皇第二皇子。母は道長女の彰子。寛弘五年に誕生、同八年に皇太子に立ち、長和五年に践祚して後一条天皇となる。寛仁二年に十一歳で元服、道長三女の威子を妃とした。威子は女御、次いで中宮となり、章子・馨子内親王を産んだ。即位時に道長が摂政となり、寛仁元年に頼通がこれに替わり、同三年以後は関白となった。

婉子（つやこ）女王　九七二～九九八　村上天皇皇子為平親王女。母は源高明女。寛和元年十二月、十四歳で入内、女御となる。同二年六月、天皇出家後、藤原道信・実資と交渉を持ち、実資の室となった。

脩子（ながこ）内親王（ないしんのう）　九九六～一〇四九　一条天皇第一皇女。母は藤原道隆女の定子。同母弟妹に敦康親王・媄子内親王がいた。寛弘四年には一品に叙され、年官年爵を賜り、三宮に准じられた。

選子（のぶこ）内親王　九六四～一〇三五　賀茂斎院、歌人。村上天皇第十皇女。母は藤原師輔女の安子。天延三年、賀茂斎院に卜定。以来、円融・花山・一条・三条・後一条の五代五十七年にわたり奉仕、大斎院と称された。貴族社会との盛んな交流の実態が諸書に描かれる。

藤原彰子（ふじわらのあきこ）　九八八〜一〇七四　一条天皇中宮。道長一女。母は源倫子。長保元年、入内、女御となり、翌二年、中宮となった。寛弘五年に敦成親王（後の後一条天皇）、翌六年に敦良親王（後の後朱雀天皇）を産む。長和元年に皇太后、寛仁二年に太皇太后となる。万寿三年に出家、上東門院の称号を受け女院となった。

藤原章信（あきのぶ）　生没年未詳　知章男。文章生から出身し、三事兼帯（衛門佐・五位蔵人・弁官）した。文人の傍ら、伊予・和泉・但馬守を歴任し、宮内卿に至った。敦成親王家蔵人、敦良親王の春宮大進も勤めた。一条天皇の入棺に奉仕し、道長の遺骨を木幡まで懸けた。

藤原朝経（あさつね）　九七三〜一〇二九　朝光男。母は重明親王女。寛和二年に叙爵、右大弁、蔵人頭等を経て、長和四年、参議に任じられた。権中納言まで進んだ。有能な官吏であるとともに、道長に私的にも接近している。

藤原兼隆（かねたか）　九八五〜一〇五三　道兼の二男。長徳元年に叙爵、寛弘五年に参議となる。寛仁三年に権中納言、治安三年に転正。寛仁元年に敦明親王の東宮辞退をそそのかし、道長の外孫敦良親王の立坊を工作したのは兼隆であったという（『大鏡』）。

藤原兼経（かねつね）　一〇〇〇〜四三　道綱三男。母は源雅信女。道長の猶子となる。室は隆家女など。治安三年に参議に上り、長久四年に出家し、薨じた。

藤原妍子（きよこ）　九九四〜一〇二七　道長の二女。母は源倫子。寛弘元年に尚侍となり、同七年に東宮居貞親王（後の三条天皇）の許に入る。同八年に女御、長和元年に娍子に先立ち中宮となる。翌二年に禎子内親王を出産。寛仁二年に皇太后となった。

藤原公季（きんすえ）　九五七〜一〇二九　師輔の十一男。母は康子内親王。室に有明親王女がいた。永観元年に参議、正暦二年に中納言、長徳元年に大納言、同三年に内大臣、寛仁元年に右大臣、治安元年には太政大臣に任じられた。その後裔は閑院流と呼ばれた。

藤原公任（きんとう）　九六六〜一〇四一　頼忠の一男。母は厳子女王。通称は四条大納言。歌人、歌学者としても有名。長保三年に権中納言・左衛門督、同四年に中納言、寛弘六年に権大納言となった。藤原斉信・同行成・源俊賢とともに「寛弘の四納言」と称され、多才で有能な政務家でもあった。儀式書『北山抄』を著した。

藤原公成（きんなり）　九九九〜一〇四三　実成一男。祖父公季の養子となる。寛仁四年に蔵人頭、万寿三年に参議、長久四年に権中納言に任じられる。公成女の茂子が能信の養女となって後三条天皇の女御となり、白河天皇を産み、院政期以後の一家の繁栄をもたらした。

藤原公信（きんのぶ）　九七七〜一〇二六　為光六男。母は伊尹二女。長徳元年に叙爵。少納言、右少将等を歴任し、寛弘六年に蔵人頭、長和二年に参議となり、権中納言に至った。異母兄斉信に比べ資質に乏しかったが、和歌はよく詠んだ。

藤原定頼（さだより）　九九五〜一〇四五　公任男。母は昭平親王女。弁官等を歴任した後、寛仁四年に参議に上り、権中納言に至った。歌人。音楽にも長じ、能書家としても有名。

藤原実資姉　九四九〜一〇一八　斉敏女。母は藤原尹文女。実頼の養女となり、尼となって室町に住んだ。実資がしばしば訪れている。

藤原実資室　九七七〜没年未詳　源頼定乳母子で、はじめ婉子女王の女房となり、婉子女王の没後、実資の妾（または召人）となる。「今北の方」とも称された。正暦四年に夭亡した子と、千古を産む。実資より二十歳年少か。晩年は出家し、「角殿の尼上」と呼ばれた。

藤原実資室　生没年未詳　寛和元年に「小児」と見える子、永観元年に良円を産んだ。はじめは室町殿に住み、後に小野宮に引き取られ、妾（または召人）となった。正暦の終わりか長徳のはじめに死去したか。

藤原実資男　生没年未詳　寛弘二年に初見。「町尻殿弁腹の小童」と見える。童名観薬。寛弘八年に明年の元服が定められている。

藤原実資女　九八五～没年未詳　「小児」と見える。正暦四年に受戒、「小尼」と呼ばれた。

藤原実成（さねなり）　九七五～一〇四四　公季男。母は有明親王女。侍従、少納言、兵部大輔、右中将等を歴任し、寛弘元年に蔵人頭、同五年に参議となり、中納言に至る。

藤原実頼（さねより）　九〇〇～七〇　忠平嫡男。母は宇多皇女源順子。男に敦敏・頼忠・斉敏がいたが、孫の佐理・実資を養子とした。太政大臣・関白・摂政となったが、外戚関係を築くことができず、自らを「揚名関白」と呼んだ。諡を清慎公といい、日記『清慎公記』(『水心記』とも)があったが、公任の代に散逸している。

藤原重尹（しげただ）　九八四～一〇五一　懐忠男。母は藤原尹忠女。長徳五年に叙爵。寛弘六年に父の大納言辞退の代わりとして右中弁となる。右大弁、蔵人頭等を歴任し、長元二年に参議、長暦二年に権中納言に任じられる。長久三年に中納言を辞して大宰権帥に任じられた。

藤原娍子（すけこ）　九七二～一〇二五　大納言済時の一女。母は源延光女。三条天皇皇后。敦明・敦儀・敦平・師明親王、当子・禔子内親王を産む。宣耀殿女御と称された。東宮妃として正暦二年に入侍。寛弘八年に女御となり、長和元年に皇后となる。道長は娍子の立后を妨害した。後一条天皇の皇太子となった敦明親王は、寛仁元年に皇太子を辞退した。

藤原資高（すけたか）　九九九～没年未詳　高遠男。長和元年に実資の養子となり元服。道長に故高遠の遺財を奪われる。一条桟敷宅を領有。筑前守となり、少納言に進む。

藤原資業（すけなり）　九八八～一〇七〇　有国七男。母は橘徳子。文章生より出身し、寛仁元年に文章博士となったが、翌年、辞した。受領や式部大輔を兼ねた。永承六年に出家して日野に隠棲、法界寺薬師堂を建立した。

藤原資平（すけひら）　九八六～一〇六七　懐平男、実資の養子。母は源保光女。長徳三年に叙爵。少納言等を経て、長和二年に左中将、同四年に蔵人頭、寛仁元年に参議となる。長元二年に権中納言、康平四年に権大納言に任じられた。治暦元年に転正。実資の耳目・手足としても活動している。

藤原資房（すけふさ）　**一〇〇七〜五七**　実資の養子となった資平の子。後朱雀天皇の代、関白頼通の下で蔵人頭として勤め、春宮権大夫参議に上った。多病虚弱の質で、資平に先立ち、五十一歳で死去。日記『春記』を記した。

藤原資頼（すけより）　**生没年未詳**　懐平男、実資の養子。母は藤原常種女。阿波権守、弾正少弼、伯耆守、刑部少輔、美作守を歴任した。公私にわたり実資に近い存在であったが、道長家家司でもあった。

藤原隆家（たかいえ）　**九七九〜一〇四四**　道隆男。母は高階貴子。長徳元年に中納言に任じられたが、同二年、花山院闘乱事件により但馬国に配流。同四年、帰京。長保四年に権中納言、寛弘六年に中納言に更任。長和三年に大宰権帥。在任中の寛仁三年に刀伊の入寇があり、これを撃退した。

藤原威子（たけこ）　**九九九〜一〇三六**　後一条天皇中宮。道長三女。母は源倫子。長和元年に尚侍に任じられ、寛仁二年に十一歳の後一条天皇に二十歳で入内。女御、中宮となり、道長の女三人が后として並んだ。後一条天皇の後宮には、他の女性が入ることはなかった。万寿三年に章子内親王、長元二年に馨子内親王を出産。

藤原斉敏（ただとし）　**九二八〜七三**　実頼の三男。母は藤原時平女。室に藤原尹文女があり、高遠・懐平・実資（実頼の養子）を儲けた。参議となるが、参議兼右衛門督検非違使別当で薨去した。

藤原斉信（ただのぶ）　**九六七〜一〇三五**　為光の二男。道長の恪勤として知られ、藤原公任・同行成・源俊賢と並び「寛弘の四納言」と称された。正暦五年に蔵人頭となり、長徳二年に参議に任じられ、大納言に至る。

藤原千古（ちふる）　**生没年未詳**　寛弘八年頃の出生。実資女。「かぐや姫」と通称される。母は実資室婉子女王の弟源頼定の乳母子とも伝えられる。実資は千古を鍾愛し、小野宮の寝殿が完成した寛仁三年には小野宮や荘園・牧等を譲る処分状を書き遺している。万寿元年に着裳。後に藤原兼頼（頼宗男）と婚し、一女を儲けた。

藤原経季（つねすえ）　**一〇一〇〜八六**　経通二男で実資の養子となった。蔵人頭となり、中納言に上った。官人としての資質は乏しく、資房に「不覚者」「素飡無才者」と酷評されている。

藤原経通（つねみち）　九八二～一〇五一　懐平男。同母弟に資平がいる。永祚二年に叙爵。長和五年に蔵人頭、寛仁三年に参議、長元二年に権中納言となる。実資は経通の才学を認めながらも、摂関家に追従する行動にはしばしば批判的であった。

藤原長家（ながいえ）　一〇〇五～六四　道長の六男。冷泉家の祖。母は源明子。侍従、右少将、近江介、皇太后権亮等を歴任。治安三年に権中納言に任じられ、権大納言に至る。中宮大夫・按察使・民部卿等を兼帯。

藤原教通（のりみち）　九九六～一〇七五　道長の五男。母は源倫子。長和二年に権中納言に任じられる。康平三年に左大臣となり、治暦四年に後三条天皇が即位すると、関白に就任。延久二年に太政大臣となる。父道長の薨去後、兄頼通との間に政権をめぐる確執を生じた。頼通とともに外戚の地位を得ることができなかった。

藤原広業（ひろなり）　九七七～一〇二八　有国の男。文章生より出身し、蔵人、右少弁、東宮学士等を歴任し、寛弘五年に文章博士となる。寛仁四年に参議となり、式部大輔を兼帯。

藤原通任（みちとう）　九七三？～一〇三九　師尹の孫、済時の男。異母姉に三条天皇皇后娍子がいる。三条天皇の東宮時代に春宮亮を勤め、寛弘八年、天皇践祚に伴い蔵人頭となる。同年に参議となり、長元八年に権中納言に至る。道長の病の折、これを喜ぶ公卿の一人と噂された。

藤原道長（みちなが）　九六六～一〇二七　兼家の五男。母は藤原中正女の時姫。父の摂政就任後に急速に昇進し、長徳元年、三十歳の時に、兄である道隆・道兼の薨去により、一条天皇の内覧となって、政権の座に就いた。右大臣、次いで左大臣にも任じられ、内覧と太政官一上の地位を長く維持した。道隆嫡男の伊周を退けた後は政敵もなく、女の彰子・妍子・威子を一条・三条・後一条天皇の中宮として立て、「一家三后」を実現するなど、摂関政治の最盛期を現出させた。

藤原道雅（みちまさ）　九九二～一〇五四　伊周一男。母は源重光女。幼名は松君。「荒三位」と称され、寛仁元年の前斎宮当子内親王との密通事件や花山院女王の強殺事件に関わった。非参議・左京大夫のまま、一生を終えた。

藤原行成（ゆきなり）　九七二～一〇二七　伊尹の孫、義孝の男。長徳元年に蔵人頭に抜擢された。弁官を歴任し、長保三年に参議、寛弘六年に権中納言、寛仁四年に権大納言に昇任。道長と同日に没した。一条天皇の信任篤く、道長にも重んじられ、源俊賢・藤原公任・同斉信とともに後世「寛弘の四納言」と称された。和様の最高の能書としても尊重された。日記『権記』を残す。

藤原能信（よしのぶ）　九九五～一〇六五　道長の四男。母は源明子。長和二年に蔵人頭となり、長和五年に権中納言に任じられ、治安元年には権大納言に上った。この間、春宮大夫等を兼帯するものの、四十五年間、官位の昇進はなかった。藤原氏と外戚関係を持たない尊仁親王（後の後三条天皇）の擁立に尽力した。

藤原頼通（よりみち）　九九二～一〇七四　道長の一男。母は源倫子。宇治殿と称する。姉の彰子所生の後一条天皇の在位二年目の寛仁元年、摂政となった。これ以後、後一条、後朱雀、後冷泉の三代にわたり五十一年間も摂関の座にあった。治暦三年に准三后となり、関白職を嫡子の師実に将来譲渡するという約束のもと、弟の教通に譲り、宇治に隠退した。

藤原頼宗（よりむね）　九九三～一〇六五　道長の二男。母は源明子。侍従、左右少将等を経て、長和三年に権中納言に任じられ、右大臣まで上る。この間、左右衛門督・検非違使別当・皇太后宮権大夫・春宮大夫・按察使・右大将等を兼帯。居処に因み、堀河右大臣と称された。

源　朝任（みなもとのあさとう）　九八九～一〇三四　時中七男。少納言、蔵人等を経て、長和元年に三条天皇の蔵人となり、寛仁三年に後一条天皇の蔵人頭、治安三年に参議に任じられる。

源経頼（つねより）　九八五～一〇三九　雅信孫、扶義男。弁官や蔵人を歴任し、長元三年参議となり、正三位に至った。二十五年間にわたって弁官職を勤め、実務に精通した。日記『左経記』を遺している。

源俊賢（としかた）　九五九～一〇二七　高明男。母は藤原師輔の三女。妹に道長室明子がいる。正暦三年に蔵人頭、長徳元年に参議となり、権大納言まで上る。道長の最も強力な支持者の一人であり、藤原行成・同公任・同斉信とともに「寛弘の四納言」とたたえられた。

源倫子（ともこ）　九六四～一〇五三　雅信女。母は藤原穆子。道長の嫡室として頼通・教通・彰子・妍子・威子・嬉子を儲けた。永延元年に道長と婚す。長徳四年に従三位に昇叙され、寛弘五年には従一位にまで上る。長和五年に准三宮となった。治安元年に出家。

源道方（みちかた）　九六九～一〇四四　重信の五男。侍従、右兵衛権佐、少納言を経て弁官となる。その間、宮内卿・蔵人頭・勘解由長官を兼任し、長和元年に参議に任じられた。寛仁四年に権中納言となった。文才と管絃の才に長じていた。

良円（りょうえん）　九八三～一〇五〇　平安中期の天台僧。実資男。母は不詳。永祚元年に七歳で延暦寺に入り、慶円の許で修行。実資と慶円とのパイプ役を務める。長和四年、大僧正慶円は職を辞して良円の律師就任を願ったが、沙汰止みとなった。長元元年に権律師、同六年権少僧都に転任するが、長暦三年の「山相論」で罪を得て以後は昇進することはなかった。

公卿構成

万寿元年(正月時点)

太政官	位階	人名	年齢	兼官・兼職
左大臣	従一位	藤原頼通	三三	関白
太政大臣	従一位	藤原公季	六八	
右大臣	正二位	藤原実資	六八	右大将、皇太弟傅
内大臣	正二位	藤原教通	二九	左大将
大納言	正二位	藤原斉信	五八	中宮大夫
権大納言	正二位	藤原公任	五九	按察使
	正二位	藤原行成	五三	
	正二位	藤原頼宗	三二	春宮大夫
	正二位	藤原能信	三〇	中宮権大夫
中納言	従二位	藤原兼隆	四〇	左衛門督
	従二位	藤原実成	五〇	右衛門督
権中納言	従二位	源道方	五七	宮内卿、皇太后宮大夫
	従二位	藤原公信	四八	左兵衛督、検非違使別当、春宮権大夫
	正三位	藤原長家	二〇	
	正三位	藤原朝経	五二	

参議	正三位	藤原経通	四三	治部卿、右兵衛督、太皇太后宮権大夫
	正三位	藤原資平	三九	皇太后宮権大夫、侍従
	従三位	藤原通任	五二	大蔵卿
	従三位	藤原兼経	二五	右中将
	従三位	藤原定頼	三三	左大弁
	正四位上	藤原広業	四八	
	正四位下	源朝任	三六	
前権大納言	正二位	源俊賢	六五	民部卿、太皇太后宮大夫
前中納言	正二位	藤原隆家	四六	大蔵卿
		藤原道長	五九	

万寿二年(正月時点)

太政官	位階	人名	年齢	兼官・兼職
左大臣	従一位	藤原頼通	三四	関白
太政大臣	従一位	藤原公季	六九	
右大臣	正二位	藤原実資	六九	右大将、皇太弟傅
内大臣	正二位	藤原教通	三〇	左大将
大納言	正二位	藤原斉信	五九	中宮大夫
権大納言	正二位	藤原行成	五四	

太政官	位階	人名	年齢	兼官・兼職
権大納言	正二位	藤原頼宗	三三	春宮大夫
	正二位	藤原能信	三一	中宮権大夫
中納言	従二位	藤原兼隆	四一	左衛門督
	従二位	藤原実成	五一	右衛門督
権中納言	正二位	藤原長家	二一	
	従二位	源道方	五八	宮内卿、皇太后宮大夫
	従二位	藤原公信	四九	左兵衛督、春宮権大夫
	正三位	藤原朝経	五三	
参議	正三位	藤原経通	四四	治部卿、右兵衛督、検非違使別当、太皇太后宮権大夫
	正三位	藤原資平	四〇	皇太后宮権大夫、侍従
	正三位	藤原通任	五三	大蔵卿
	従三位	藤原兼経	二六	右中将
	従三位	藤原定頼	三四	左大弁
	従三位	藤原広業	四九	
	正四位下	源朝任	三七	
前権大納言	正二位	源俊賢	六六	民部卿、太皇太后宮大夫
	正二位	藤原公任	六〇	按察使
前中納言	正二位	藤原隆家	四七	大蔵卿
		藤原道長	六〇	

年譜

＊万寿元年―二年は本巻収録範囲

年次	西暦	天皇	年齢	官位	事績	参考事項
天徳元年	九五七	村上	一		誕生	
康保三年	九六六	村上	一〇	蔵人所小舎人		是歳、藤原道長誕生
安和二年	九六九	冷泉／円融	一三	従五位下 侍従	二月、元服	三月、源高明配流
天禄元年	九七〇	円融	一四		正月、昇殿	五月、藤原実頼薨去
天禄二年	九七一	円融	一五	右兵衛佐		
天延元年	九七三	円融	一七	右少将	この頃、源惟正女と結婚	二月、藤原斉敏卒去
天延二年	九七四	円融	一八	従五位上		三月、藤原兼通関白
貞元元年	九七六	円融	二〇			五月、内裏焼亡
貞元二年	九七七	円融	二一	正五位下	日記を書き始めたか	十月、藤原頼忠関白
天元三年	九八〇	円融	二四	従四位下 従四位上		六月、懐仁親王（後の一条天皇）誕生 十一月、内裏焼亡
天元四年	九八一	円融	二五	蔵人頭		十月、内裏還御
天元五年	九八二	円融	二六	兼中宮亮		三月、藤原遵子皇后 十一月、内裏焼亡

年次	西暦	天皇	年齢	官位	事績	参考事項
永観元年	九八三	円融	二七	左中将	是歳、良円誕生	八月、奝然入宋
永観二年	九八四	円融／花山	二八	蔵人頭		八月、内裏還御 十一月、『医心方』
寛和元年	九八五	花山	二九	兼中宮権大夫		四月、『往生要集』
寛和二年	九八六	花山／一条	三〇	正四位下	五月、源惟正女死去	六月、藤原兼家摂政 是歳、藤原資平誕生
永延元年	九八七	一条	三一	蔵人頭	五月、痢病	
永延二年	九八八	一条	三二		十月、腰病	十一月、尾張国郡司百姓、守を愁訴
永祚元年	九八九	一条	三三	参議		
正暦元年	九九〇	一条	三四	従三位	十一月、女(薬延)死去	五月、藤原道隆摂政 十月、藤原定子中宮
正暦二年	九九一	一条	三五	兼左兵衛督		九月、藤原詮子東三条院
正暦四年	九九三	一条	三七		二月、子、生まれ夭亡 この頃、婉子女王と結婚	四月、道隆関白
長徳元年	九九五	一条	三九	検非違使別当 権中納言 兼右衛門督 兼太皇太后宮大夫		三月、藤原伊周内覧 四月、道隆薨去、藤原道兼関白 五月、道長内覧 是歳、疫病蔓延

長徳二年	九九六	一条	四〇	中納言	六月、一条天皇より恩言	四月、伊周・隆家左遷
長徳三年	九九七	一条	四一		七月、藤原道綱に超越される	四月、伊周・隆家、赦免
長徳四年	九九八	一条	四二		七月、婉子女王死去	
長保元年	九九九	一条	四三	正三位	十月、藤原彰子入内の屛風歌を辞退	十一月、定子、敦康親王出産
長保二年	一〇〇〇	一条	四四	従二位		二月、彰子中宮・定子皇后 十二月、定子、崩御
長保三年	一〇〇一	一条	四五	権大納言 兼右大将	正月、資平左兵衛佐	十一月、内裏焼亡 閏十二月、詮子崩御 是頃、『枕草子』
長保五年	一〇〇三	一条	四七	正二位		
寛弘二年	一〇〇五	一条	四九			十一月、内裏焼亡
寛弘三年	一〇〇六	一条	五〇		正月、資平少納言	十二月、紫式部、彰子に出仕
寛弘四年	一〇〇七	一条	五一	兼按察使	是歳、藤原資房誕生	
寛弘五年	一〇〇八	一条	五二		十一月、敦成親王五十日の儀で紫式部と語る	九月、彰子、敦成親王（後の後一条天皇）出産 是頃、『源氏物語』

年次	西暦	天皇	年齢	官位	事績	参考事項
寛弘六年	一〇〇九	一条	五三	大納言		十一月、彰子、敦良親王(後の後朱雀天皇)出産
寛弘七年	一〇一〇	一条	五四			十一月、一条院還御
寛弘八年	一〇一一	一条／三条	五五			八月、内裏遷御
長和元年	一〇一二	三条	五六		四月、藤原娍子立后の内弁を勤む	二月、藤原妍子中宮 四月、娍子皇后
長和二年	一〇一三	三条	五七		五月、紫式部を介し彰子と接触	
長和三年	一〇一四	三条	五八		三月、資平、蔵人頭に補されず	二月、内裏焼亡
長和四年	一〇一五	三条	五九		二月、資平蔵人頭 九月、三条天皇より密勅	九月、内裏還御 十一月、内裏焼亡
長和五年	一〇一六	三条／後一条	六〇		正月、春宮大夫を固辞	正月、道長摂政 六月、一条院遷御
寛仁元年	一〇一七	後一条	六一		三月、資平参議	三月、藤原頼通摂政 八月、敦明親王東宮を辞し、敦良親王立太子
寛仁二年	一〇一八	後一条	六二			四月、内裏遷御 十月、藤原威子中宮(一

						家三后)
寛仁三年	一〇一九	後一条	六三		六月、藤原顕光左大臣辞任の風聞 九月、千古に遺領処分	三月、道長出家 四月、刀伊の入寇 十二月、頼通関白
寛仁四年	一〇二〇	後一条	六四			三月、道長、無量寿院落慶供養
治安元年	一〇二一	後一条	六五	右大臣 兼皇太子傅		
治安二年	一〇二二	後一条	六六			七月、道長、法成寺金堂供養
治安三年	一〇二三	後一条	六七			
万寿元年	一〇二四	後一条	六八		十二月、千古着裳	二月、京都大火
万寿二年	一〇二五	後一条	六九		十二月、千古と藤原長家の縁談	三月娍子、七月寛子、八月嬉子死去
万寿三年	一〇二六	後一条	七〇		四月、輦車を聴される	正月、彰子出家、上東門院となる
万寿四年	一〇二七	後一条	七一		正月、千古と藤原長家の婚儀頓挫	九月、妍子薨去 十二月、道長薨去
長元元年	一〇二八	後一条	七二			六月、平忠常の乱
長元二年	一〇二九	後一条	七三		正月、資平権中納言	

年次	西暦	天皇	年齢	官位	事績	参考事項
長元二年	一〇二九	後一条	七三		十一月、千古、藤原兼頼と結婚	
長元三年	一〇三〇	後一条	七四		九月、『小右記』六年分を資平に遣わす	
長元五年	一〇三二	後一条	七六		『小右記』写本、この年で終わる	
長元九年	一〇三六	後一条／後朱雀	八〇		四月、皇太子傅を止められる	
長暦元年	一〇三七	後朱雀	八一	従一位	三月、右大将辞任を請う、聴されず	
長暦二年	一〇三八	後朱雀	八二		六月、資房蔵人頭	
長久元年	一〇四〇	後朱雀	八四		『小右記』逸文、この年まで	六月、長久の荘園整理令
長久三年	一〇四二	後朱雀	八六		正月、資房参議	
長久四年	一〇四三	後朱雀	八七		十一月、右大将を辞す	
寛徳元年	一〇四四	後朱雀	八八		六月、致仕を請う、聴されず	
寛徳二年	一〇四五	後朱雀／後冷泉	八九			十月、寛徳の荘園整理令
永承元年	一〇四六	後冷泉	九〇		正月十八日、出家・薨去	

系図

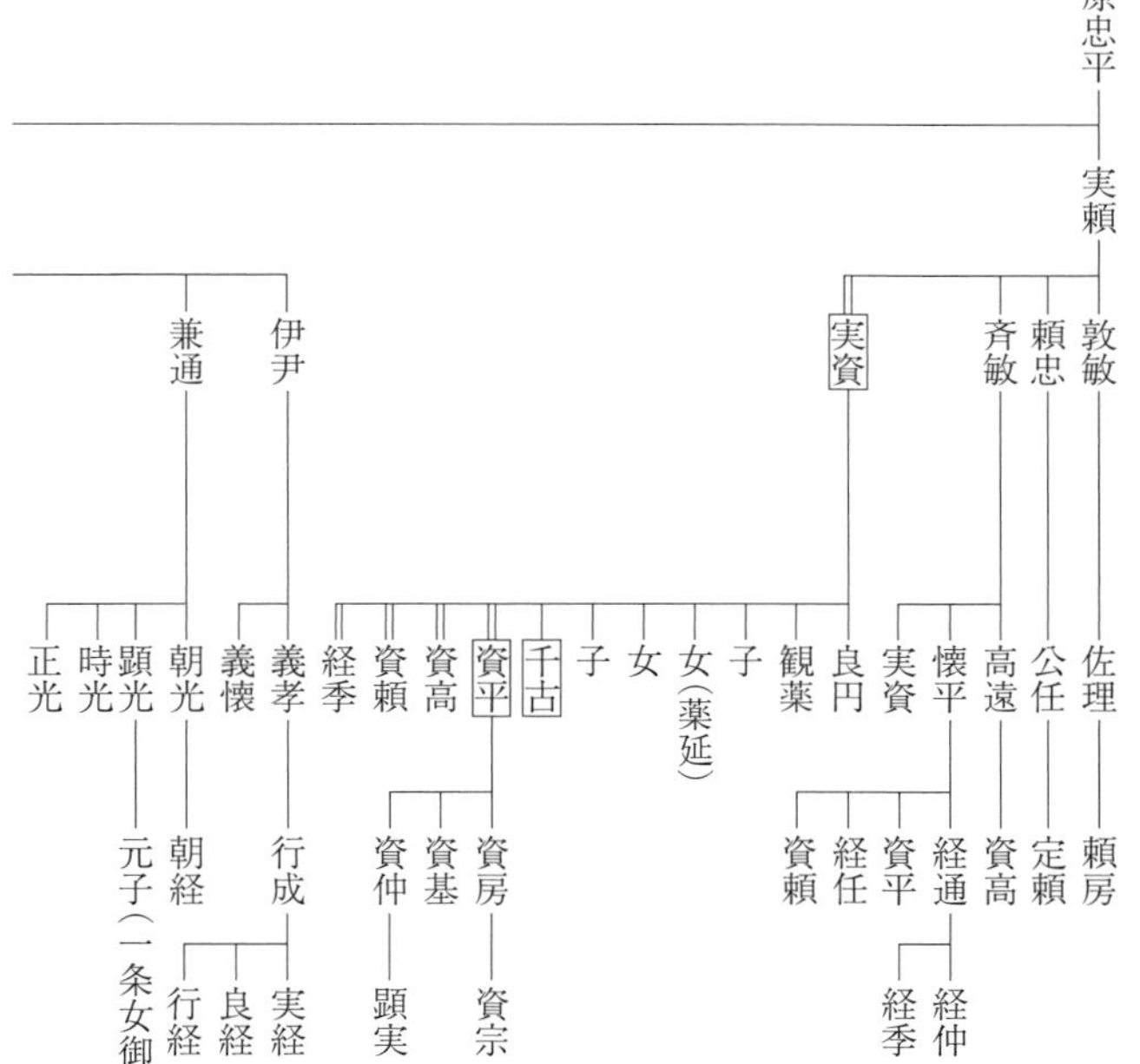

藤原忠平
実頼
敦敏
頼忠
斉敏
実資
伊尹
兼通
佐理
公任
高遠
懐平
実資
良円
観薬
子
女(薬延)
女
子
千古
資平
資高
資頼
経季
義孝
義懐
朝光
顕光
時光
正光
頼房
定頼
資高
経通
資平
経任
資頼
資房
資基
資仲
行成
朝経
元子(一条女御)
経仲
経季
資宗
顕実
実経
良経
行経

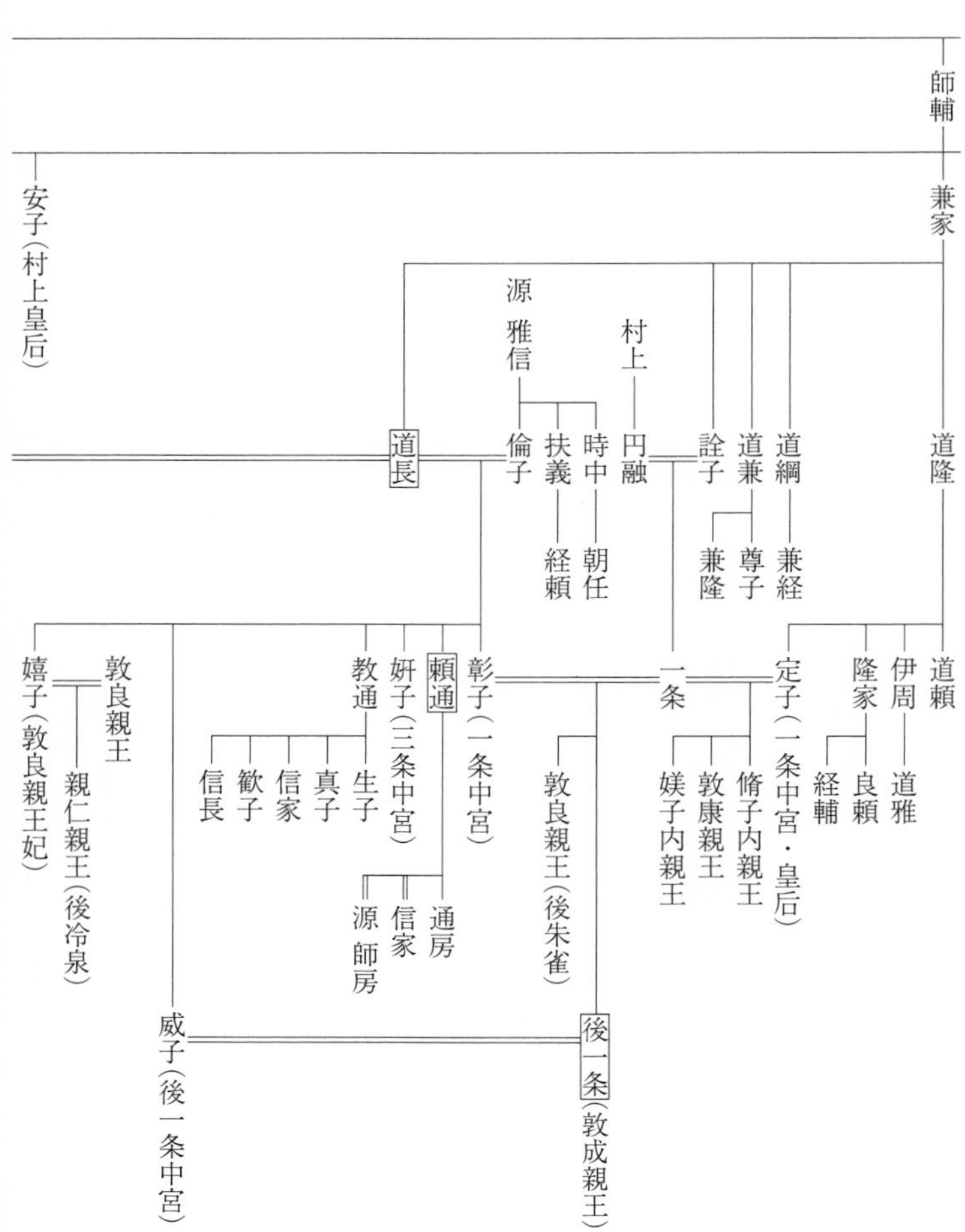
師輔
兼家
安子（村上皇后）
道隆
道綱
道兼
詮子
村上
円融
源雅信
時中
扶義
倫子
道長
兼経
尊子
兼隆
朝任
経頼
道頼
伊周
道雅
隆家
良頼
経輔
定子（一条中宮・皇后）
脩子内親王
敦康親王
媄子内親王
一条
彰子（一条中宮）
敦良親王（後朱雀）
後一条（敦成親王）
頼通
通房
信家
源師房
妍子（三条中宮）
教通
生子
真子
信家
歓子
信長
威子（後一条中宮）
敦良親王
嬉子（敦良親王妃）
親仁親王（後冷泉）

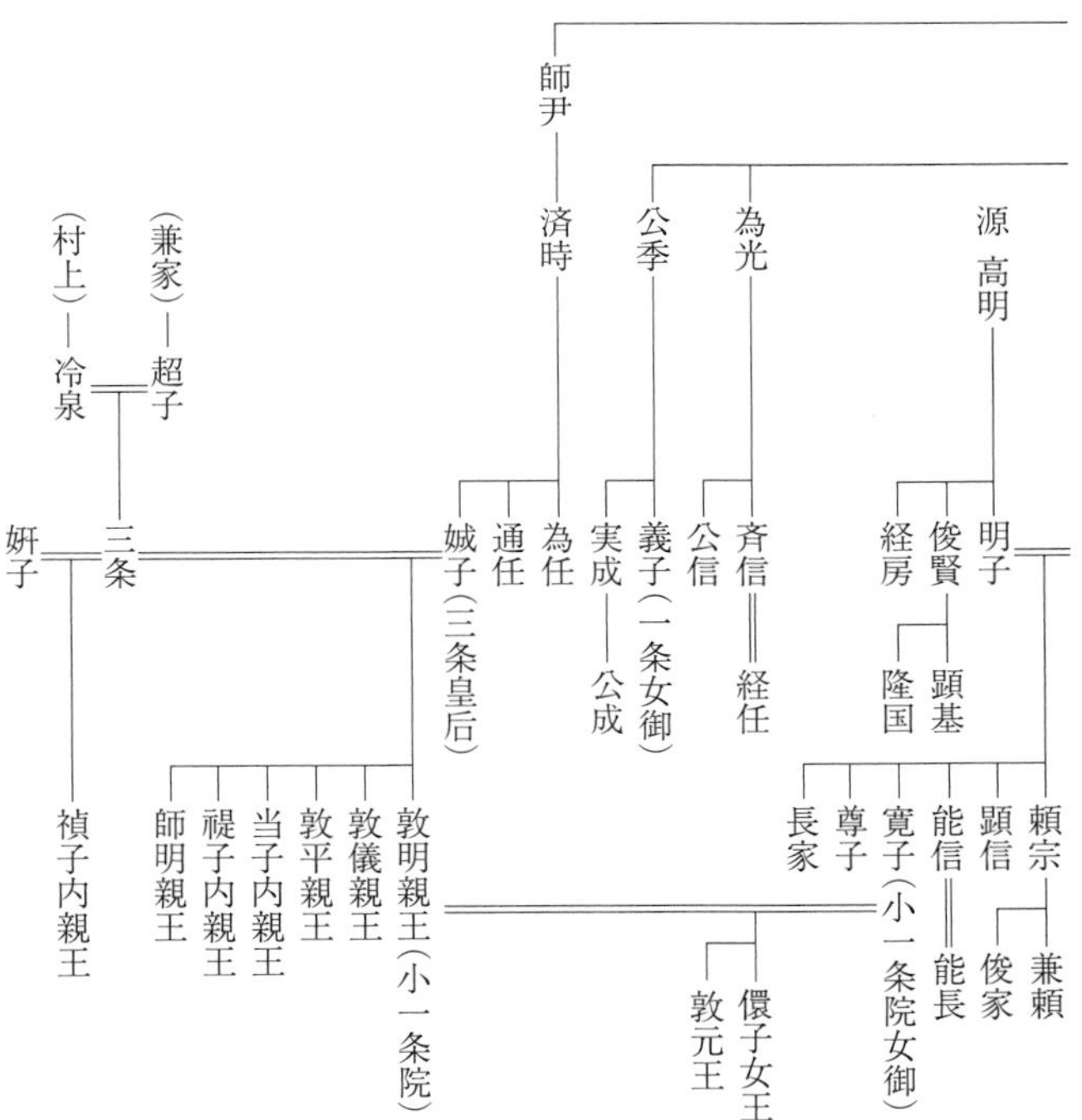
師尹
済時
為任
通任
娍子(三条皇后)
公季
義子(一条女御)
実成
公成
為光
斉信
経任
公信
源　高明
明子
頼宗
兼頼
俊家
顕信
能信
能長
寛子(小一条院女御)
尊子
長家
俊賢
顕基
隆国
経房
(兼家)─超子
(村上)─冷泉
三条
妍子
禎子内親王
敦明親王(小一条院)
敦儀親王
敦平親王
当子内親王
禔子内親王
師明親王
儇子女王
敦元王

国土地理院発行1/25,000地形図「京都東北部」「京都西北部」を基に，縮小・加筆して作成.

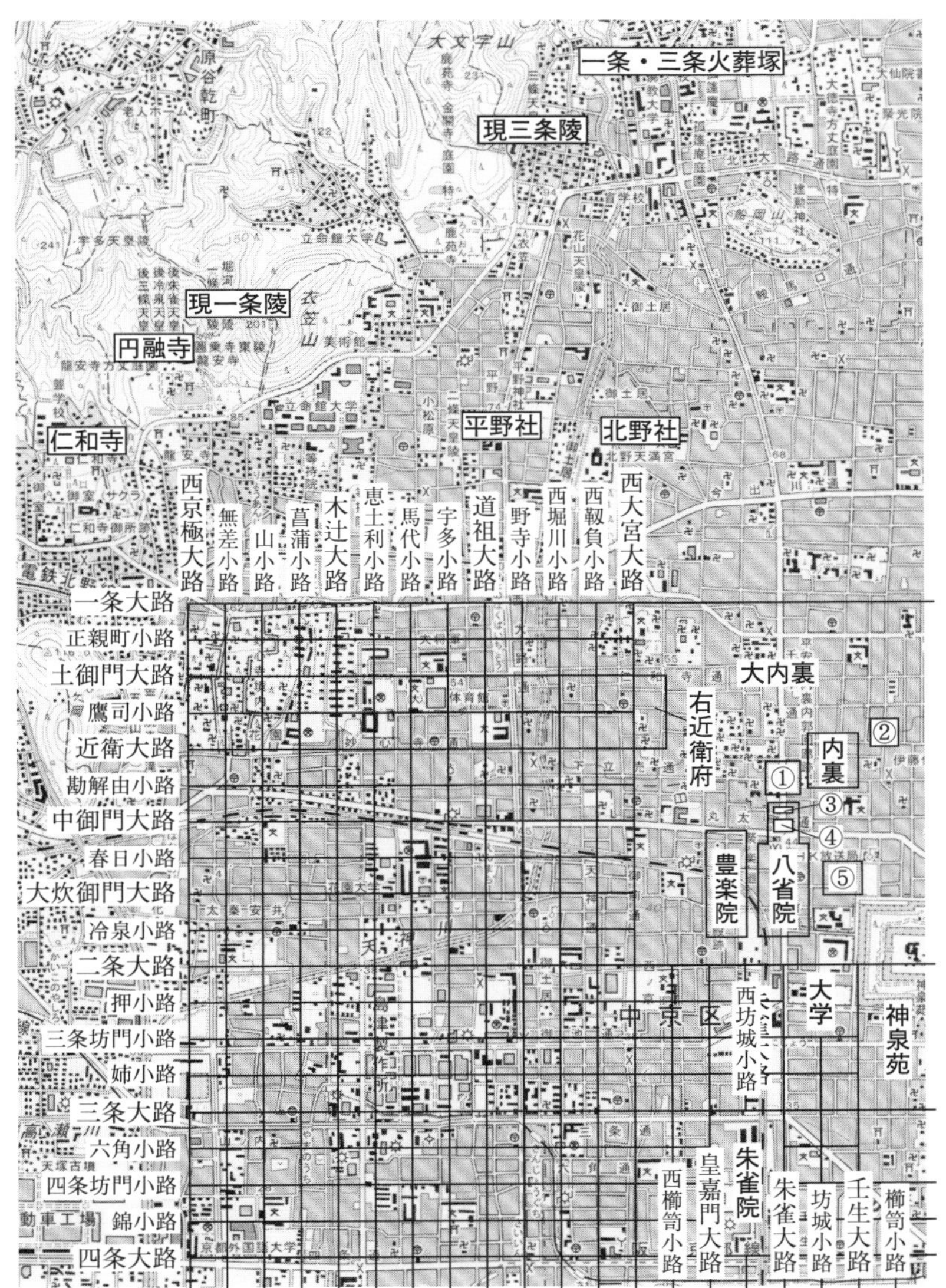

関係地図（平安京北半・北辺）

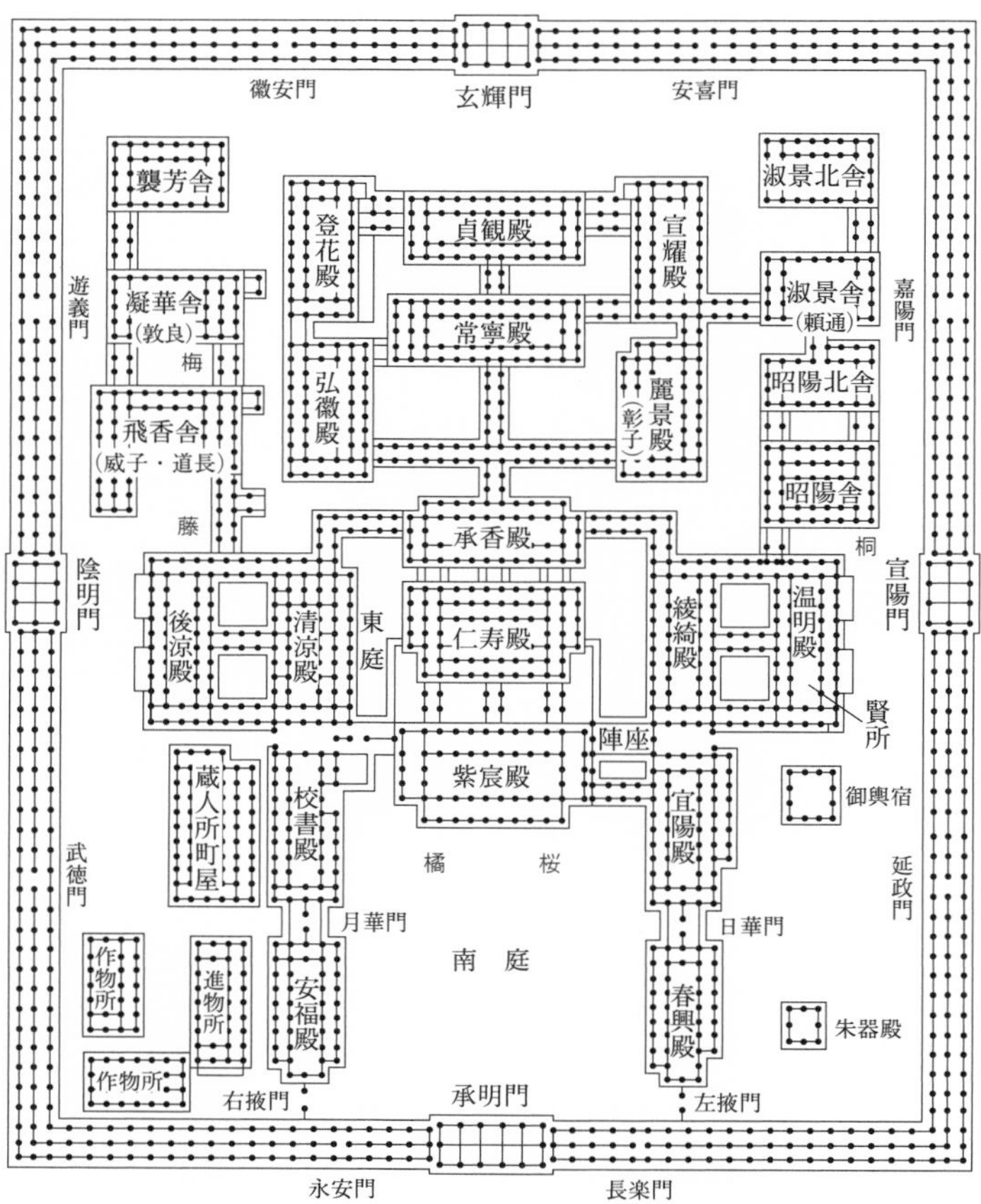
徽安門
玄輝門
安喜門
襲芳舎
登花殿
貞観殿
宣耀殿
淑景北舎
遊義門
凝華舎
(敦良)
梅
常寧殿
淑景舎
(頼通)
嘉陽門
弘徽殿
麗景殿
(彰子)
昭陽北舎
飛香舎
(威子・道長)
昭陽舎
藤
承香殿
桐
陰明門
宣陽門
後涼殿
清涼殿
東庭
仁寿殿
綾綺殿
温明殿
賢所
陣座
紫宸殿
蔵人所町屋
校書殿
宜陽殿
御輿宿
武徳門
橘
桜
延政門
月華門
日華門
南庭
作物所
進物所
安福殿
春興殿
朱器殿
作物所
右掖門
承明門
左掖門
永安門
長楽門

平安宮内裏図

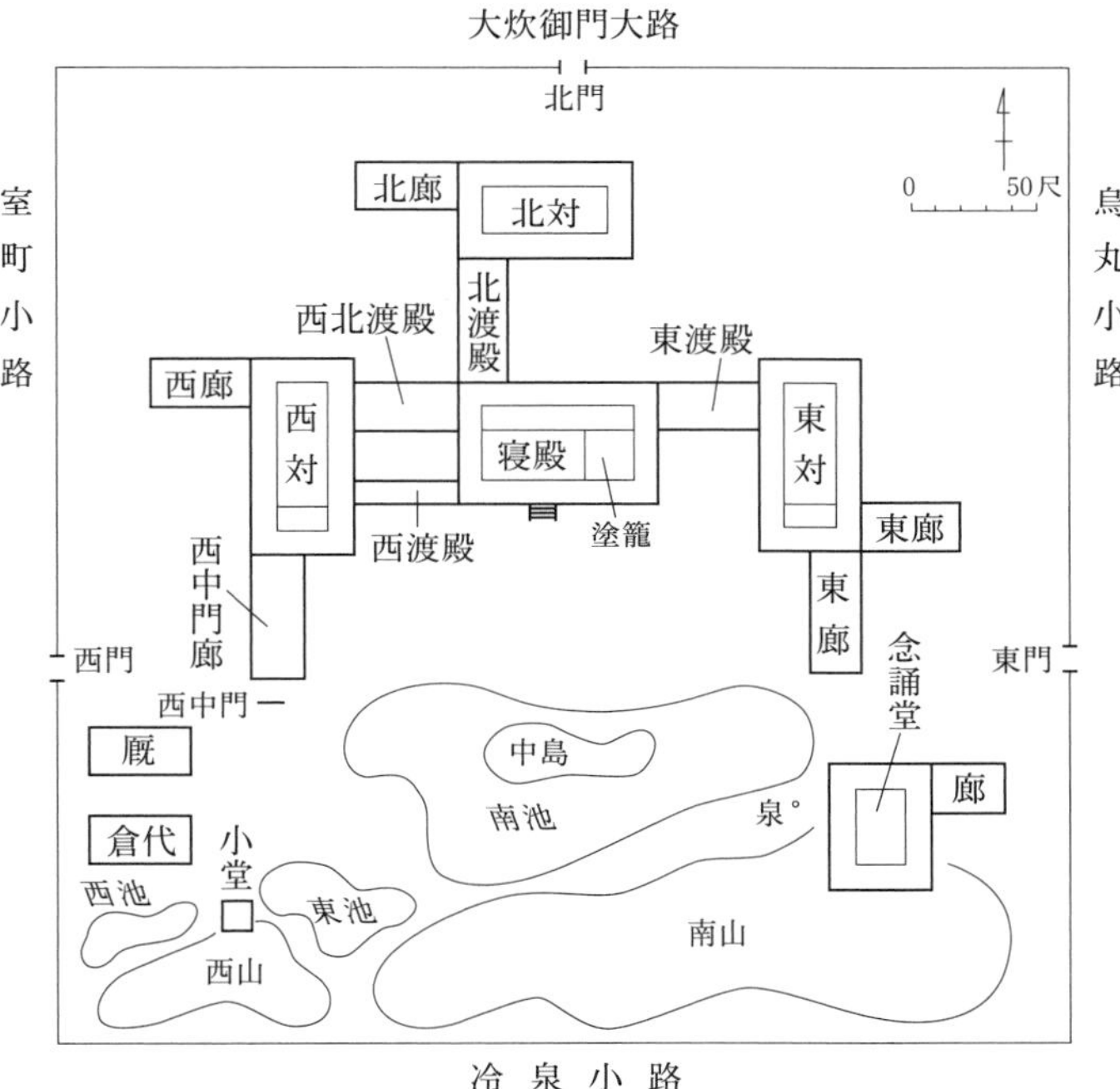

小野宮復元図(吉田早苗「藤原実資と小野宮第」『日本歴史』350，1977に加筆，作成)

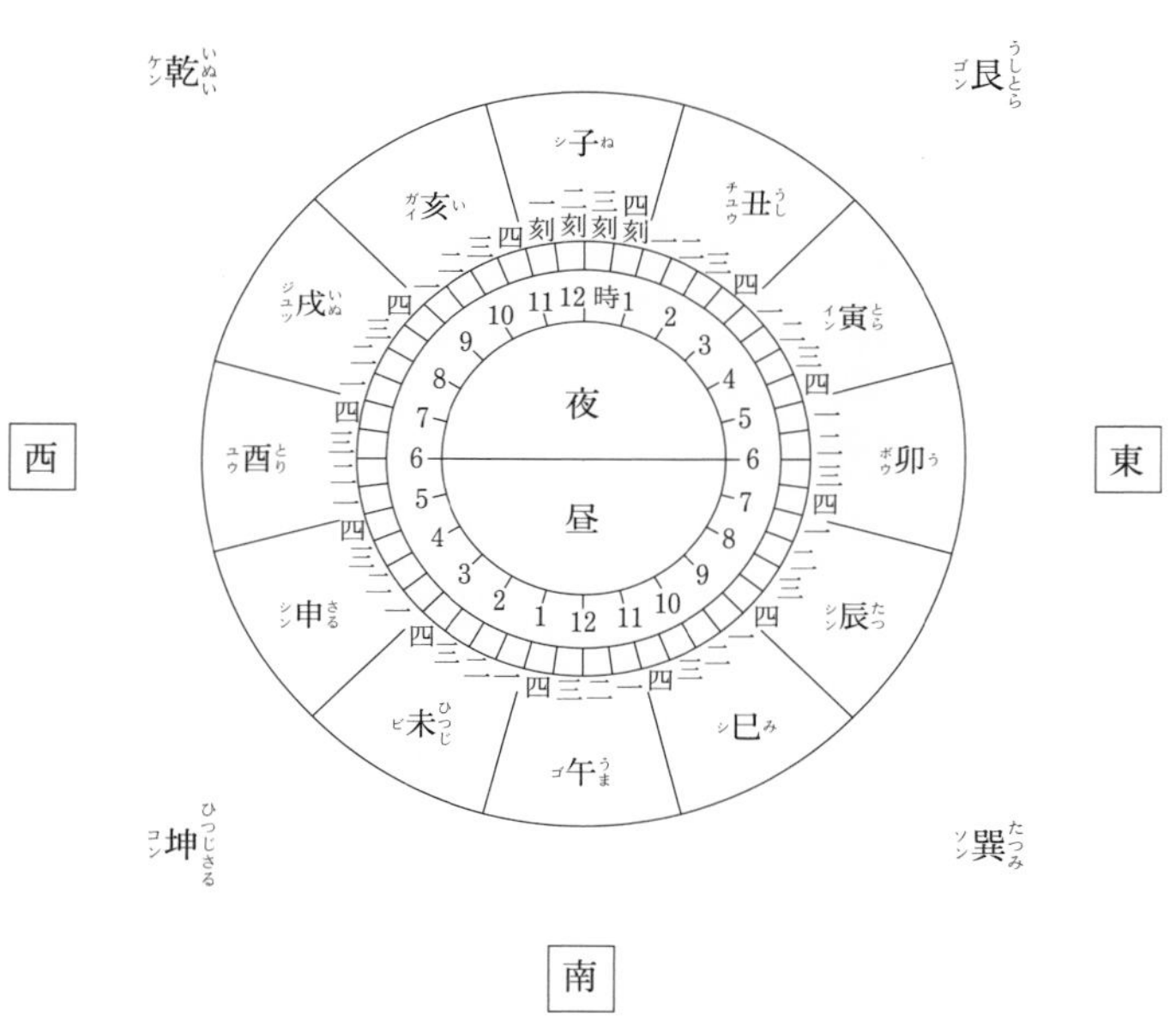

北
東
南
西
乾 ケン いぬい
艮 ゴン うしとら
巽 ソン たつみ
坤 コン ひつじさる
子 シ ね
丑 チユウ うし
寅 イン とら
卯 ボウ う
辰 シン たつ
巳 シ み
午 ゴ うま
未 ビ ひつじ
申 シン さる
酉 ユウ とり
戌 ジユツ いぬ
亥 ガイ い
一刻 二刻 三刻 四刻
12 時 1 2 3 4 5 6 7 8 9 10 11
夜
昼

方位・時刻

編者紹介
一九五八年　三重県津市に生まれる
一九八九年　東京大学大学院人文科学研究科国史学専門課程博士課程単位修得退学
一九九七年　博士（文学、東京大学）
現　在　国際日本文化研究センター教授

〔主要著書〕
『一条天皇』（人物叢書、吉川弘文館、二〇〇三年）、『藤原道長「御堂関白記」全現代語訳』（講談社学術文庫、二〇〇九年）、『三条天皇』（ミネルヴァ日本評伝選、二〇一〇年）、『藤原行成「権記」全現代語訳』（講談社学術文庫、二〇一一―一二年）、『藤原道長「御堂関白記」を読む』（講談社選書メチエ、二〇一三年）、『藤原伊周・隆家』（ミネルヴァ日本評伝選、二〇一七年）、『藤原氏』（中公新書、二〇一七年）、『御堂関白記』の研究』（思文閣出版、二〇一八年）、『公家源氏』（中公新書、二〇一九年）、『権記』（角川ソフィア文庫、二〇二一年）

現代語訳　小右記　13
道長女の不幸

二〇二一年（令和三）十月二十日　第一刷発行

編　者　倉本一宏（くらもとかずひろ）
発行者　吉川道郎
発行所　株式会社　吉川弘文館
郵便番号一一三―〇〇三三
東京都文京区本郷七丁目二番八号
電話〇三―三八一三―九一五一〈代表〉
振替口座〇〇一〇〇―五―二四四
http://www.yoshikawa-k.co.jp/
印刷＝株式会社　三秀舎
製本＝誠製本株式会社
装幀＝山崎　登

ISBN978-4-642-01828-9